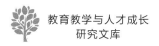

教育教学与人才成长
研究文库

天津市教育科学规划课题"京津冀世界一流大学高地建设的路径探索"（CGE210096）

博士生教育质量指数研究
方法构建与指数运用

Research on the Quality Index of Doctoral Education

Method Construction and Index Application

娄 枝 著

上海交通大学出版社
SHANGHAI JIAO TONG UNIVERSITY PRESS

内容提要

本书界定了博士生教育质量内涵,构建了博士生教育质量模型并提取了博士生教育质量的三个核心要素:博士生规模、支撑条件和社会贡献;遴选了博士生教育质量指数指标并确定博士生教育质量指数权重,构建了"五类十级"的博士生教育质量指数模型;从高校、省域和国际三个层面编制了博士生教育质量指数。本书适合研究生教育教学者、研究者、管理者及所有对该主题感兴趣的读者参考和使用。

图书在版编目(CIP)数据

博士生教育质量指数研究:方法构建与指数运用/
娄枝著. --上海:上海交通大学出版社,2024.8
ISBN 978-7-313-30654-8

Ⅰ.①博… Ⅱ.①娄… Ⅲ.①博士-研究生教育-教育质量-指数-研究-中国 Ⅳ.①G643.7

中国国家版本馆 CIP 数据核字(2024)第 086909 号

博士生教育质量指数研究:方法构建与指数运用
BOSHISHENG JIAOYU ZHILIANG ZHISHU YANJIU:FANGFA GOUJIAN YU ZHISHU YUNYONG

著　　者:娄　枝			
出版发行:上海交通大学出版社	地　　址:上海市番禺路 951 号		
邮政编码:200030	电　　话:021-64071208		
印　　制:上海景条印刷有限公司	经　　销:全国新华书店		
开　　本:710 mm×1000 mm　1/16	印　　张:14.5		
字　　数:235 千字			
版　　次:2024 年 8 月第 1 版	印　　次:2024 年 8 月第 1 次印刷		
书　　号:ISBN 978-7-313-30654-8			
定　　价:78.00 元			

前　言

　　博士生教育质量是国家创新能力与水平的集中反映,是创新型国家建设目标推进与达成的重要保证,是研究生教育强国建设的核心内容。加强博士生教育质量指数研究既是教育质量监测评估研究的理论之需,更是"双一流"建设背景下博士生教育质量持续改进的实践需求。

　　本书从需求视角重新审视博士生教育质量内涵,将博士生教育质量界定为"博士生教育系统满足个体、社会需要的能力与水平";依照马克思主义哲学矛盾论思想及管理学中的固有简单性原理,采取演绎推理方法,从系统理论出发探究博士生教育质量的核心要素——博士生规模、支撑条件和社会贡献;在借鉴指数及博士生教育质量内涵的基础上,提出博士生教育质量指数内涵为"在一定区域和时间范围内博士生教育质量的状态";根据博士生教育质量的核心要素,同时考虑数据的可得性,构建"五类十级"的博士生教育质量指数模型;从高校、省域、国际三个层面开展对博士生教育质量指数构建的实证研究。

　　本书的主要结论是:高校层面,文理综合性大学的博士生教育质量整体较高。高校要提升博士生教育质量,需提升其为国家、区域等的社会贡献能力与水平;省域层面,我国博士生教育质量不均衡,省域博士生教育质量与其经济实力基本对应,同时邻近省域博士生教育质量指数相近。省域要提升其博士生教育质量,需首先提振其经济实力,加大对博士生教育的投入,同时充分发挥邻近省域博士生教育的集群优势;国际层面,中国要在世界博士生教育发展格局中取得更大成就需要坚持"两条腿走路"方略,即既要扩大博士生规模,又要提升博士生教育的社会贡献能力和水平。

　　本书通过理论推导与实证研究形成有机体系，希望能为政府制定相关政策提供参考，同时能为博士生教育教学者、研究者、管理者提供一定的启发和参考。

目　录

第一章
博士生教育质量指数研究缘起

本章主要介绍了博士生教育质量指数提出的背景及原因,问题及方法,目的及意义。

第一节 博士生教育质量指数
研究的背景及原因

随着知识经济的到来,博士生教育的重要性与日俱增,博士生教育质量得到社会普遍关注。本书中的"博士生教育质量"指的是"博士生教育系统满足个体、社会需要的能力与水平",并且重点关注我国高校、我国省域和国际层面的博士生教育质量。

一、世界形势:国际博士生教育快速发展

科学、技术和创新是人类应对全球性未知挑战,促进世界可持续性发展的关键因素,也是国与国之间激烈竞争、抢占世界发展制高点以及提升国家竞争力的核心动力。2015 年 9 月 25 日,联合国可持续发展峰会第一次在联合国大会层面就科学、技术和创新是世界可持续发展的重要动力达成共识。美国国会认为,在过去50 年里,科学和技术进步已成为经济发展的最大动力①。不仅如此,联合国教科文组织(United Nations Educational, Scientific and Cultural Organization,简

---

① National Science Foundation. Building the future investing in discovery and innovation. NSF Strategic Plan for Fiscal Years (FY) 2018 - 2022[EB/OL]. (2018 - 02 - 01) [2020 - 01 - 03]. http://www. research.pku.edu.cn/docs/2019 - 02/20190222152449137143.pdf.

称 UNESCO)科学报告全景式勾勒和描绘了 20 世纪末以来全球科学发展图景，其中，2010 年报告称"知识在全球经济中的作用日益突出，在 2008 年全球经济危机期间，全球研发经费投入增速仍超过经济增长速度，充分体现了世界各国政府对投资科学的坚定信心"[①]；2015 年报告指出"世界各国在研究和创新方面的南北分歧越来越小，尤其是 21 世纪以来发展中国家对研究和创新投资增长显著"[②]；2021 年报告指出"未来世界的经济竞争结果将取决于各国向数字社会转型的速度"[③]。

　　社会及科学的发展离不开高层次创新型人才。博士生教育位居国民教育体系的顶端，是国家创新型人才的战略储备和输出源泉，对博士生的科研训练有助于推动知识生产，同时开拓与世界未来经济、社会密切相关的新的研究领域，对推动社会未来创新发挥着重要作用[④]。这引发世界上许多国家关注和支持博士生教育研究，并引导、发挥博士生在经济增长、科技创新方面发挥关键作用。2015 年的《牛津宣言》曾经指出，"博士学位获得者们是新知识、新观点及新方法的创造者。他们卓有智慧、能力非凡、多才多艺，他们能够成功进入宽广的职业领域，为高技能型劳动力市场作出重要贡献。这在知识经济时代至关重要，须得到充分认识和广泛宣扬"[⑤]。美国国家科学基金会（National Science Foundation，简称 NSF）发布的《研究生教育投资战略框架 2016—2020》（*The National Science Foundation Strategic Framework for Investments in Graduate Education FY 2016—FY 2020*）报告指出，"研究生教育在推进国家科学、工程研究中发挥核心作用。美国要维持其在世界上的领先地位就必须在科学、技术、工程和数学（STEM）领域中居于领先位置"[⑥]。类似的理念直接体现在世界各国在博士生教育投入上的

---

①　UNESCO. UNESCO Science Report 2010［EB/OL］.（2010 - 11 - 09）［2020 - 01 - 03］. https：//unesdoc.unesco.org/ark：/48223/pf0000189958.

②　UNESCO. UNESCO Science Report 2015［EB/OL］.（2015 - 11 - 04）［2021 - 01 - 03］. https：//unesdoc.unesco.org/ark：/48223/pf0000235406.

③　UNESCO. UNESCO Science Report 2021［EB/OL］.（2021 - 06 - 11）［2023 - 03 - 03］. https：//unesdoc.unesco.org/ark：/48223/pf0000377433.

④　OECD. Education at a Glance 2019：OECD Indicators［EB/OL］.（2019 - 09 - 10）［2020 - 05 - 01］. https：//www.oecd-ilibrary.org/docserver/f8d7880d-en.pdf？expires＝1584090307&id＝id&accname＝guest&checksum＝A9318BC58326E1D55A737EA0D2A6B788.

⑤　王传毅,赵世奎. 21 世纪全球博士教育改革的八大趋势［J］.教育研究,2017,38(2)：142 - 151.

⑥　National Science Foundation. The National Science Foundation Strategic Framework for Investments in Graduate Education FY 2016 - FY 2020［EB/OL］.（2016 - 06 - 15）［2020 - 02 - 01］. https：//files.eric.ed.gov/fulltext/ED571829.pdf.

快速增长以及博士生规模的迅速扩大。以印度为例,与 2013 年相比,2017 年印度科学研究与试验发展(research and development,简称 R&D)经费增长了 45.0%[①],在校博士生数增长了 49.6%[②]。

随着博士生教育重要性的日益凸显及博士生教育全球化趋势的加速呈现[③],世界各国呈现出抢夺全球优质博士生源的竞争态势。一直以来,优秀博士生源一般从发展中国家流入发达国家,发达国家因为获得来自世界各地的优秀人才而实现经济、科技实力的迅速提升,而发展中国家的人才流失(brain drain)现象严重,经济、科技实力与发达国家越来越大。在过去很长一段时间内,我国都是世界优秀博士生源的输出大国,大量优秀本科或硕士毕业生前往美国、英国等发达国家攻读博士学位,我国高端人才流失严重。为扭转这一被动局面,我国不仅需要大力提升博士生教育质量以留住本国的优秀生源,同时还要吸引来自世界各地的优秀人才。

二、国家战略:创新型国家建设迫切需要

科技创新对综合国力的提升具有战略支撑作用。面对世界新科技革命浪潮,各国政府都将"创新"作为推动本国经济社会发展的主要动力。我国政府审时度势,提出了建设创新型国家的战略目标。党的十八大以后,我国开始实施创新驱动发展战略,创新驱动被认为是引领发展的第一动力。2016 年 5 月,中共中央、国务院印发的《国家创新驱动发展战略纲要》明确提出"三步走"战略目标,同时指出"科技和人才是国力强盛最重要的战略资源,创新是政策制定和制度安排的核心要素"[④]。教育兴旺则国家兴旺,教育强盛则国家强盛。2018 年,习近平总书记在考察北京大学时指出,党和国家事业发展对高等教育、科学知识和优秀人才的需要比以往任何时候都更为迫切[⑤]。2022 年,党的二十大报告更是旗帜鲜明地指

① 国家统计局社会科技和文化产业统计司和科学技术部战略规划司.中国科技统计年鉴(2019)[M].北京:中国统计出版社,2019.
② Ministry of Human Resource Development,Government of India. All India Survey on Higher Education 2018 - 19 [EB/OL]. (2019 - 12 - 11) [2021 - 03 - 10]. https://mhrd.gov.in/.
③ Maresi Nerad,Barbara Evans. Globalization and Its Impacts on the Quality of PhD Education:Forces and Forms in Doctoral Education Worldwide[M]. Rotterdam,Boston,Taipei:Sense Publishers,2014.
④ 中华人民共和国中央人民政府. 中共中央 国务院印发《国家创新驱动发展战略纲要》[EB/OL]. (2016 - 05 - 19) [2019 - 01 - 11]. http://www.gov.cn/zhengce/2016-05/19/content_5074812.htm.
⑤ 新华网. 办好中国特色世界一流大学,习近平提出这样干[EB/OL]. (2018 - 05 - 03) [2020 - 03 - 29]. http://www.xinhuanet.com/politics/2018-05/03/c_1122779763.htm.

出"教育、科技、人才是全面建设社会主义现代化国家的基础性、战略性支撑"[1]。

作为国民教育的顶端，博士生教育是我国建设国家创新体系和将来占领世界知识经济制高点的重要支柱[2]。博士生教育质量提升不仅是世界科技发展的大趋势，也是实现创新型国家建设目标的必然要求。一方面，人力资本理论指出，人是 21 世纪最宝贵的资源。博士（生）是我国科技活动的重要参与者，提升博士生教育质量能帮助提升我国科技活动的创新性水平；另一方面，博士生教育最核心的任务和要求是创新，促进博士生教育发展能推动社会整体创新水平提升，从而推动我国经济、社会的高质量发展。

1996 年 3 月，"科教兴国"由一条重要的指导方针和发展战略上升为国家意志[3]。21 世纪以来，随着科教兴国战略的实施和推进，我国博士生教育发展日新月异，举世瞩目，我国已是名副其实的世界博士生教育大国。2000—2020 年期间，我国博士生招生数、毕业生数及在学人数分别增长了 3.62 倍、5.01 倍和 5.93 倍，已成为世界上博士生教育发展速度最快的国家之一。然而，我国的博士生教育在规模和质量上还不能满足新时代国家战略发展对博士生教育的需求。为切实提升我国博士生教育质量，本研究立足中国，面向世界，构建多维多层博士生教育质量指数体系，以直观呈现我国博士生教育质量状态，为多元主体价值判断和科学决策提供客观依据。

三、未来趋势：高质量发展趋势有目共睹

我国的博士生教育发展大体分为三个阶段：

第一阶段，由"萌芽初现"到"规模激增"（1978—2006 年）。1977 年 10 月，国务院批转教育部《关于高等学校招收研究生的意见》，我国开始恢复招收研究生。1983 年，我国首批博士学位授予仪式在北京人民大会堂隆重举行，当年授予博士学位的人数为 18 人[4]。此后，博士生教育迅速发展。据估计，1978—1997 年

---

[1] 中华人民共和国中央人民政府.高举中国特色社会主义伟大旗帜 为全面建设社会主义现代化国家而团结奋斗——在中国共产党第二十次全国代表大会上的报告[EB/OL].(2022 - 10 - 25)[2022 - 10 - 30]. http://www.gov.cn/xinwen/2022-10/25/content_5721685.htm.

[2] 邵宏润.基于学生感知的博士生教育服务质量研究[D].大连：大连理工大学,2018.

[3] 新中国峥嵘岁月,科教兴国战略[EB/OL].(2019 - 10 - 30)[2020 - 03 - 29]. http://www.xinhuanet.com/2019-10/30/c_1125172778.htm.

[4] 吴镇柔,陆叔云,汪太辅.中华人民共和国研究生教育和学位制度史[M].北京：北京理工大学出版社,2001.

间,我国共授予博士学位 34 522 人,我国博士生需求量尚存在很大的"缺口"。
1998—2003 年,我国政府积极发展研究生教育,其间,博士生规模增长迅速:博士在校生规模由 1998 年的 4.52 万人增长到 2003 年的 13.67 万人,增长了 2 倍多,我国成为名副其实的"博士生教育大国"[①]。

第二阶段,由"规模激增"到"质量提升"(2006—2016 年)。2006 年以后,我国博士生招生规模增长速度减缓并恢复常态,博士生教育由规模发展向内涵式发展阶段过渡。2012 年,教育部印发的《关于全面提高高等教育质量的若干意见》强调"我国高等学校要把提高质量作为教育改革发展最核心最紧迫的任务,始终贯穿人才培养、科学研究、社会服务、文化传承创新各项工作之中";2013年,三部委联合印发《关于深化研究生教育改革的意见》并提出"研究生教育要从注重规模发展转变为注重质量提升,把发展的立足点转到提高质量和内涵式发展上来,培养高质量的高层次人才",全国自上而下掀起"注重提升质量"和促进"高等教育内涵式发展"的浪潮。

第三阶段,由"质量提升"到"高质量发展"(2017 年至今)。党的十九大报告明确指出我国经济已由高速增长阶段转向高质量发展阶段[②]。"高质量发展"这一最早在经济领域使用的词语也逐渐在其他领域运用。2019 年 3 月 5 日,国务院原总理李克强在《政府工作报告》中提出"发展更加公平更有质量的教育","促进高等教育内涵式发展","努力办好人民满意的教育"[③],由此可以看出教育的"高质量"发展需要将人民的利益为价值导引和教育内涵式发展作为主要内容。博士生教育作为高等教育的重要组成部分,也应走内涵式、高质量发展道路。这一阶段我国博士生招生、毕业、在校生数见图 1.1。

世界著名质量管理学家约瑟夫・M.朱兰(Joseph M. Juran)认为,20 世纪是生产力的世纪,21 世纪则是质量的世纪[④]。在以质量为核心主题的时代,监测评估作为确保和提高质量的重要手段日益受到社会各界的关注和重视。在博士生

---

① 中华人民共和国教育部.教育统计数据[EB/OL].(2015 - 01 - 08)[2022 - 09 - 30]. http://www.moe. gov.cn/jyb_sjzl/moe_560/2021/.
② 习近平.决胜全面建成小康社会 夺取新时代中国特色社会主义伟大胜利——在中国共产党第十九次全国代表大会上的报告[EB/OL].(2017 - 10 - 27)[2023 - 10 - 13]. https://www.gov.cn/zhuanti/ 2017-10/27/content_5234876.htm.
③ 中华人民共和国中央人民政府.2019 年政府工作报告[EB/OL].(2019 - 03 - 16)[2022 - 12 - 02]. http://www.gov.cn/premier/2019-03/16/content_5374314.htm.
④ Joseph A. De Feo. Juran's Quality Handbook: The Complete Guide to Performance Excellence, Seventh Edition[M]. New York: McGraw-Hill Education, 2016.

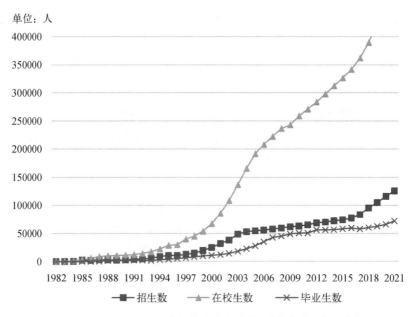

图 1.1　1982—2021 年我国博士生招生数、在校生数、毕业生数

注：1997—2021 年数据来源于教育部教育统计数据，网址：http://www.moe.gov.cn；1982—1996 年数据来源于《中国学位与研究生教育发展年度报告 2016》。

教育领域，世界各国都把评估当成博士生教育"质量运动"或"质量变革"的重要手段，以期实现质量目标，满足人们日益增长的质量提升需求。但是，目前的评估尚不完备，具体表现为以下两点：

第一，传统评估具有一定的局限性。过去，我国博士生教育评估主要包括政府主导的研究生教育评估和高校自发开展的博士生教育评估。从政府主导的研究生教育评估来看，这类评估依赖被评估对象的数据上报，不仅耗费大量的人力、物力和财力，而且评估历时和周期长，更多体现的是静态质量而非动态质量。从高校自发开展的博士生教育评估来看，高校除了掌握自身博士生教育信息以外，较难获得其他高校的博士生教育信息，因此，在实践中，高校自发开展的博士生教育评估更多的是本校博士生教育的纵向评估而难以做到高校之间的横向评估。

第二，新兴的监测工具尚未得到充分的应用或实践的检验。过去，人们通常依赖专家或个人经验对不同层面的博士生教育质量进行判断，主观性因素影响大，博士生教育质量信息掌握不全，人们急需新的监测评估手段。在信息技术迅猛发展的当下，人们借助互联网技术和大数据方法对博士生教育质量监测成为可能。通过数据挖掘、提取、清洗等操作，人们能够获得多维多层的博士生教育质量信息，从而更为客观、全面地掌握博士生教育质量状态。但是，博士生教育本身的复杂性加大了新的技术手段应用于博士生教育质量监测评估的难度。研究者和管理者不仅需要突破传统计算和分析方式的瓶颈，而且要对博士生教育系统内部运行规律和所处的外部环境进行深入的分析和准确的判断，他们需具备从海量数据中提取并分析关键信息的能力。这些都对研究者和管理者提出了更高的要求。

第二节 博士生教育质量指数
研究的问题及方法

鉴于博士生教育的重要地位以及教育教学管理对博士生教育质量监测评估新工具的迫切需求，本书聚焦两个问题。一是理论问题：什么是博士生教育质量？二是方法问题：如何构建博士生教育质量指数？

一、理论溯源：什么是博士生教育质量

"什么是博士生教育质量"是本书的首要研究问题。为了回答这个问题，需要至少弄清三个问题。

一是什么是"博士生教育系统"。博士生教育系统是社会系统的子系统，博士生教育系统具有社会系统普遍的共性特征，但与此同时，博士生教育系统与社会其他系统相比也有其特殊的个性特征。因此，需明确博士生教育系统与社会系统的区别与联系。

二是什么是"质量"。质量因其夹杂着客观事实与主观判断而显得尤为复杂。因此，众人对质量的理解不一。某一个人理解或认可的"质量"，在另一个人眼里可能得不到同等程度的理解或认可。但是，质量却又真实地存在着。本研究将系统梳理管理学、教育学等相关学科的质量理论，以期对质量有一个全面、清晰的认识。

三是什么是"博士生教育质量"。博士生教育质量内涵集中体现在博士生教育系统的功能和目的上，对博士生教育质量内涵的理解是构建博士生教育质量指数的基本前提和根本依据。"博士生教育质量"内涵建立在"博士生教育系统"

及"质量"等内涵的基础之上。

二、方法探究：如何构建博士生教育质量指数

当前,博士生教育质量监测更多地停留在理念层面,实证应用困难重重。如何落实博士生教育质量监测理念并持续动态监测不同层面博士生教育质量成为摆在人们面前的现实问题。本书借鉴统计学中的指数统计方法并将其应用到博士生教育质量的监测评估之中,需要回答"什么是""怎么建"和"怎么用"这三个基本问题。

第一,"什么是"博士生教育质量指数? 对该问题的解答是构建博士生教育质量指数的前提和基础。只有内涵明确,方可确定研究思路和方法,从而得出令人信服的结论。要回答这个问题,需要至少回答"什么是"博士生教育质量以及"什么是"博士生教育质量指数这两个问题。

第二,"怎么建"博士生教育质量指数? 博士生教育质量指数构建是一个系统性工程,本书需要系统考量和综合考虑,并提供一套完整的流程和方法,包括博士生教育质量指数构建的目的、原则、主体、指标遴选、权重设置、实施应用等系列问题。

第三,"怎么用"博士生教育质量指数? 表面来看,"怎么用"属于博士生教育质量指数构建完成之后的问题,但事实上"怎么用"贯穿于博士生教育质量指数构建的整个过程。本书构建的博士生教育质量指数目标明确:它服务于政府、用人单位和个体等多元利益主体,帮助其及时了解我国博士生教育质量状态,发现和预警博士生教育中存在的问题,并准确预测博士生教育未来的发展方向和趋势。"怎么用"需紧密围绕这一构建目标展开。

三、逻辑思路：理论—方法—实证

本书按照"理论研究—方法研究—实证研究"的逻辑思路进行阐述。

(1) 分析博士生教育质量指数基本理论。本书在教育学、管理学、系统科学等学科理论的基础上,界定并描述博士生教育质量、博士生教育质量指数内涵、特征、性质等,同时提取博士生教育质量的核心要素。此部分研究的目的是厘清核心概念内涵,明确博士生教育质量指数构建的基本思路。

(2) 系统介绍博士生教育质量指数方法。针对博士生教育质量核心要素,

选用综合法、分析法等方法提出较为全面、合理的博士生教育质量指数指标,同时利用主成分分析、变异系数法、德尔菲法等方法确定权重。在此基础上,构建博士生教育质量指数模型。此部分研究的目的是为博士生教育质量指数编制实践提供路径。

(3)博士生教育质量指数的实证举例。利用实证数据,根据指数模型,从高校、省域和国际三个层面举例说明。通过实证直观呈现并深入分析博士生教育质量状态。此部分的目的是验证指数模型,同时为指导指数构建实践提供明确的方法、步骤。主要技术路线图见图 1.2。

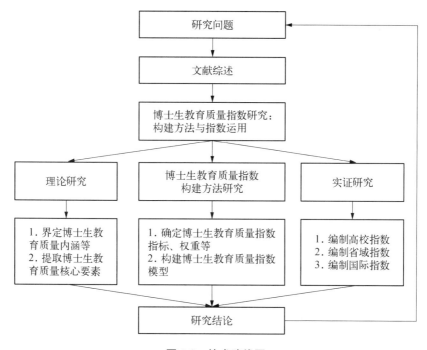

图 1.2 技术路线图

四、方法路径:综合研究方法

1. 文献研究法

文献研究主要包括:① 系统梳理研究生教育尤其是博士生教育相关政策文件,分析当前我国博士生教育发展的宏观政策背景,明确开展相关研究的必要性和政策价值;② 对国内外研究生教育评估尤其是博士生教育评估、高等教育监测评估等方面的已有研究成果和实践经验进行系统检索和梳理,分析本研究的创新点和局限性;③ 综合运用哲学、管理学、教育学等学科基础理论,深入分析博士生教育质量、博士生教育质量指数的内涵、基本特征、功能等;④ 整理并分析博士生教育质量评价指标体系有关文献,为制定博士生教育质量指数提供参考借鉴;⑤ 梳理指数理论及数学模型分析方法,为本研究奠定数理基础。

2. 数理统计方法

根据需要,研究综合运用聚类分析、主成分分析、相关分析、变异系数法、综合指数、效率指数等方法,对博士生教育质量指数相关指标数据进行分析。利用SPSS、Excel 等统计软件完成模型构建和数据分析。

3. 德尔菲法

根据需要,研究在客观权重设置方法的基础上,在高校层面使用德尔菲法确定个别指标权重,以适度平衡不同类型高校之间的指标数据差异。

4. 案例研究法

在构建博士生教育质量指数模型的基础上,分别对高校层面的我国 32 所世界一流大学建设高校、省域层面的我国 31 个省域以及国际层面的 15 个国家的博士生教育质量指数进行案例研究。案例研究的结果验证了指数模型的合理性,为指数方法在博士生教育乃至教育领域的应用和推广起到良好的示范作用。

第三节　博士生教育质量指数
研究的目的及意义

一、研究目的：构建教育质量新指数

在我国高等教育迈入普及化以及政府加快推动"研究生教育强国"建设目标的宏观背景下,我国博士生教育管理体制、质量保障机制深刻调整。加快构建博士生教育质量指数是创新博士生教育管理和质量保障手段,推动实现以质量提升为核心的内涵式、高质量发展战略目标的应然选择。与国家政策要求和博士生教育发展的现实需要相比,当前关于博士生教育质量指数的研究匮乏。鉴于此,本书拟构建博士生教育质量指数,旨在：

(1) 推进博士生教育质量指数理论和方法研究。一是界定博士生教育质量

内涵、特征并提取博士生教育质量核心要素。二是界定博士生教育质量指数内涵、特征并构建博士生教育质量指数框架和模型，为构建博士生教育质量指数奠定坚实的理论基础。三是系统呈现博士生教育质量指数构建流程及方法，并用其测度不同层面的博士生教育质量状态。

（2）发挥博士生教育质量指数监测和评估功能。一是为政府科学决策提供可参考借鉴的思路和方法，提升博士生教育治理能力；二是帮助博士生培养单位实时监测并评估其博士生教育的优势与不足，为不断提升博士生教育质量提供依据；三是便于用人单位或个人认识并掌握不同层面博士生教育质量状态和发展趋势，形成共同提升博士生教育质量的良好氛围，最终实现我国博士生教育质量的整体提升；四是为相关研究者提供参考借鉴。

二、研究意义：开拓教育监测新工具

本书的意义在于，在拓展质量理论的基础上，丰富指数实践，进一步完善教育监测评估工具。将指数应用于博士生教育质量评估实践是对传统教育质量评估工具的拓展。博士生教育质量指数是博士生教育质量分析和保障的重要工具，对监测、预测和预警博士生教育质量起重要作用。

第一，博士生教育质量指数是教育评估的新工具。博士生教育质量指数以其简单、清晰的形式呈现博士生教育质量状态，是一种教育评估新工具。其意义在于，一是破除过去只有政府才可以对博士生教育发展状态进行评估的"神话"。即便是个体，只要掌握数据获取和分析本领，也能够探索制定博士生教育质量指数。二是完善博士生教育质量状态监测体系。传统评估注重某个时间节点的质量状态反馈，同时耗费大量的人力、物力和财力。博士生教育质量指数因其评估主体多元、持续动态反映博士生教育质量状态而为博士生教育质量监测评估提供可能。

第二，博士生教育质量指数是质量管理和保障的新工具。借助指数，政府能够宏观了解我国与世界主要发达国家的博士生教育质量差异，预测世界及我国博士生教育发展趋势，从而制定科学合理的博士生教育发展政策。借助指数，高校能够准确判断自身优势与不足，实时监测所在高校或对标高校博士生教育质量变化与发展趋势，针对博士生教育发展过程中出现的问题发出预警，从而有效服务于博士生教育的高质量发展。

第三，博士生教育质量指数是一种质量改进新工具。传统的质量改进主要凭人的主观经验推动，这一模式对质量改进负责人的依赖性较大。当质量改进负责人发生变更时，质量改进进程就会受到影响，质量改进效果也可能会因此减弱。随着大数据时代的到来，建立在数据基础上的博士生教育质量指数是一个相对客观的质量信息反馈渠道。建立指数数据信息收集和反馈机制，能最大程度减少人为因素干扰，形成良好的质量文化，提高质量改进工作的科学性和可信赖性，从而不断满足人们日益增长的对更高博士生教育质量的期盼和要求。

第二章
博士生教育质量指数研究进展

本章系统梳理了博士生教育质量指数相关研究成果，为开展后续研究奠定基础。

第一节 核心概念及界定

在国内外研究生教育研究和实践领域中，博士生教育质量指数是一个全新的概念，相关的研究及实践非常少见。但这一概念在学理上根植于系统质量观，在实践中与博士生教育质量评估密切相关，也与更广泛意义上的评估理论、评估方法及指数研究相互关联。根据国内外已有理论研究和实践探索，结合社会生活中广泛运用的指数方法，对博士生教育质量指数的概念渊源、理论要点及研究基础进行梳理和分析。

一、博士生、博士

13 世纪上半叶，博士作为一种学位最早产生于巴黎大学，它是加入教师行会的一种资格证书[①]。17 世纪，作为一种崭新的教育模式，"哲学博士"在德国兴起，到 18 世纪末 19 世纪初逐渐被耶拿大学、柏林大学和莱比锡大学等高校接受。此后，该模式逐渐从德国传至世界各地[②]。除学位以外，博士还指代某一类人。博士（doctor）一词源于古法语的"church father"（教父）及古拉丁语的"teacher"（教会

---

① 陈学飞，等.西方怎样培养博士——法、英、德、美的模式与经验[M].北京：教育科学出版社，2002.
② William Clark. Academic charisma and the origins of the research university[M]. Chicago：University of Chicago Press，2006.

老师、顾问及学者)①。牛津英语词典里，博士指：① 教师，辅导员；讲授某门学科或专业知识，或灌输观点、原则的人。② 因精通某门学科或专业知识而足以胜任讲授这类知识的人，或其成就使其具备资格表达权威观点的人；学问突出的人②。

至于博士生(doctoral candidates)，则特指"为攻读博士学位而在高等学校或科研机构中进行学习和研究的学生"③。博士生须完成规定的课程，经考试合格，完成博士学位论文并通过论文答辩方可授予博士学位。有学者指出，博士学位的获得过程可以被看作是一场学术旅程④。由此可见，博士类似于一种结果性或目的性概念，即博士生只有在论文研究与论文答辩过程中证明自己对知识作出原创性贡献才能从一名博士候选人(PhD candidate)转变成博士(PhD)。《中华人民共和国学位条例》明确规定：高等学校和科学研究机构的研究生，或具有研究生毕业同等学力的人员，通过博士学位的课程考试和论文答辩，成绩合格，并达到一定学术水平者，授予博士学位⑤。具体要求：一是知识储备，即博士需掌握坚实宽广、系统深入的理论和专门知识；二是能力塑造，即博士需具有独立开展科学研究的能力；三是成果产出，即博士生产了创新性的研究成果。

由博士生到博士通常意味着一种身份转变，但不同国家对其身份也有不同的解读。在美国，博士生即追求博士学位的学生(doctoral students)，而且博士生的身份随博士生所处的学习或研究阶段而发生变化。比如，从入学到综合考试完成之前，博士生的主要任务是学习专业知识。因此，这一阶段的博士生身份仍是学生(PhD students)；通过资格考试到最终获得博士学位这一阶段的博士生是博士候选人(PhD candidates)⑥，因为他们掌握了一定的专业基础知识，具备了初步的研究素质与能力；提交博士论文并通过论文答辩的博士生就成为博士(PhD)。基于博士生教育阶段博士生身份的过渡性特征，有学者认为博士生是以成为研究者为目标，通过从事创造性科学研究活动，发展科研素养与能力的

---

① Online Etymology Dictionary[EB/OL]. (1995 - 01 - 01) [2019 - 12 - 02]. https://www.etymonline.com.
② 克里斯·戈尔德，乔治·沃克.重塑博士生教育的未来[M].刘俊，译.上海：上海交通大学出版社,2015.
③ 秦惠民.学位与研究生教育大辞典[M].北京：北京理工大学出版社,1994.
④ Trafford V, Leshem S. Doctorateness as a threshold concept[J]. Innovations in education and teaching international, 2009(3)：305 - 316.
⑤ 中华人民共和国中央人民政府.中华人民共和国学位条例[EB/OL].(2005 - 06 - 22)[2019 - 04 - 06]. http://www.gov.cn/flfg/2005-06/22/content_8526.htm.
⑥ 郭秋梅，刘子建.美国研究型大学理工科博士研究生的培养特点及质量保障[J].学位与研究生教育,2013(11)：76.

学习者和初级研究者①。而在欧洲,博士生更多的是被称为"年轻的研究人员"(junior researcher)②。例如,在洪堡体系(Humboldtian systems)下的博士生还拥有"早期职业研究人员"的身份③。因此,德国的博士生既是学生,也是研究者,他们通常作为科研助手与导师一起在研究所或实验室从事科学研究④。出现这一差异的原因可能在于欧洲博士生教育侧重于学术训练,而美国的博士生教育更多只是建立在本科生—硕士研究生—博士研究生这一教育链条上的一个阶段⑤。这种差异体现在博士生的身份、博士生在科学研究中的作用以及课程学习的重要性等各个方面。在科学研究中,欧洲模式强调博士生相当于科学研究人员,美国模式强调博士生在科学研究中学习并得到充分的培养。

基于前人研究,笔者尝试对博士生作如下定义:博士生是为攻读博士学位而在高等学校或科研机构中接受科学研究训练并逐步形成和具备科研素养与科研能力的学习和研究者。通过论文答辩并取得博士学位的博士生即博士。博士需满足在知识储备、能力塑造和成果产出三个方面的基本要求。

二、博士生教育、博士生教育系统

博士生教育即对博士生开展的教育或训练过程。"训练"(training)一词指"一个教给某人艺术、专业或工作所需技能的过程"⑥,博士生教育包括训练博士生独立开展学术研究而应掌握的知识、方法和技能,最终生产出创新性的科学研究成果等。博士生教育有其特殊性。首先,它是学历教育的最高阶段。博士生教育隶属于学历教育,并且是学历教育的最高阶段,博士生教育以上再无其他学历教育层次。其次,活动形式和内容具有特殊性。博士生主要通过参与课题研究获得科研能力训练,与本科生主要通过课程学习获得综合素质提升有很大差异。博士生教育与硕士生教育的区别需分国别来看。国外的硕士学位一般为过渡学位,博士生教育注重科研的特性与硕士生教育差异明显。而在我国,学术型

---

① 李永刚.成为研究者:理科博士生素养与能力的形成[D].上海:华东师范大学,2018.
② Kehm, B. M. Doctoral education in Europe and North America: A comparative analysis[J]. Wenner Gren International,2006(7):67-78.
③ Teichler, Ulrich. The formative years of scholars[M]. London: Portland Press, 2006.
④ 陈学飞.传统与创新:法,英,德,美博士生培养模式演变趋势的探讨[J].清华大学教育研究,2000(4):19-20.
⑤ Teichler, Ulrich. The formative years of scholars[M]. London: Portland Press, 2006.
⑥ Merriam Webster[EB/OL]. (1996-01-01)[2020-04-02]. http://www.merriam-webster.com/dictonary/training.

硕士生大量存在,科研属性也很充分,但与博士生相比,学术型硕士生从事科研活动的时间更短,要求更低。最后,科研训练要求具有特殊性。无论中外,博士生教育都强调科学研究并能在科学或技术领域产出原创性的成果。博士生获得博士学位意味着博士生已经具备了独立开展科学研究工作的能力和素养,并最终完成了由"学生"向"研究者"身份的转变。

博士生教育系统是社会系统的子系统。从系统内部构成要素来看,博士生教育系统主要由博士生教育主体和客体组成。博士生教育主体包括博士生、博士生导师、博士生教育管理人员等,博士生教育客体则主要是知识。博士生教育系统不同要素之间相互联系,相互作用。从博士生教育系统与社会系统之间的关系来看,博士生教育系统是一个资源依赖性系统,它依赖于社会其他系统的资源供给。同时,博士生教育系统又是一个资源输出系统,它为社会其他系统源源不断地输出人力资源与知识。博士生教育系统与社会系统之间能量交换关系处理得越好,博士生教育系统就会发展得越快。从博士生教育系统功能视角来看,博士生教育系统属于一种知识生产系统,它在推动社会创新体系建设方面发挥重要作用,具体表现为:博士生教育系统为社会输出高端拔尖创新人才,提升国家人力资本水平;博士生教育系统生产知识,对构建、拓展知识体系作出重要贡献,同时推动社会的文明与进步。

三、博士生教育质量、博士生教育质量指数

"质量"最早来源于古法语的"qualite"(气质,性格),以及拉丁语"qualitatem"(性能;性质,状态)[1],更多的是物理学上的概念。此后,"质量"一词应用于管理学等多个领域。质量是一个多维的概念,因此,至今尚未形成统一的概念解释。全面质量管理创始人德明(William Edwards Deming)从产品和服务的提供方视角指出质量是"低成本为顾客提供满意的新产品或服务"[2]。美国著名质量管理专家朱兰从顾客视角认为"产品质量就是产品的适用性,即产品满足用户需要的程度"[3]。世界质量先生克劳斯比(Philip Crosby)认为质量是"符合预设标准与要求"[4],即产

① Online Etymology Dictionary[EB/OL]. (1995 - 01 - 01) [2019 - 12 - 02]. https://www.etymonline.com.
② Joseph A. De Feo. Juran's Quality Handbook: The Complete Guide to Performance Excellence, Seventh Edition[M]. New York. McGraw-Hill Education, 2016.
③ 同上。
④ 同上。

品的目标达成程度。国际标准化组织(International Organization for Standardization，简称 ISO)制定的 ISO8402—1994 将质量定义为"实体满足明确和隐含需要的能力的特性总和"①。这些定义都较好地诠释了"质量"的内涵，其潜含的"效率""适用性""目标达成程度""满足需求程度"等核心观点开拓了本研究的研究思路。其中，"效率"的概念只能在某些特定方面对博士生教育适用，例如经费使用的效率，而在其他方面并不适合；"适用性"显示出博士生教育对社会的适应程度，有比较好的应用场景，但略显被动，未能体现出博士生教育主体的主观能动性；"目标达成程度"简单明了，但需以"共同的目标"为衡量尺度，否则质量结果可能会有失偏颇；"满足需求程度"从顾客角度出发，创新性地将"质量"的关注点由产品和服务转移到"人"和"社会"的需求上来。但是，需求千差万别，需求满足程度也应千差万别，质量仍然是一个虚无缥缈的未知数。

《教育大词典》将教育质量定义为"教育水平高低和效果优劣的程度"，其"衡量的标准是教育目的和各级各类学校的培养目标"②。这一概念比较贴近人们心目中的"质量"概念。此内涵包含的"水平"的含义从某种程度上看属于人的价值判断范畴，相当于评估或衡量的结果。但是，"效果优劣"的提法欠妥当，因为在中文语境中"劣"字带有明显的"贬义"色彩，似乎是将教育质量进行大排位，然后进行明显的"等级划分"，因此存在一定的瑕疵。本书中的博士生教育质量内涵需要建立在管理学和教育学"质量"内涵的基础之上，它不仅要体现博士生教育系统满足个体、社会需要的水平，而且要反映博士生教育系统满足个体、社会需要的能力。博士生教育质量内涵是本书的重要内容，将在第三章中具体论述。

当今社会，指数(index/indicator)到处可见。追溯来看，1870 年后，经济学意义上的指数(如生活成本指数等)才开始兴起和流行③。指数是统计学和经济学的交叉研究领域，统计学者认为指数法是统计学的创作④，经济学者认为价格指数是经济学的伟大发明⑤。指数不仅是一种概念，也是一种统计方法，是分析

---

① 龚益鸣.现代质量管理学[M].北京：清华大学出版社,2007.
② 教育大辞典编纂委员会.教育大辞典(第一卷)[M].上海：上海教育出版社,1990.
③ Online Etymology Dictionary[EB/OL]. (1995－01－01) [2019－12－02]. https://www.etymonline.com.
④ Ivancic L, Diewert W E, Fox K J. Scanner Data, Time Aggregation and the Construction of Price Indexes[J]. Journal of Econometrics, 2011(161)：24－35.
⑤ De Haan J, Krsinich F. Scanner Data and the Treatment of Quality Change in Nonrevisable Price Indexes[J]. Journal of Business & Economic Statistics, 2014(3)：341－358.

社会和经济现象的有力工具,在经济、环境、交通及社会生活等各个领域得到广泛应用。但是,关于其内涵,却没有一个统一的解释。归纳起来,有几个比较有代表性的定义。《辞海》将指数界定为"社会经济现象在不同时期数量对比关系的相对数"[1]。徐国祥曾经系统梳理指数的七种定义,分别是：① 指数最简单的形式仅仅是若干组相互关联数值的加权平均数；② 指数是一种反映不能直接相加、不能直接对比的现象综合变动的相对数；③ 指数是一种动态相对数；④ 广义的指数是指一切说明社会经济现象数量变动或差异程度的相对数。狭义的指数是一种特殊的相对数,专指不能直接相加的复杂社会经济现象综合变动的相对数；⑤ 统计指数是表明社会经济现象在不同时期的数量对比关系的相对数；⑥ 指数主要是反映商品、工资或其他经济变量在不同时期的价格变动；⑦ 指数是一种相对数,可用于经济现象在时间、空间上的对比[2]。

　　质量指数是指运用指数表征事物的质量状态。例如,程虹等指出,区域质量指数主要是衡量某一个国家或地区的整体质量发展水平[3]；雷家、夏文俊等认为宏观质量指数是"一个能客观反映某一地区质量竞争力的综合指数"[4][5]。在文献搜索中,我们未发现"博士生教育质量指数"的定义,但可以通过追溯指数、质量的内涵,将其定义为博士生教育质量"状态"。博士生教育质量指数内涵是本书重要的研究内容之一,将在第三章中具体论述。

第二节　博士生教育质量及评估

　　根据已有文献,学者主要从三个方面对博士生教育质量开展研究,即博士生教育目标、博士生教育质量标准及博士生教育质量影响因素。

一、博士生教育质量

(一) 博士生教育目标

威廉·詹姆斯(William James)在《章鱼博士》(*The Ph.D Octopus*)一书中

---

① 辞海编辑委员会.辞海(1999年版)[D].上海：上海辞书出版社,1999.
② 徐国祥.统计指数理论及应用[M].北京：中国统计出版社,2004.
③ 程虹,李清泉.我国区域总体质量指数模型体系与测评研究[J].管理世界,2009(1)：2-9.
④ 雷家.质量竞争力指数及其意义[J].中国质量认证,2006(1)：26-27.
⑤ 夏文俊.质量竞争力指数全面解读[J].中国品牌,2006(10)：17-19.

曾指出,博士学位授予的目的一直备受质疑,这样的质疑一直贯穿了 20 世纪的整个发展阶段①。随着世界各国博士生规模的扩大,博士生获得博士学位的难度不断增加,与之相伴的则是博士学位完成时间拉长。在美国,有的学科的博士生流失率(attrition rates)高达 60%②,而在人文社会科学领域通常需要七年完成博士学位③。2023 年,美国国家科学基金会发布的《2021 年美国大学授予博士学位》(*Survey of Doctorate Recipients*,*2021*)报告显示,受新冠疫情影响,近一半博士生的研究被中断,39%的博士生遭遇延期毕业,各学科平均攻读博士学位均需六年以上④。居高不下的流失率和长期低迷的完成率(completion)不仅对政府、高校、社会的资源产生极大的浪费,同时也对博士生及导师产生一定的负面影响。

基于上述原因,博士生教育研究人员、管理人员及第三方组织等开始重新审视博士生培养目标和办学定位。1912 年,美国大学协会(Association of American Universities,简称 AAU)曾研讨博士的社会适应性问题。于尔根·恩德斯(Jürgen Enders)、卢茨·博恩曼(Lutz Bommann)对德国 1980 年、1985 年和 1990 年六个主要学科毕业博士进行调查后发现,44%的被调查者在高等教育机构工作,37%在私营机构工作,另有 19%在公共机构或部门工作⑤,博士生就业多元化成为不可逆转的趋势。1999—2001 年,克里斯·M.戈尔德(Chris M. Golde)和多尔(Dore T. M.)围绕"美国博士生教育是否适应当前的社会需求"这一核心问题对 27 所大学的 4 000 多名博士生开展调研并完成《南辕北辙:博士生教育的经历及启示》(*At cross purposes: What the experiences of doctoral students reveal about doctoral education*)的研究报告。报告指出,大部分博士生对培养目标是不了解或不满意的,这说明博士生教育在培养目标、培养过程及求职就业之间存在"信息赤字"和"三者错配"⑥。与此同时,有学者担忧,随着有前途

---

① James W. The Ph D octopus[J]. Harvard monthly, 1993, 36(1): 7.
② Nettles, M., & Millett, C. Three magic letters: Getting to PhD[M]. Baltimore: The Johns Hopkins University Press, 2006.
③ Yeates, M. Graduate student conundrum[J]. University Affairs, 2003: 38 - 39.
④ National Center for Science and Engineering Statistics. Survey of Doctorate Recipients, 2021[M]. NSF, 2023.
⑤ Jürgen Enders, Lutz Bommann. Karriere mit Doktortitel? Ausbildung, Berufsverlauf und Berufserfolg von Promovierten[M]. Frankfurt/Main: Campus Verlag, 2001.
⑥ Golde, C. M., & Dore, T. M. At cross purposes: What the experiences of doctoral students reveal about doctoral education. Philadelphia, PA: Pew Charitable Trusts[EB/OL]. (2001 - 01 - 30)[2019 - 10 - 12]. www.phd-survey.org.

的年轻学者寻求工作与生活更好平衡的职业道路，学术界的未来生命线可能会受到威胁①。2001—2005 年，美国卡内基教学促进基金会（Carnegie Foundation for the Advancement of Teaching，简称 CFAT）对化学等六个学科开展了长期的卡内基博士生教育创新计划，并于 2006 年出版了题为《重塑博士生教育的未来：培养学科管家》（*Envisioning the Future of Doctoral Education*）的报告。该报告对博士生培养目标进行反思，认为博士生教育的主要目标是培养学科看守人。这里的"学科看守人"不再限于传统的高校教师、科研人员，而是包含所有具备诚实、热爱真理品质的博士，这些博士在高校里被按照成为学者的目标进行培养，他们有能力传承和创造新知识，但最终可能在政府部门、企业等非学术类部门服务②。

（二）博士生教育质量标准

博士生教育质量标准众说纷纭，莫衷一是。赵立莹曾梳理"学术成果导向说、学术训练导向说、职业导向说、效益导向说"③。在其研究基础上，本书大体按输入—过程—输出顺序，将博士生教育质量标准概括为三个方面，即博士生质量、博士生教育过程质量及博士生教育效益。

1. 博士生质量

一是博士生学术质量。自 18 世纪末学术型博士在德国兴起以来，博士生教育的核心任务就是培育学者或"学科管家"。学者们认为应坚持博士生教育特性，以"学术"为基准，认为博士生教育质量高低取决于知识和学术价值的实现程度④。他们主要从博士生科研成果数量、质量以及博士生对知识生产的贡献程度等来衡量博士生教育质量，如博士学位论文的创新性、博士生学术成果产出效率等。例如，有学者指出，博士学位论文几乎是衡量博士生教育质量的唯一标准⑤。王战军⑥、

---

① Mason, M. A., Goulden, M., & Frasch, K. Why graduate students reject the fast track: A study of thousands of doctoral students shows that they want balanced lives[EB/OL]. (2009 - 02 - 01) [2020 - 12 - 10]. www.aaup.org/AAUP/pubsres/academe/2009/JF/Feat/maso.htm.
② 克里斯·戈尔德，乔治·沃克.重塑博士生教育的未来[M].刘俊，译.上海：上海交通大学出版社，2015.
③ 赵立莹.美国博士生教育质量评估体系发展研究[D].武汉：华中科技大学，2009.
④ 华东师范大学研究生院.与时俱进 建立符合国际规范的中国博士质量标准[C].成都：中国研究生院院长联席会 2007 年会，2007.
⑤ 沈文钦，赵世奎.博士质量观及其差异性的实证分析——基于全国所有博士培养单位的调查[J].教育学术月刊，2010(1)：21 - 24.
⑥ 王战军，林梦泉，李恒金.评选全国优秀博士学位论文是提高博士生培养质量的有效措施[J].中国高教研究，2002(4)：33 - 34.

谢安邦[①]等研究指出全国优秀博士学位论文评选是提高博士生培养质量的重大举措。李志坚院士也认为,博士生培养得好不好,质量高不高,博士论文是重要标志[②]。

二是博士生创新能力。诸多学者赞同将博士生创新能力作为衡量博士生教育质量的核心指标。顾秉林曾撰文指出要弘扬创新精神,提高博士生培养质量[③]。王选院士指出创新的研究是发展高新技术产业的灵魂,也是对培养高质量博士生提出的要求[④]。郭日修指出,博士生在学术活动中培养了创新能力,同时作出创造性成果,这既是博士生培养工作的核心,也是博士生培养质量评价的尺度[⑤]。王孙禺等从内部质量和外部质量两个方面探讨研究生教育质量,其中,内部质量指研究生的学术和学业成就,其中最核心的是创新性[⑥]。谢作栩等基于五所高校的调查指出,博士生、博士生导师、研究生教育负责人及毕业博士四类人群均认为"科研创新能力"与"基础和专业知识水平"是博士质量的重要因素[⑦]。但是,博士生创新能力不足却是我国博士生教育诸多矛盾和制约因素的集中反映[⑧]。因此,要提升博士生教育质量,需要首先提高博士生的创新能力。

三是博士生职业发展。随着毕业博士就业方向的多元化,学者大多认为博士生教育不仅要关注博士生的学术能力培养,而且要为博士生提供充足的就业准备。马雷西·内拉德(Maresi Nerad)研究指出,博士生在博士学习期间除实现个人知识增长及分析问题、解决问题等能力提升以外,还需面向劳动力市场需求,并具备相应的职业能力[⑨]。2012 年,美国研究生院理事会(Council of Graduate Schools,简称 CGS)发布题为《从研究生院到职业生涯之路》

① 谢安邦,潘武玲.提高博士生培养质量的重大举措——全国优秀博士学位论文评选的回顾与思考[J].中国高教研究,2003(7):37-40.
② 李志坚.博士论文是博士生培养质量的重要标志[J].学位与研究生教育,2001(Z2):10-11.
③ 顾秉林.弘扬创新精神 提高博士生培养质量[J].学位与研究生教育,2001(Z1):2-5.
④ 思华,李石纯.强调创新意识 创造良好环境 提高博士生培养质量——访中国科学院院士、北京大学计算机研究所所长王选教授[J].中国高等教育,1996(6):16-17.
⑤ 郭日修.提高博士生培养质量之我见[J].学位与研究生教育,2008(7):7-9.
⑥ 王孙禺,袁本涛,赵伟.我国研究生教育质量状况综合调研报告[J].中国高等教育,2007(9):32-35.
⑦ 谢作栩,王蔚虹.我国研究型大学师生对博士质量现状的评价——基于五所高校的调查[J].高教探索,2009(1):80-84.
⑧ 赵锋.以创新能力培养为核心提高博士生教育质量[J].中国高等教育,2011(Z1):77-78.
⑨ Nerad M. Confronting common assumptions: Designing future-oriented doctoral education. In R. Ehrenberg and Ch. Kuh (Eds.), Doctoral Education and the Faculty of the Future[M]. NY: Cornell University Press, 2009.

(*Pathways through Graduate School and into Careers*)的报告。该报告指出，不仅博士生要通过职业生涯全面把握博士学位的价值，教师也须基于博士生的职业发展开发课程①。学者们对博士生的能力结构进行研究，认为博士生的知识结构与能力结构应与用人单位的需求对接，博士生的"可就业能力""知识迁移能力""职业胜任力"等是考量博士生教育质量的重要标准。20 世纪 60 年代开始，英美等发达国家部分学者就对博士生的职业发展路径进行研究，开辟了博士职业发展研究之路②。南京农业大学罗英姿等运用知识生命周期理论、社会化理论、匹配理论等，认为毕业博士调查是博士生教育质量评价的一个新工具③。

2. 博士生教育过程质量

过程质量更加注重"培养过程"，侧重过程的零缺陷。博士生培养嵌入博士生招生、学位授予等环节中。在导师指导下，博士生系统地掌握学科理论知识，同时学会独立开展学术研究。博士生过程质量包括课程学习质量、导师指导质量及科研训练质量等。高质量的培养过程是高质量培养结果的前提，也是进行培养质量过程监控的理论基础。詹妮弗·格兰特·霍沃斯（Jennifer Grant Haworth）等研究指出，高质量的专业主要是教师、学生和领导充分参与并在教学中相互支持的过程，其包含五个特点，即多元化的参与者（多元参与的教师、学生、领导、管理人员）、参与的文化（共享的专业方向、共享的领导、承担风险的环境）、交互式教学（批判式对话、综合的学习指导、合作的同行学习、丰富的课外活动）、连贯的专业要求（课程学习按照计划的广度和深度、专业实习、明显的成效）以及充足的教育资源（对学生的支持、对教师的支持、对基础设施的支持）等④。博士生教育过程质量通常也可以由博士生的科研体验调查结果来反映。

3. 博士生教育效益

一些学者基于经济学投入产出理论来衡量博士生教育成效。这一类的学者认为，博士生教育质量不应该只看"存量"，而更应该看"增量"，这就要求动态监

---

① Council of Graduate Schools & Educational Testing Service. Pathways through Graduate School and into Careers[EB/OL]. (2012 - 04 - 19)[2023 - 08 - 20]. https://eduwx.nju.edu.cn/_upload/article/files/4a/3a/71ae8ab042649cdceb42373af7a9/fcfe6e7b-c0be-4d47-9401-62321995e238.pdf.

② 张美云.博士的职业发展与社会贡献[M].上海：上海交通大学出版社,2013.

③ 罗英姿,张佳乐,顾剑秀.毕业博士调查：博士生教育质量评价的新工具[J].学位与研究生教育,2016(11)：22 - 27.

④ Haworth Jennifer Grant, Conrad Clifton F. Emblems of Quality in Higher Education. Developing and Sustaining High-Quality Programs[M]. Allyn and Boston, 1997.

测不同时期博士生教育质量,而不只是监测单一时间点的静态质量。博士生教育质量增量是资源利用效率的反映,而资源的利用效率适用"边际效用递减规律"[1],通常选择的衡量指标包括毕业率、就业率、博士学习年限、生均成本等。在美国,针对博士生教育效益的研究非常普遍,主要是因为美国博士学习年限长,博士学位完成率低,学者、组织机构等对此高度关注。究其原因,这与培养目标过窄、专业化太强、博士生对学术以外的工作和就业信息了解不足等密切相关。2019—2021年,受新冠疫情的影响,世界各国博士生按期获得博士学位的难度加大,博士生延期毕业风险加大。尽管2022年以后新冠疫情开始好转,但是其影响仍将在未来一段时间内持续存在。因此,要及时审视和反思我国博士生教育的效益问题,同时,制定合理的博士生教育政策,为全面提升博士生教育质量寻求最优路线。

在评估实践中,评估者往往会采用两种以上的质量标准,秉持以学术质量为基准同时兼顾全面质量观对博士生教育质量进行评价。

（三）博士生教育质量影响因素

博士生教育质量受到诸多因素的影响,国内外学者或机构对相关主题进行了研究。经过梳理,博士生教育质量影响因素主要包括博士生教育主体、经费及博士生教育的内外部环境等。

一是博士生教育主体。博士生教育主体主要包括博士生导师及博士生。首先,博士生导师方面,博士生主要在博士生导师的指导下开展研究,因此,导师指导成为影响和制约博士生教育质量的重要因素。汤钊猷院士撰文指出,提高博士生教育质量的关键是提高博士生导师自身的素养[2]。张淑林[3]、王蔚虹[4]等通过问卷调查,总结指出导师及导师指导是博士生教育质量最重要的影响因素。此外,美国研究生院协会（Council of Graduate Schools, 简称CGS）把导师指导列为影响博士培养项目质量的六大因素之一[5]。李艳等通过实证研究指出导师

① 吴婷,陈谦明,魏欢.博士生教育质量及增量问题研究[J].学位与研究生教育,2010(5)：20-23.
② 汤钊猷.谈提高博士生培养质量的关键[J].学位与研究生教育,1997(2)：14.
③ 张淑林,裴旭,陈伟.营造创新学术生态环境 构筑博士生培养质量保证体系[J].学位与研究生教育,2008(05)：13-16.
④ 王蔚虹.我国博士质量影响因素的认识研究——基于五所研究型大学的调查[J].学位与研究生教育,2008(9)：16-21.
⑤ Council of Graduate Schools. PhD Completion and Attrition: Analysis of Baseline Program Data from the Ph. D. Completion Project[M]. Washington D. C., 2008.

的学术水平是影响博士生学位论文质量和学术产出影响的最显著的因素①。其次，作为博士生教育的重要主体，博士生质量是影响博士生教育质量的重要因素。肖化移把博士生教育质量界定为特定培养目标指引下的博士生"价值增值"的程度，指出主体性投入是博士生教育质量形成的决定性要素②。谷志远指出美国研究型大学博士生教育质量的影响因素是生源来源、生源的多样性及国际化、完成学业年限、博士筛选及选拔机制、博士生导师科研能力、博士生规模、博士生资助范围及资助力度等③。除此之外，学者还从博士生培养过程视角，从生源质量、培养目标、导师队伍、科研环境等对博士生教育质量影响因素进行深入剖析，如李小青等④。

二是经费。对于大多数博士生来说，经费支持是博士生获得博士学位最关键的因素⑤。彭安臣基于12所大学913名博士生的调查数据，证实了资助是博士生教育的必要条件且是影响博士生教育质量的重要因素⑥。戚兴华等认为博士生资助，尤其是对博士生科研工作的直接资助，对博士生教育质量具有直接的提升作用和重要的保障价值⑦。

三是环境。博士生教育环境主要体现为学术氛围。学术氛围越浓厚，博士生教育质量越高。石磊在其博士学位论文中将影响博士生质量的主要因素归结为学术氛围、导师指导、科研条件、研究训练、学科水平等五大方面⑧。罗英姿等通过开展博士生满意度调查后发现，"影响博士生教育质量生成的关键环节和因子包括学术氛围、物质环境、导师科研能力等"⑨。相关研究中，学术氛围被列为博士生教育质量影响因素的第1位。

---

① 李艳，马陆亭.博士生培养质量与导师相关性的实证研究[J].国家教育行政学院学报，2015(4)：78-84.
② 肖化移，罗尧成.从主体投入角度看博士教育质量及评价[J].教师教育研究，2008(5)：49-53+37.
③ 谷志远.美国博士生培养质量影响因素的实证研究——基于美国ARDP调查数据的分析[J].教育科学，2011，27(3)：80-86.
④ 李小青.博士生培养质量影响因素剖析[J].学位与研究生教育，2007(S1)：27-30.
⑤ Jeremiah P. Ostriker, Charlotte V. Kuh & James A. Voytuk. A data-based Assessment of Research-Doctorate Programs in the United States[M]. Washington, D. C.: The National Academies Press, 2000.
⑥ 彭安臣，沈红.博士生资助与博士生培养质量——基于12所大学问卷调查数据的实证分析[J]. 学位与研究生教育，2012(7)：53-60.
⑦ 戚兴华等.博士生资助与博士质量保障的体系互动[J].学位与研究生教育，2012(2)：20-24.
⑧ 石磊.研究生教育质量评价与质量保障体系研究[D].合肥：中国科学技术大学，2010(4)：23.
⑨ 罗英姿，程俊."以学生为中心"的博士生教育质量评价[J].学位与研究生教育，2014(6)：60-65.

　　除此之外,学者们还从家庭资本①、导师指导模式和频率②③、学科水平④⑤、制度⑥等研究博士生教育质量的影响因素。

　　综上,国内外学者对博士生教育质量相关问题进行了一定的研究与探索,为本研究提供了有益的借鉴与参考。但通过相关研究文献的分析,笔者认为还有五点不足:一是已有研究文献大多倾向于从单一院校、个别特殊案例等微观层面,或者博士生教育系统要素如博士生质量来探讨博士生教育质量,从中宏观层面探讨博士生教育质量的研究匮乏;二是大多数文献对博士生教育质量内涵并未进行明确清晰的界定,导致质量内涵笼统、一刀切,缺乏针对性;三是已有研究大多是对博士生教育质量实践经验的总结,对博士生教育质量的理论探讨匮乏;四是博士生教育质量研究通常杂糅在研究生教育质量研究之中,专门针对博士生教育质量的研究不足;五是国内相关研究主要基于小范围的调查研究,连续、长时间段的追踪研究较少。

二、博士生教育质量评估

(一)博士生教育质量评估的理论研究

　　已有文献中,博士生教育质量评估主要包括博士生教育系统要素即博士生质量评估、"博士点质量评估"或广义的博士生教育评估等。

1. 博士生质量评估

　　第一,针对博士生的质量调查逐渐增加。学者 M.菲利普斯(M. Phillips)在《哲学博士质量评价》一书中指出应至少对五个环节进行博士学位质量评价:博士生选择读博过程、博士生注册的过程、培养过程的质量监控、考核准备过程、最终考核过程。1999 年,澳大利亚教育研究委员会(Australian Council for Education Research,简称 ACER)和毕业生职业生涯协会(Graduate Career

---

① 顾剑秀,罗英姿.家庭资本对博士生教育质量获得及在校学业表现的影响——基于江苏省的经验研究[J].教育科学,2016(6):63-71.
② 范皑皑,沈文钦.什么是好的博士生学术指导模式? ——基于中国博士质量调查数据的实证分析[J].学位与研究生教育,2013(3):45-51.
③ 陈珊,王建梁.导师指导频率对博士生培养质量的影响——基于博士生视角的分析和探讨[J].清华大学教育研究,2006(3):61-64.
④ 李丽,王前.基于实证的博士生教育质量影响因素分析[J].学位与研究生教育,2012(9):14-18.
⑤ 王则温,郝丽萍,张君.提高博士生培养质量的关键是建设高水平学科[J].学位与研究生教育,2002(11):8-11.
⑥ 殷晓丽等.影响我国临床医学专业博士培养质量的制度因素分析[J].复旦教育论坛,2011(3):88-92.

Association，简称 GCA)最早发起了研究生科研体验调查，系统地调查了毕业生对其科研经历的感受和看法①。此后，英国的研究生科研体验调查兴盛起来。2007—2018 年，英国高等教育学会(Higher Education Academy，简称 HEA)连续 7 次在全国高等教育机构中开展了针对学术型研究生科研体验的调查②。除了澳大利亚和英国，美国各大院校也开展博士生科研体验相关的调查。例如，麻省理工学院(Massachusetts Institute of Technology，简称 MIT)博士生离校调查包含博士毕业生的就读体验、经济状况、学术活动参与情况及毕业计划和求职经历等③。自 2011 年 11 月起，我国《学位与研究生教育》杂志每年对全国不同层次研究生培养单位的在读研究生开展大范围问卷调查，研究其对学校课程教学、科研训练、导师指导等方面的满意度情况④，但被调查者中硕士研究生居多，博士研究生较少。2016 年，清华大学袁本涛、李莞荷对博士生群体展开专门调研，调查内容包含学习环境感知、学习经历和体验等⑤。文献显示，通过问卷调查研究博士生科研体验情况是国内外博士生教育质量评价的重要手段。

　　第二，大型博士质量调查反映博士生教育质量。2007 年 9 月，国务院学位委员会、教育部、人事部委托北京大学教育学院和中国人事科学院等开展博士质量调查与研究工作。课题组主要通过问卷调研，同时采用访谈、博士论文中外比较等多种途径对我国博士培养质量和发展质量进行了全面而系统的分析。问卷调研主要包括基础和专业知识、科研能力、思想道德水平、学位论文质量、相关学科知识、外语水平、创新能力、使命感责任感、组织协调能力调查等 9 项指标⑥。调研结果显示，我国博士生教育总体乐观，但却存在突出问题，例如优秀生源流失严重，创新能力与世界高等教育强国相比还有一些差距，博士研究生教育的制度创新需要进一步加强⑦。罗英姿等将国外相关机构组织开展的大规模毕业博

---

① 袁本涛，王传毅，赵琳.解码研究生科研体验调查：基于澳、英的比较分析[J].现代大学教育，2015(3)：70-77.

② 郭月兰，汪霞."英国研究生科研体验调查"述评[J].高教探索，2018(5)：56-61.

③ 杨佳乐等.国外博士生调查主要调查什么？——基于美、英、澳、日四国问卷的比较分析[J].研究生教育研究，2017(6)：90-95.

④ 周文辉，王战军，刘俊起等.我国研究生教育满意度调查——基于在读研究生的视角[J].学位与研究生教育，2012(12)：34-40.

⑤ 袁本涛，李莞荷.博士生培养与世界一流学科建设——基于博士生科研体验调查的实证分析[J].江苏高教，2017(2)：1-6.

⑥ 中国博士质量分析课题组.《中国博士质量报告》[J].北京大学教育评论，2011(1)：2.

⑦ 陈洪捷，赵世奎，沈文钦，蔡磊砢等.中国博士培养质量：成就、问题与对策[J].学位与研究生教育，2011(6)：40-45.

士调查进行归纳汇总,认为国际研究项目侧重于国家间的横向比较;国家或区域范围内开展的全国性调查注重收集全国毕业博士的常规性数据,为国家或区域宏观战略服务;高校或研究机构主持的研究基本围绕具体研究问题设计调查项目,偏向学术研究性质①。

2. 博士点质量评估

针对博士点质量,不同机构或个体开展理论探讨。2009 年开始,德国科研信息与质量保障研究所(Institut für Forschungsinformation und Qualitätssicherung e.V.,简称 IFQ)开始对若干大学的博士生进行追踪调查,以对博士培养项目质量进行评估。该项目选择博士生学业开始之初、毕业以及获得学位三年这三个时间节点进行在线问卷调查,主要分析指标分为三个维度:质量评估指标;劳动力市场表现、业绩和科研产出指标;人力资源指标。该项目旨在全面考察博士培养项目的输入、过程以及输出质量,并结合学术评价、市场评价、效率、人力资源发展等多个维度的价值标准,体现了知识社会背景下博士研究生教育的复杂目标导向和问责机制。再比如,格兰特·哈沃斯(Grant Harworth)曾对美国研究生教育历史及发展过程的大量访谈进行总结提炼,提出高质量研究生专业特征,为研究生专业质量评价提供指南并为促进美国研究生教育改革和发展提出了建议。此外,博士生教育质量的评价要素和方法多样。在评价要素方面,学者指出校准模式下博士项目评估的基本构成要素包括培养内容(含课程设置、将学生培养成为具备相应知识技能的未来学者和专家所必需的各种活动)、学生(学生质量)、教职员工、预期成果和培养背景(院系外的因素、院系内的因素、单个培养过程的影响因素)②。国内学者以所在高校为例,创立博士生教育质量评估指标体系,为我国院校博士生教育质量评估提供重要参考③④。

3. 博士生教育质量评价

学者对博士生教育质量评价理念等问题进行了深入的理论讨论。罗英姿等人指出,传统单纯遵循学术成果导向的博士生教育质量评价主要面临三大转变:

———————

① 罗英姿,张佳乐,顾剑秀.毕业博士调查:博士生教育质量评价的新工具[J].学位与研究生教育,2016(11):22 - 27.

② 佩吉·梅基,内希·科斯基.博士生教育评估——改善结果导向的新标准与新模式[M].张金萍,娄枝,译.上海:上海交通大学出版社,2011.

③ 张国栋等.博士生培养质量的自我评估指标体系研究[J].学位与研究生教育,2010(6):4 - 7.

④ 孟成民,刘零,陈然.博士生培养质量评价:标准、视角与发展对策——以华南农业大学为例[J].高等农业教育,2012(1):65 - 68.

一是突出博士生主体地位；二是强调毕业博士发展质量；三是多维度综合评价[①]。王东芳指出，博士生教育质量评价是一个动态的过程：一是评价方法更加重视博士生教育过程评价和追踪性评价；二是评价内容更加注重知识观与人才观的时代变迁，加强学术旨趣与劳动力市场的对接；三是评价标准设置的多样性，即不同类型博士生教育质量评价标准应有所不同[②]。黄海刚通过研究，指出美国博士生教育评估经历了声望评估和客观指标的定量研究，博士生教育评价也逐渐完成了从"辨别优劣"以获取资源的工具理性向"发现问题"以提高质量的价值理性的转变[③]。

在评价方法方面，博士生教育质量评价方法讲究定量与定性相结合，主观评价与客观评价相结合。在具体指标体系设计上，范晓婷通过对中美博士生培养指标的分析，指出美国注重学生的录取质量和发展质量的评价，而我国则重视对博士生入学后至毕业时的培养质量评价[④]。

（二）博士生教育评估实践

1. 美国 NRC 博士点评估

随着问责制和新公共管理主义的兴起，博士点质量评估应运而生。美国最早于 1925 年开展博士点评估，此后美国研究理事会（National Research Council，简称 NRC）陆续在 1982 年、1993 年和 2007 年开展了三次博士点评估，主要考察学术研究活动、博士生资助情况及成果、学术环境的多样性等三个方面。具体评价指标体系见表 2.1。

表 2.1　2007 年美国 NRC 博士点评估指标体系

一级指标	二级指标	观　测　点
学术研究活动	论文发表出版物	1. 教师人均论文发表和专著出版情况
	学术成果引用	2. 每个出版物平均引用情况
	科研资助	3. 教师中获得资助的比例
		4. 教师人均获奖情况

① 罗英姿,刘泽文,张佳乐.博士生教育质量评价的三大转变[J].研究生教育研究,2017(3)：59-64.
② 王东芳.博士生教育质量评价：新情境下的挑战与启示[J].学位与研究生教育,2012(2)：14-19.
③ 黄海刚.美国博士生教育质量评估的价值转向——基于历史主义的视角[J].学位与研究生教育,2011(9)：65-70.
④ 范晓婷.中美学科评估下博士生培养质量指标的差异探析[J].当代教育科学,2015(15)：46-50.

续 表

一级指标	二级指标	观 测 点
博士生资助情况及成果	专业声誉	5. 博士生 GRE 平均分
	学生资助	6. 新生第一年全额资助的情况
	学生资助	7. 一年级学生获得外界资助的比例
	健康保险	8. 学术机构是否为学生提供了健康保险
	学生工作间	9. 学生是否有专用的工作间
	学术活动	10. 学校或专业为博士生提供的支持机制
	专业规模	11. 2002—2006 年平均授予博士学位数量
		12. 六年内获得博士学位的学生数量
	培养效果	13. 全日制和兼读制学生完成学业需要的时间
		14. 在学术领域就业的学生比例
学术环境的多样性	学科多样性	15. 交叉学科占所有学科的比例
		16. 交叉学科教师占所有学科的比例
	教师多样性	17. 教师中非亚裔教师的比例
		18. 教师中女性的比例
	学生多样性	19. 2005 年在读学生中女生比例
		20. 2006 年在读学生国际生及少数民族学生比例

2. 学位授权点合格评估

依据《学位授权点合格评估办法》[①]，我国政府对学位授权点定期开展评估，评估主要包括学位授予单位自评和政府抽评两个环节。第一阶段是学位授予单位自评。这是一种诊断式评估，由学位授予单位对本单位各方面发展进行衡量，主要

---

① 教育部.国务院学位委员会教育部关于印发《学位授权点合格评估办法》的通知[EB/OL].(2014 - 02 - 12)[2019 - 05 - 05].http://www.moe.gov.cn/srcsite/A22/s7065/201402/t20140212_165555.html.

考察学位授权点在目标定位、人才培养、科学研究、资源配置等方面的目标达成程度[①]。第二阶段是教育行政部门随机抽评。随机抽评主要包含三个方面：一是目标与标准，二是基本条件，三是人才培养，其重点是人才培养。具体见表2.2。

表 2.2　学位授权点抽评要素

一级要素	二级要素	主　要　内　容
1　目标与标准	1.1　培养目标	本学位点培养研究生的目标定位
	1.2　学位标准	本学位点授予博士、硕士学位的基本标准
2　基本条件	2.1　培养方向	本学位点的主要培养方向简介
	2.2　师资队伍	各培养方向带头人、主要师资队伍情况
	2.3　科学研究	本学位点已完成的主要科研项目以及部分在研项目的情况
	2.4　教学科研支撑	本学位点支撑研究生学习、科研的平台情况
	2.5　奖助体系	本学位点研究生奖助体系的制度建设、奖助水平、覆盖面等情况
3　人才培养	3.1　招生选拔	学位授权点研究生报考数量、录取比例、录取人数、生源结构情况，以及为保证生源质量采取的措施
	3.2　课程教学	本学位点开设的核心课程及主讲教师。课程教学质量和持续改进机制
	3.3　导师指导	导师队伍的选聘、培训、考核情况。导师指导研究生的制度要求和执行情况
	3.4　学术训练（或实践教学）	研究生参与学术训练的情况，专业学位研究生参与实践教学的情况，包括制度保证、经费支持等
	3.5　学术交流	研究生参与国际国内学术交流的基本情况
	3.6　分流淘汰	研究生特别是博士生分流情况，提供研究生分流淘汰相关数据

[①]　中华人民共和国教育部.关于开展学位授权点合格评估工作的通知[EB/OL].(2014-07-07)[2019-05-05].http://www.moe.gov.cn/srcsite/A22/moe_818/moe_819/201407/t20140707_173900.html.

续　表

一级要素	二级要素	主　要　内　容
3　人才培养	3.7　论文质量	本学位点学位论文在各类论文抽检、评审中的情况和论文质量分析
	3.8　学风教育	本学位点科学道德和学术规范教育情况,学术不端行为处罚情况
	3.9　管理服务	研究生权益保障制度建立情况,在学研究生学习满意度调查情况
	3.10　就业发展	本学位点毕业研究生的就业率、就业去向分析,用人单位意见反馈和毕业生发展质量调查情况

3. 中国研究生院评估

1984 年,我国开始实施研究生院制度,设有研究生院的高校发展水平较高。1995 年,我国开展对研究生院的评估,评估指标体系见表 2.3。

表 2.3　1995 年中国研究生院评估指标体系

一　级　指　标	二　级　指　标
研究生培养及质量(40%)	1. 生源成绩及规模、效益(20%)
	2. 研究生课程建设(15%)
	3. 博士生在校期间发表论文情况(15%)
	4. 博士学位论文水平(随机、优选)(40%)
	5. 对毕业研究生的评价(10%)
学科建设与成果(40%)	6. 重点学科及授权点(20%)
	7. 导师队伍(包括导师总数、教师中有博士学位比例、生师比等)(20%)
	8. 科研经费(包含总量与师均)(20%)
	9. 在国内外重要刊物发表论文情况(中文重要期刊、三大检索收录)(20%)

续　表

一　级　指　标	二　级　指　标
学科建设与成果(40%)	10. 获重大科研奖励(20%)
研究生院机构建设(20%)	略

注：根据王战军《学位与研究生教育评估技术与实践》(高等教育出版社,2000)一书有关内容整理。

4. 第四/五轮学科评估

教育部学位与研究生教育发展中心分别于 2002、2009、2012、2016 和 2020 年对全国范围具有博士或硕士学位授予权的一级学科开展水平评估。截至 2023 年 12 月,第五轮学科评估结果暂未公布,因此本书仍然以第四轮学科评估为例介绍。2016 年,第四轮学科评估范围最广,共计涉及 95 个一级学科(军事学等未涉及)。全国 500 多个学位授予单位的 7 000 多个学科参评(比第三轮学科评估学科参评数增长了 76%),其中博士学位授权学科参评率达 94%[①]。学科评估属于水平评估,重点关注成效和质量,主要包含师资队伍与资源、人才培养质量、科学研究水平、社会服务与学科声誉等四个一级指标。具体见表 2.4。

表 2.4　教育部学位与研究生教育发展中心第四轮学科评估指标

一　级　指　标	二　级　指　标	三　级　指　标
师资队伍与资源	师资队伍	师资队伍质量
		专任教师数
	支撑平台	重点实验室、基地、中心
人才培养质量	培养过程质量	课程教学质量
		导师指导质量
		学生国际交流

---

① 中国学位与研究生教育信息网.全国第四轮学科评估工作概览[EB/OL]. (2017 - 12 - 28)[2019 - 12 - 11]. http://www.chinadegrees.cn/xwyyjsjyxx/xkpgjg/283494.shtml♯2.

续　表

一 级 指 标	二 级 指 标	三 级 指 标
人才培养质量	在校生质量	学位论文质量
		优秀在校生
		授予学位数
	毕业生质量	优秀毕业生
		用人单位评价
科学研究水平	科研成果	学术论文质量
		专著专利情况
		出版优秀教材
	科研获奖	科研获奖
	科研项目	科研项目(含人均情况)
社会服务与学科声誉	社会服务	社会服务特色与贡献
	学科声誉	国内声誉

综上,国内外学者或机构对博士生教育质量评估进行了有益的探索和实践,相关研究表现出一定的共性特征,即由机构负责开展的大型博士生教育质量评估注重输入和输出指标的定量统计,而由研究者为主负责开展的微观层面的博士生教育质量评估则更多采用主观体验数据的量化统计。

但是,相关研究还存在一些不足。一是高等教育质量评估尤其是博士生教育质量评价的理论缺乏,深层次的学理分析不足。二是博士生教育质量评估通常被包含在研究生教育质量评估中,专门针对博士生教育质量评估的实践少,尤其是省域或国家层面的博士生教育质量评估更是匮乏。三是博士生教育质量评估实践中持续性的中宏观博士生教育质量评价研究匮乏,难以全面把握国际、国内博士生教育质量状态。四是博士生教育质量评估研究多是对单一院校的特殊案例的经验介绍,缺乏更深层次,更具有普适意义的理论提炼。五是博士生教育质量评估的数据采集分析不足,缺乏数据资源整合平台。

博士生教育相关数据资源虽然丰富，但来源分散，格式不一，数据关联困难，数据壁垒较高，数据获取的难度大，有效整合相关数据并开展深度挖掘分析的研究少。六是传统的博士生教育质量评估数据往往来源于被评估对象的数据上报，造成博士生培养单位、管理者及导师重复填报各类表格，博士生反复填答不同渠道的调查问卷。七是对博士生教育质量现状的动态监测不足，缺乏系统有效的手段。尽管博士生教育质量评价的实践较多，但常态化、系统性和动态化监测的实践不多。通过对博士生教育质量相关文献的分析，研究至少获得两点启示。

第一，开展针对博士生主体的周期性调查已成趋势。纵观近年来发达国家的博士生教育质量评价发展，不难发现基于调查的实证数据分析和从博士生的视角评估教育质量已经成为一种发展趋势。博士生教育质量评估突出博士生主体性地位，强调以学生为中心的评估理念，在关注教育结果的同时增强教育过程为博士生带来的获得感。特别是对毕业博士生职业生涯发展情况的调查，能准确捕捉博士生教育的社会需求，但在实践中存在较大困难。因此，需要长期积累、科学采集相关数据信息，并运用科学的统计方法全面系统地展示博士生教育质量，为博士生教育研究和政策决策提供依据。

第二，创新博士生教育质量评估方法，树立我国博士生教育质量评估品牌十分必要。2007 年，我国实施了全国范围的博士生教育质量调查，其研究结果至今依然具有十分重要的指导和借鉴意义。然而，这类大型调查后续并未能够持续开展。因此，我们有必要创新博士生教育质量评估方法和手段，以充分利用现代信息技术或大数据的优势，充分利用政府、高校、社会等公开信息，创立我国博士生教育质量评估品牌，为政府、高校、博士生和就业单位了解博士生教育质量状态提供参考，也为世界了解我国博士生教育发展现状及趋势提供窗口和路径。

第三节　指数及博士生教育质量指数

作为一种常用的经济分析方法，指数已经被广泛应用于各行各业。但目前学界尚未形成统一的指数理论。指数研究范围涵盖指数的内涵、特征及功能、种类及方法以及影响力较大的社会指数等。

一、指数相关研究

（一）指数的内涵、特征及功能

1. 内涵

指数是反映不能直接相加或直接对比的重要因素所组成的复杂现象在不同时期数量综合差异（变动）程度的特殊相对数①。指数有的呈动态相对数，有的呈比较相对数。我国学者王德发认为指数是"综合反映由多种因素组成的经济现象在不同时间或空间条件下平均变动的相对数"，指数分析法是指"通过计算各种指数来反映某一经济现象的数量总变动及其组成要素对总变动影响程度的统计分析方法"②。据此，指数至少包含四个重要方面。

一为"现象"。"现象"是事物在发生、发展、变化过程中表现出来的能被人感受到的外在联系性和客观形式。"现象"一般由多个要素组成并受多个要素影响。现象可分为自然现象和社会现象。在指数内涵中，"现象"起初主要体现为商品、工资、价格等经济形式，如今，则扩展至社会各个领域，如交通拥堵情况、环境质量等。

二为"时空"。时间和空间是物理学中的基本概念，时间记录物质运动轨迹，反映物质的过去、现在和未来。空间反映物质的位置特征和变化。指数体现的是"现象"在特定时间和空间范围内的变化或发展。

三为"数量变动或差异"。数量变动更多表现出一种时间性，即"现象"在不同时间发生了数量上的变化；数量差异暗含空间性，即"现象"在不同空间体现出一定的数量差异。数量变动或差异可以由多种统计方法来呈现。例如，英国学者亚瑟·哈蒙德·霍尔指出，指数最简单的形式仅仅是若干组相互关联数值的加权平均数③。

四为"相对数"。相对数是两个指标的比值，反映两个相互联系的现象之间的数量对比关系。根据表现形式，相对数可以分为有名数和无名数两类。根据指标的性质和作用，相对数可以分为动态相对数、结构相对数、比例相对数和强度相对数等。

---

① 张会敏.基于指数的高等教育质量管理方法研究[D].上海：华东师范大学，2012.
② 王德发.关于指数概念的科学定义[J].统计研究，1986(6)：50－51＋21.
③ 亚瑟·哈蒙德·霍尔.统计学入门[M].北京：知识出版社，1983.

2. 特征

指数主要包括六个基本特征。一是相对性。指数是以相对数的形式反映事物在不同时间、空间上的相对变化或差异程度，这有助于全面深入地了解现象。二是直观性。指数可以将复杂现象简单化。通过选取复杂现象中的核心要素作为统计指标，按一定的方法处理后形成指数，从而以简明直观、易于理解的形式清晰展示事物当前或一段时间以来的基本状态。三是综合性。指数是反映一组变量在不同条件下的综合变动或差异程度。四是平均性。指数反映的是多事物变动或差异程度的平均水平。五是代表性。指数选取的指标不一定包含所有因素，但需具有代表性。在构建指数时，选取因素可能会受指数构建主体统计目的和统计知识掌握程度的影响。因此，在对复杂现象提取核心要素时，可能会过滤掉一些比较重要的因素而导致结果解释力降低。六是连续性。指数在发布后一般具有一定的连续性。按照所描述现象的特点，有的指数按天发布，有的按月发布，有的按年发布。正是因为指数的连续性，人们可以利用指数回溯或追踪不同时间、空间特定现象的质量状态。

3. 功能

指数的功能主要体现在五个方面：一是反馈功能。指数可以反映事物总体变动方向和变动程度。通过指数研究化繁为简，用数据呈现和反映复杂现象，通过一定的数据处理方法使得往常不能直接比较的构成要素能够比较，不仅能形成时间序列的数据比较，也能形成不同空间范围的数据比较。二是分析功能。指数可以分析各要素的影响程度。一个复杂现象的总指数通常由若干个体指数组成。个体指数反映单个因素的变动方向和变动程度，总指数反映被研究现象整体变动方向和变动程度，同时反映个体指数对总指数变化的影响程度。三是监测功能。指数可以监测事物的发展动态。与传统评估相比，指数优势在于实时性、动态性、常态性监测事物的发展变化，避免长周期、滞后性的评估。这种监测既包括同类现象在相同时间、不同空间的差异程度，也可以监测当前状况与标准状况的差异程度，还可以监测同一现象在不同时间的变化过程和程度。四是预测预警功能。指数可以预测事物的发展趋势，对发展中存在的问题发出预警。五是改进功能。指数可以引导事物质量改进。在预测和预警的基础上，相关利益主体结合数据和个人经验对事物质量改进的措施、策略等进行反思，不断深入学习并推动事物质量改进。

（二）指数的种类及编制方法

自从 1675 年英国人 R.沃汗（Rich Vaughan）首创了物价指数以来，指数的发展距今已有三百多年的历史。指数研究中，指数公式的选择、指数方法的应用和呈现等备受关注。

1. 指数种类

根据已有研究，学界未对哪些统计量被称为指数进行明确的规定。还有一些未被标明"指数"但也被认为是指数的统计量，比如用来反映贫富差距的基尼系数等。另外，指数并不都是通过简单的算术或几何（加权）平均计算而来。有的计算复杂，有的则简单。为了提升可比性，各国也采取一些同样（或类似）办法计算一些指数，比如国内生产总值（GDP）等[①]。此外，世界上不存在完美的、完全统一的指数。针对同一对象和同一目的可能会出现不同的指数，各指数的设计均有不足之处，人们在探索的道路上不断改进。

指数通常按照以下四个标准进行分类：一是根据反映现象的范围，指数可分为个体指数、类指数和总指数。个体指数反映单个现象的变动程度，类指数反映一类现象的变动程度，而总指数则综合反映复杂现象的总体变动程度。二是根据时序变动情况，指数分为动态指数与静态指数。三是根据采用的基期，指数分为定基指数和环比指数。定基指数是把基期固定在某一时期的指数，环比指数是以报告期前一期为基期的指数。该分类法一般在若干指数组成指数体系时使用。四是根据计算方法分为综合指数和平均指数。综合指数是将不能直接加总的复杂现象总体转换为可以加总的价值量指标后再进行综合对比所得到的特殊相对数，其思路是先将不能直接加总的指标利用同度量因素的作用转换为价值量指标后再进行综合对比，其特征是先综合，后对比；平均指数是运用加权平均的方法对同类个体指数或类指数进行加权平均所编制的总指数，其思路是先编制个体指数或类指数，后运用相应的权数对其进行加权平均来编制总指数。学者任栋等以经济学中常用现象作为案例，分别梳理了传统统计指数 I、传统统计指数 II、共变影响指数、增量共变指数、费雪指数、马艾指数等六种常用统计指数体系的计算公式和特色[②]。

2. 指数编制方法

在不断发展完善的过程中，综合指数法和平均指数法成为两种比较公认的指

① 刘轶芳等. GDP 两种测算结果差异原因的实证分析[J].经济研究,2007(7)：51 - 63.
② 任栋,王琦,周丽晖.六种统计指数体系的对比分析[J].统计与信息论坛,2016(1)：3 - 10.

数编制方法[①]。综合指数法反映复杂现象的综合变动情况，它通过同度量因素转换将不能直接相加或对比的变量转换成可相加的指标，然后以总量指标对比得到一个相对数。综合指数的特点是先综合后对比，其方法包括简单综合法和加权综合法两种。平均指数法是先求个体指数，然后计算个体指数的平均数，即得到总指数。综合指数和平均数指数的区别见表 2.5。

表 2.5　综合指数法与平均指数法的区别与联系

	综 合 指 数 法	平 均 指 数 法
使用条件	原始的质量和数量指标数据齐全	个体指数及权数齐全。个体指数可选取代表性指标表示，权数可选取代表性同类资料或固定权数表示
优　点	能反映复杂现象的整体变动程度和趋势	简便、快捷、灵活
缺　点	资料要求齐全，计算工作量大	无法全面反映复杂事物变动的影响因素及产生的实际效果

3. 指数数据获取及缺失数据处理方法

指数数据来源主要包括直接数据、合成数据和挖掘数据三种。直接数据包括通过既有数据库、网络或年度报告直接获得的数据，常用的数据分析方法有数据统计、SQL 数据处理等。合成数据主要是对内容分析后通过加总获得的数据，常用的方法有因子分析、聚类分析等。挖掘数据主要是对年度报告或文本进行深度挖掘或编码后获得的数据，常用的方法包括数据爬取、数据清洗、文本分析和机器学习等。缺失数据处理的主要目的是为了获得一个完整无缺的数据集，并考虑数据对指数的影响，对数据集的可靠性进行测量，检查数据集中是否存在异常值。缺失数据处理方法较多，以下简单介绍 5 种常用方法。

第一，个案剔除法（Listwise Deletion）。缺失数据处理方法中最常见、最简单的是个案剔除法。顾名思义，个案剔除法就是将一个变量中的缺失数据直接剔除的方法。该方法在缺失值"较少"的情况下适用。关于"较少"的含义，有学者认为缺失值比例在 5%以下，也有学者认为在 20%以下。然而，该方法的局限

---

① 朱丹.指数编制法的选择和应用[J].当代财经,2005(12)：125-126.

性也非常明显。剔除指标数据带来的直接问题是减少样本信息,这样不仅会造成资源的浪费,而且会降低样本信息的完整性。此外,如果剔除的样本值属于极值,还会使数据处理结果产生比较大的偏误,从而得出错误的结论。

第二,均值替换法(Mean Imputation)。当变量重要但缺失值较多时,个案剔除法已不再适合,此时可以考虑使用均值替换法。均值替换法是采用研究对象的平均数来替换缺失数值的方法。该方法简单、便捷,且能够保持数据整体结果的稳定性,因此,该方法在生产生活实践中应用十分广泛。但这种方法也存在一定的弊端,即可能会造成变量方差和标准差变小。

第三,热卡填充法(Hot Decking)。热卡填充法是一种用相似对象的同一变量的相关数值填充缺失数值的方法。在实际应用中,人们通常先使用相关系数矩阵来确定变量 A 与另一变量(如变量 B)最相关,那么,当变量 A 的相关数值缺失时,就可以考虑用同等条件下的变量 B 的相关指标数值予以替换。相较于均值替换法,热卡填充法使用后,变量的标准差在插补前后变化不大。但是,该方法容易增加回归方程的误差,使参数估计不太稳定,同时该方法相对耗时,不太便利。

第四,回归替换法(Regression Imputation)。回归替换法是在选择预测缺失数值自变量的基础上通过建立回归方程来估计缺失数值的方法。该方法的优势是利用比较多的已有数据信息,同时借助一定的统计软件执行相关功能。但是,该方法的弊端也显而易见:一是容易忽视随机误差,造成标准差被低估;二是该方法的使用前提是缺失值所在变量与其他变量之间存在线性关系,而很多时候这种线性关系本身并不存在。

第五,多重替代法(Multiple Imputation)。多重替代法是对简单估算方法的改进方法。研究者首先设立一系列可能的替换值,然后对多次替换后的数据集进行统计分析,最后综合各数据集的统计结果后得到总参数的估计值。该方法较好地处理了数据缺失引起的不稳定,使统计推断更加有效。同时,NORM等相关软件也可以较为简便地操作该方法。

以上五种方法各有利弊,应视具体情况灵活使用。

4. 指数权重设置方法

指数研究视具体情况决定是否使用权重设置。当指数为个体指数时,就不需要设置权重,而当指数是类指数或综合指数时,就面临权重设置问题。权重是除数值本身存在的差异以外对数据结果产生重要影响的因素。权重设置方法一般包括主观权重设置方法和客观权重设置方法两类。使用主观权重设置方法时，一般会要求权重设置人员是该领域的专家，但即便如此，主观权重设置方法仍然会因为指数结果的主观性而受到一定的质疑。客观权重设置方法主要依赖数据自身特征而获得权重，这种权重设置方法能避免人为因素干扰，但却受到可获取数据质量的影响。

5. 指数数据标准化方法

数据处理的标准化/归一化，形式上是数据的一种变化，本质上是为了比较认识。在一个指数体系中，不同指标的度量单位可能会有所不同。为方便各指标数据统一度量，需要对各指标数据进行函数变换并使其数值落入一个特定的数值区间。函数变换方法较多，以下只列出常见的几项，具体见表2.6。

表 2.6　数据标准化方法

方　　法	公　式　表　示
标准化之前转化	$f: x \rightarrow y = \alpha x + \beta, \alpha > 0, \beta \neq 0$ $x \rightarrow y = \log x, x > 0$
排名法(Ranking)	$I = Rank(x)$
Z分数标准化(z-scores)	$Z = \dfrac{x - \bar{x}}{s}$
极值标准化(Min-Max)	$I = \dfrac{x - \min(x)}{\max(x) - \min(x)}$
距离参照法(Distance to a rteference)	$I = \dfrac{x}{\bar{x}}$ 或者 $I = \dfrac{x - \bar{x}}{\bar{x}}$
分段函数法(Categorical scales)	$I = \begin{cases} 0 & x < 0 \\ 20 & 0 < x < 50 \\ 60 & x > 60 \end{cases}$
平均值法(Above or below the mean)	$I = \begin{cases} 1 & w > (1+p) \\ 0 & (1-p) \leqslant w \leqslant (1+p) \\ -1 & w < (1-p) \end{cases}$　$w = \dfrac{x}{\bar{x}}$
周期指标法(Cyclical indicators)	$I = \dfrac{x - E(x)}{E(\lvert x - E(x) \rvert)}$

续 表

方　　法	公 式 表 示
意见平衡法[Balance of opinions (EC)]	$I = \dfrac{100}{N_i} \sum\limits_i^{N_i} sgn_i(x^t - x^{t-1})$
连续差异百分比(Percentage of differences over consecutive)	$I = \dfrac{x^t - x^{t-1}}{x^t} \times 100$

除指数编制方法、数据获取方法、缺失数据处理方法、权重设置方法及数据标准化方法以外,指数数据呈现方法多样,可视化效果强。指数方法不仅可以实现指标可视化,还能使指标关系可视化、时间和空间可视化、数据概念转换可视化、动态可视化等。

（三）四种影响力较大的社会指数

20 世纪 60 年代,社会科学领域的指数运动在欧美国家兴起。社会指数研究最初主要是衡量政府政策目标的达成程度,并对政策形成过程及政策效果产生积极影响。有学者认为,指数具有描述、目标设定、政策制定、结果问责、评估、监测等功能,借助指数可以帮助人们对被评估对象"在哪里"及"要去哪里"等情况进行评估和判断。学界对指数的深刻认识促进社会组织对指数构建活动的系统探索和实践并得到广泛应用。下文介绍四项国内外典型且有较大影响力的社会发展指数,作为运用指数方法开展博士生教育质量指数编制的借鉴参考。

第一,人类发展指数(Human Development Index,简称 HDI)。为衡量人类发展的水平和世界各国的社会进步程度,联合国开发计划署（The United Nations Development Programme,简称 UNDP）于 1990 年编制《人类发展报告》并发布人类发展指数(HDI)[①]。HDI 由健康长寿、教育获得、生活水平 3 个分指数综合计算而成。2010 年,UNDP 在 HDI 基础上推出系列指数,包括不平等调整后人类发展指数（IHDI）、多维贫困指数（MPI）和性别不平等指数（GII）。2014 年,UNDP 推出性别发展指数（GDI）。这些指数都是在 HDI 基础上拓展而成的指数。HDI 认为衡量一个国家发展的指标不能仅靠收入等经济类指标,而是要融入健康、教育成就等其他指标,致力于综合衡量人类发展水平。因此,

---

① United nations development programs. Human Development Report 1990[EB/OL]. (1990 - 01 - 01) [2019 - 10 - 15]. http://hdr.undp.org/en/reports/global/hdr1990.

HDI 一经推出，便得到各国政府和学界的关注和认同。根据《人类发展指数2021—2022》(*Human development index 2021－2022*)，在 191 个国家和地区中，瑞士的 HDI 最高，为 0.962，排名世界第一；中国 HDI 为 0.768，排名世界第79 位；瑞士等 66 个国家的 HDI 值高于 0.8，属于极高人类发展水平；阿尔巴尼亚、中国等 49 个国家的 HDI 值位居 0.7～0.8 之间，属于高人类发展水平；菲律宾等 44 个国家 HDI 值在 0.55～0.7 之间，属于中等人类发展水平；尼日尔等 32个国家 HDI 值低于 0.55，属于低人类发展水平。综合来看，经济合作与发展组织(Organization for Economic Co-operation and Development，简称 OECD)国家 HDI 平均值为 0.899，发展中国家为 0.685，世界平均值为 0.732。①

第二，生活质量指数(Your Better Life Index，简称 YBLI)。多年来，世界各国主要采纳国内生产总值(Gross Domestic Product，简称 GDP)来测度其经济发展与居民生活水平。但是，GDP 并不能全面反映影响人们生活的重要因素②。为更好地诠释、比较和评估不同国家的社会进步状况，OECD 分别于 2011、2013、2015、2017 和 2020 年发布了五个版本的生活质量指数，以体现 OECD 及其合作国家人们的生活质量状况③。生活质量指数数据来源广泛，包括联合国统计数据库、OECD 数据库、部分国家统计数据库以及盖洛普(Gallup)世界调研数据库。YBLI 总指数由物质生活条件指数和生活品质指数 2 个二级分指数组成，2 个分指数又下设 11 个三级分指数和 20 个四级基础指标。在研究方法上，YBLI 采用多指标综合评价的方法进行计算，同时，YBLI 还在指标赋权上开拓创新，允许用户、研究者根据自身需求在线自由赋权④。OECD 认为，研究构建并应用 YBLI 指数将有助于政府更好地制定和完善提高人民生活质量的政策，同时推动国家经济和社会生活变革⑤。

第三，全球创新指数(Global Innovation Index，简称 GII)。为理解、衡量世界各国或主要经济体的创新方法、路径，多维度诠释创新内涵，2007 年，康奈尔

---

①　United nations development programs. Human Development Index 2021－2022[EB/OL]. (2022－09－08)[2023－03－10]. https://hdr.undp.org/system/files/documents/global-report-document/hdr2021-22pdf_1.pdf.

②　Stiglitz, Joseph, Sen, Amartya, Fitoussi Jean-Paul. Mismeasuring Our Lives: Why GDP Doesn't Add Up[M]. New York: The New Press, 2009.

③　OECD. Your Better Life Index[EB/OL]. (2020－03－09)[2023－02－13]. http://oecdbetterlifeindex.org.

④　杨京英等.OECD 生活质量指数统计方法与评价研究[J].统计研究,2012(12)：18－23.

⑤　OECD. How is life 2017[EB/OL]. (2017－11－15)[2020－03－14]. https://read.oecd-ilibrary.org/economics/how-s-life-2017_how_life-2017-en#page5.

大学、欧洲工商管理学院及世界知识产权组织等机构共同研制开发了全球创新指数(GII)并逐年发布。2013年,时任联合国秘书长的潘基文在联合国相关会议上指出,GII是"独一无二的工具,借助它我们可以完善创新政策……准确地了解科学、技术和创新在可持续发展中发挥的作用"[①]。2018年发布的GII指数包括5个创新投入指数和2个创新产出指数。投入指数包括制度、人力资本和研究、基础设施、市场成熟度及商业成熟度5个指数;产出指数包括知识和技术产出、创意产出2个指数。GII总得分是投入和产出指数得分的平均数。创新效率比是产出指数得分与投入指数得分之比,反映了一个国家/地区投入获得的创新成果产出。2022年的GII报告显示,在世界主要国家或经济体中,新加坡GII分值为64.6,排在世界第1位;我国GII分值为55.3,排名世界第11位[②]。

第四,全球竞争力指数(The global competitiveness index,简称GCI)。全球竞争力指数由萨拉·伊·马丁(Xavier Sala-i-Martin)教授为世界经济论坛设计,旨在衡量国家或地区在中长期取得经济持续增长的能力,于2004年首次使用。GCI由12个分指数共计100多个指标组成。12个分指数包括制度、宏观经济稳定性、基础设施、高等教育与培训、健康与初等教育、商品市场效率、金融市场成熟度、劳动市场效率、技术设备、市场规模、商务成熟度、创新等。2019年GCI报告显示,新加坡84.8分,排世界第1位,之后依次是美国、中国香港、荷兰、瑞士等[③]。

除此之外,世界专利指数(World Intellectual Property Indicators,简称WIPI)[④]等与博士生教育质量指数有关的指数也为本研究提供了重要参考与借鉴。

二、博士生教育质量指数

通过检索文献发现,直接以"博士生教育质量指数"为主题的研究很少,但相关的教育指数、研究生教育质量指数研究较多,为本研究奠定坚实基础。

---

① 中华人民共和国中央人民政府.2016年全球创新指数 全球创新 致胜之道[EB/OL]. (2016 - 08 - 16) [2023 - 09 - 14]. http://big5.www.gov.cn/gate/big5/www.gov.cn/xinwen/2016-08/16/5099839/files/c4db7c55f48e4eaeb1d330cf9a9e9915.pdf.

② Global innovation index 2022[EB/OL]. (2022 - 09 - 29) [2023 - 03 - 10]. https://www.globalinnovationindex.org/Home.

③ NEDA. Global Competitiveness Index 2019[EB/OL]. (2019 - 10 - 09) [2023 - 03 - 10]. https://governance.neda.gov.ph.

④ World Intellectual Property Indicators[EB/OL]. (2021 - 11 - 21) [2023 - 03 - 10]. http://www.unism.org.cn/uploads/20220128/5b657dcb1195ca1aed3a726107efcf76.pdf.

（一）教育指数

指数概念在教育领域应用得较少，已有研究主要包含教育发展指数、教育质量指数、满意度指数以及教育指数构建的理论、技术和方法四个方面。

第一，教育发展指数。教育发展指数相关研究中，学者主要从国家和省域两个层面开展研究。国家层面，翟博、孙百才围绕我国基础教育均衡发展主题，利用相关宏观数据开展了教育均衡指数的实证研究[①]。周苑构建了中国教育发展指数，指出要提升教育发展水平，我国需要在义务教育及城乡教育统筹等方面付出更大努力[②]。省域层面，徐光木构建了我国31个省的教育发展指数并对其实施初步测定[③]。刘晓艳对安徽省各市教育发展指数进行研究[④]。陈斌构建了由机会指数、投入指数和质量指数等3项分指数及4项基础性指数组成的省域高等教育发展指数，通过赋权计算得到2010年各省高等教育发展指数[⑤]。除此之外，清华大学教育研究院的专家学者在这方面作了很多探索，例如，刘惠琴构建了研究生教育发展指数[⑥]，李锋亮构建了省域硕士研究生教育发展指数[⑦]，王传毅构建了省域博士研究生教育发展指数[⑧]。

第二，教育质量指数。在教育质量指数研究中，学者侧重于依托客观数据对大学质量指数进行研究。例如，詹正茂针对高等教育发展水平建立高等教育发展水平综合指数[⑨]。学者皮拉尔·穆里亚斯（Pilar Murias）等使用综合指数法对西班牙大学质量进行评估。他认为大学质量主要包括教学质量（含生师比、学生辍学率）、满足社会需求（学生注册已选择课程比例）、国际学生流动（国际交换学生数）、科研（师均科研收入等）、毕业生研究（毕业生就业率）、服务质量（学生床位数、生均图书馆座位数）等，并在此基础上构建了西班牙大学教育质量指数[⑩]。

① 翟博，孙百才.中国基础教育均衡发展实证研究报告[J].教育研究，2012，33(5)：22-30.
② 周苑.中国教育发展指数重构与分析——基于第六次全国人口普查数据[J].人口与社会，2014(2)：16-19.
③ 徐光木.中国31个省份教育发展指数及其初步测定[J].教育与考试，2014(3)：62-69+73.
④ 刘晓艳.安徽省各市教育发展指数的设计研究[D].天津：天津财经大学，2015.
⑤ 陈斌.中国高等教育发展水平省际差异透视——基于高等教育发展指数的证据[J].复旦教育论坛，2016(4)：76-82+88.
⑥ 刘惠琴.研究生教育发展指数之构建研究[J].清华大学教育研究，2020(6)：112-121.
⑦ 李锋亮.省域硕士研究生教育发展指数分析[J].清华大学教育研究，2020(6)：122-129.
⑧ 王传毅.省域硕士研究生教育发展指数分析[J].清华大学教育研究，2020(6)：130-135.
⑨ 詹正茂.我国高等教育发展水平的综合评价指数研究[J].科学学与科学技术管理，2004(9)：128-132.
⑩ Murias, P., de Miguel, J.C. & Rodríguez, D. A Composite Indicator for University Quality Assesment: The Case of Spanish Higher Education System[J]. Soc Indic Res, 2008(89)：129.

安德烈·苏瓦尔任斯基(Andrzej Szuwarzyński)等用综合指数和非参数检验方法评价和改进应用型大学的成效[1]。米歇拉·格纳尔迪·M.乔瓦娜·拉纳利(Michela Gnaldi M. Giovanna Ranalli)使用综合指数法测量大学表现[2]。萨米拉·埃尔·吉巴拉(Samira El Gibaria)等使用基于综合指数的参考点技术方法(reference point based composite indicators)评价大学表现[3]。

第三,高等教育满意度指数。高等教育满意度指数主要是通过问卷调查收集教师、学生等利益相关主体对高等教育质量等的主观感受数据,通过指数方法建立指标体系并提出相应的政策等。例如,杨雪、刘武利用该模型对沈阳市6所高等学校的学生满意度进行测评,提出建立我国高等教育顾客满意度指数模型,在此基础上提出了提升我国高等教育顾客满意度的改进措施[4]。陈涛、李宇瑾构建了幸福指数指标体系并对江苏省8所高校的教育管理者开展了实证研究[5]。

第四,教育指数构建的理论、技术和方法。教育指数研究中,对指数研究的方法、理论和机制进行研究的非常罕见。目前发现的相关研究,如张会敏提出基于指数的高等教育质量管理方法研究[6],赵伶俐提出基于云计算与大数据的高等教育质量指数构建的技术、理论和机制[7]。

除教育发展指数、教育质量指数外,还包括教育信息化指数等研究[8]。

（二）研究生教育质量指数

研究生教育质量拥有多维度、多层面的内涵,探索建立科学化的研究生教育质量指数体系有助于简明直观地反映、监测研究生教育质量状态,进一步促进研究生培养质量的提升[9]。当前,国外相关研究较少,而我国"研究生教育质量指

[1] Andrzej Szuwarzyński, Bartosz Julkowski. Application of composite indicators and nonparametric methods to evaluate and improve the efficiency of the technical universities[J]. Edukacja, 2014 (113): 97-136.

[2] Michela Gnaldi · M. Giovanna Ranalli. Measuring University Performance by Means of Composite Indicators: A Robustness Analysis of the Composite Measure Used for the Benchmark of Italian Universities[J]. Soc Indic Res, 2016(129): 659-675.

[3] Samira El Gibaria, Trinidad Gómezb, Francisco Ruizb. Evaluating university performance using reference point based composite indicators[J]. Journal of Informetrics, 2018(12): 1235-1250.

[4] 杨雪,刘武.中国高等教育顾客满意度指数模型及其应用[J].辽宁教育研究,2006(10):7-10.

[5] 陈涛,李宇瑾.高校教育管理工作者幸福指数浅探[J].江苏高教,2013(6):47-48.

[6] 张会敏.基于指数的高等教育质量管理方法研究[D].上海:华东师范大学,2012.

[7] 赵伶俐.基于云计算与大数据的高等教育质量指数建构——技术、理论、机制[J].复旦教育论坛,2013(6):52-57.

[8] 闫慧.教育信息化测度指标体系的设计[J].情报杂志,2004(7):70-71+74.

[9] 王战军.中国研究生教育质量年度报告(2016)[M].北京:中国科学技术出版社,2016.

数"研究文献日益增加且可被划分为不同层次。

1. 国家层面

王战军等在《中国研究生教育质量报告(2016)》中第一次提出并构建了国家层面的研究生教育质量指数(Graduate Education Quality Index,简称 GEQI),继而又在《中国研究生教育质量报告(2017)》中对其进行改进。在 7 项观测指标的基础上通过算术平均合成得到研究生教育质量指数①。此后,在前期理论探索的实践研究的基础之上,克服前期研究中存在的"指数制定目标模糊、框架体系结构不稳定、维度指数计算方法不合理、指数结果意义解读欠规范"等方面的局限②,王战军等进一步提出"研究生教育质量指数框架",具体见表 2.7。

表 2.7　研究生教育质量指数框架

总　指　数	维度次级指数	基　础　指　标
研究生教育质量指数 (GEQI)	投　入	研究生生师比
	产　出	研究生就业率
	结　构	专业学位硕士生招生占比
	国际化	来华留学研究生占比
	满意度	研究生总体满意度

王传毅等研究构建了研究生教育质量指数,该指数包括条件支撑力、国际竞争力、社会贡献力和大师培养力四个分指数。在指数构建的基础上,测算了中国、美国、英国、德国、澳大利亚和日本六国 2013—2015 年的研究生教育质量指数。六国研究生教育质量指数结果显示,中国研究生教育质量总体水平显著低于世界其他国家,但上升趋势明显,且对我国经济社会的发展有比较显著的贡献③。

除了呈现客观数据,也有学者利用满意度调查方式开展研究生教育质量指数研究。例如,陈洪捷等在"全国毕业研究生满意感调查"数据的基础上构建了研究生学业满意感指数,具体包括总体学业、导师指导、科研参与、课程教学、能

力提升、培养单位及管理服务满意感指数等,从毕业研究生的视角审视了我国研究生培养质量状态[①]。

2. 省域层面

王传毅、乔刚基于数据,构建了包含人才培养和社会贡献两个维度的省域研究生教育质量评价指标体系。在人才培养维度上包括导师队伍、经费支出、竞争性科研项目、学科平台、科研成果、研究生参与科研、全国性竞赛获奖、博士论文质量、实践类奖项九个一级指标。社会贡献上包括提高人口受教育程度以及促进经济增长两个一级指标[②]。

3. 高校层面

院校层面相关研究以翟亚军、张小波等为典型代表。翟亚军等指出,研究生教育质量指数是反映不同时间或空间条件下研究生教育质量变动方向和变动程度的相对数[③]。张小波则基于 8 项投入指标(包括导师等人力资源、生均教育经费和科研经费等财力资源、科研仪器及图书等物力资源)和 4 项产出指标(包括论文数、自然科学和社会科学的应用成果等)制定了研究生教育效率指数并对34 所高校展开实证分析,结果表明我国高校的研究生教育效率总体偏低[④]。

根据所掌握的资料分析发现,学界专门针对博士生教育质量指数的研究十分少见,目前来看只有罗英姿等人开展的毕业博士质量指数研究。罗英姿等基于六所高校 1 107 名毕业博士的问卷调查数据,以博士生个体发展为主线,建立包括博士生教育质量输入(Input)、过程(Process)、输出(Output)和发展(Development)四个阶段的博士生教育质量 IPOD 评价模型,并对六所高校博士生教育质量指数进行了比较分析,得出输入质量指数、过程质量指数、输出质量指数、发展质量指数和综合指数[⑤]。

综上,相关理论或实践研究仍存在一定的问题。一是指数研究广泛应用于经济、统计、社会生活等各个领域,纵使在教育领域也有一些应用,但直接应用于

① 陈洪捷等.研究生如何评价其导师和院校?——2017 年全国毕业研究生调查结果分析[J].研究生教育研究,2019(2):35-42.
② 王传毅,乔刚.省域研究生教育质量评价指标体系构建研究[J].研究生教育研究,2017(2):58-65.
③ 翟亚军,王战军,彭方雁.研究生教育质量的指数测度方法——对"985 工程"一期教育部直属高校的实证分析[J].教育研究,2012(2):79-83.
④ 张小波.基于综合评价的研究生教育质量效率指数研究——对"985 工程"一期 34 所高校的实证分析[J].中国高教研究,2013(9):68-75.
⑤ 罗英姿等.博士生教育质量 IPOD 评价模型构建与实证分析——基于六所高校 1 107 名毕业博士的数据[J].教育科学,2018(3):67-74.

博士生教育质量研究的非常罕见；二是博士生教育质量指数理论研究不足，缺乏深层次理论探讨，导致博士生教育质量指数构建实践缺乏理论支撑；三是缺乏对博士生教育质量共识性的判断，导致已有的指数指标或太粗，或太细，难以形成科学合理的指数模型和算法根据，难以在共识的基础上构建具有针对性、可比性、有效性的博士生教育质量指数。但是，毫无疑问，专家学者们的相关研究是不可多得的宝贵财富，为本书提供了非常宝贵的经验。

第三章
博士生教育质量内涵及核心要素

本章依托系统理论并结合质量定义,界定了博士生教育质量内涵,提取了博士生教育质量的核心要素并指出博士生教育质量指数的内涵、目的和功能。

第一节 博士生教育质量内涵

本书依托系统理论并结合质量的定义,界定了博士生教育质量内涵。

一、博士生教育系统及质量

(一) 系统理论简述

系统(system)一词源于古希腊,有"共同"和"定位"之义。系统论权威学者,奥地利生物学家 L.V.贝塔朗菲(Ludwig Von Bertalanffy)认为:"系统是相互作用的诸要素的综合体。"[①]WEBSTER 词典将"系统"定义为"有组织的或被组织化的整体;组合的整体所形成的各种概念和原理的综合;由有规则的相互作用、相互依存的形式组成诸要素集合等"[②]。从系统的内涵可以看出:一是系统是一个整体,可以表述为"集""综合体"等。二是系统由要素组成。哲学思想中,整体由部分组成,系统作为整体,也由部分组成,系统中的部分即为要素。三是系统中的要素之间存在一定的关联。要素与要素之间相互联系,相互影响。系统论思想与哲学思想相契合,且在生产和管理实践中有广泛的应用前景,因此发展迅速。

---

① L.V.贝塔朗菲.普通系统论的历史和现状(科学译文文集)[M].北京:科学出版社,1981.

② Merriam Webster[EB/OL]. (1996 - 01 - 01)[2023 - 09 - 02]. http://www.merriam-webster.com/dictonary/training.

20世纪40年代初,美国贝尔电话公司首先创造了"系统工程"这一学科名称并在实践中创造和应用了系统工程方法。20世纪60年代,随着美苏军事争霸,系统理论及思想受到重视并获得飞速发展。美国学者E.拉兹洛(Ervin Laszlo)把系统论观点总结为四点:一是整体性;二是科学知识化;三是自然界的统一性;四是重视人。到20世纪70—80年代,系统论思想广泛渗透到管理学等社会科学领域。

社会系统是一个巨大的系统,构成社会系统的基本要素包括人员、物质、能量和信息[①]。人员方面,马克思主义认为,"人是一切社会关系的总和"。人是社会系统活动的主体,并具有主观能动性。人不但会探索,还会创新。人的实践性决定了人可以通过实践活动实现自我发展。物质方面,物质是构成宇宙间一切物体的实物和场。第一次工业革命期间,煤炭、石油、钢铁等物质的使用极大地推动了人类社会的发展,因此,物质成为社会系统的基本要素之一。能量方面,物质能量的存在形式多种多样。按运动形式划分,不可再生的机械能、电能、核能等极大地推动了人类社会生产力而使得能量成为社会系统的基本组成元素。信息方面,随着第三次科技革命的兴起,信息成为社会系统的重要组成要素。

（二）博士生教育系统的内涵及特征

博士生教育系统是由博士生教育主体、客体等要素组合而成的有机整体。从系统论视角来看,博士生教育系统既自成体系,又从属服务于更大的社会系统。博士生教育系统是社会系统的子系统,社会系统的普遍性质和主要特点同样适用于博士生教育系统。但与此同时,博士生教育系统又是一个特殊的社会系统,有其特殊性,具体表现在以下几个方面:

一是博士生教育系统的层次性。通常,不同层次的博士生教育系统解决的是其系统内部以及与之更高一级的系统之间的关系,也即处理的"阈"值范围的不同。从微观层次来看,博士生教育系统指某个特定的教研组、学科、学科群或学院;从中观层次来看,博士生教育系统指具有博士学位授予权的大学;从宏观层次来看,博士生教育系统可以指某个省域、某个国家甚至是世界范围的博士生教育系统。博士生教育系统中任何一个系统都是较高一级系统的子集。

二是博士生教育系统由特殊的要素组成。博士生教育主要围绕"科研"活动展开。因此,博士生教育系统主体主要是科研活动主体和科研管理主体,其中又

---

① 薛天祥.研究生教育管理学[M].桂林:广西师范大学出版社,2004.

以科研活动主体为主。在科研活动主体中,博士生导师、博士生是其主要组成。在博士生教育系统的客体中,知识是最重要的要素。博士生教育不仅传授高深知识,更重要的是要创造新知识,在知识领域获得更大的突破和进展。

三是博士生教育系统的目的是创造新的知识以及培养能够创造新知识的博士。博士生教育是践行"做中学"理论的典型代表。在博士生教育系统中,博士生和博士生导师因为共同的兴趣和爱好聚在一起,共同从事科学研究活动。在科学研究过程中,博士生获得科研技能训练并逐渐具备从事科学研究的能力。与此同时,博士生及其导师在科学研究过程中获得新的科学发现并创造新的思想、方法、技术等。

四是博士生教育系统处在社会大系统之中。从起源来看,博士生教育系统相比其他社会系统而言相对封闭,其"象牙塔"的特征明显。但是,随着大学"社会服务"职能的确立,博士生教育系统也朝着开放的系统发展。博士生教育系统与政治、经济、文化等其他社会系统紧密联系,并在系统各要素之间开展能量交换。一方面,博士生教育系统需要从社会系统获得重要的资金支持、政策支持等;另一方面,博士生教育系统具有明显的知识溢出效应,对社会其他系统产生广泛的影响。

博士生教育系统是一个复杂系统,它包含博士生招生、培养、学位授予等子系统。从全要素视角分析,博士生教育质量应涵盖博士生教育全部过程。以一个四年制的博士生教育过程为例,博士生教育质量涵盖了从入学到毕业共计四年完整的学习与生活过程质量,包括博士生考试报名、入学考试、新生录取及报道等招生环节质量,以及博士生培养计划制定、课程学习、科学研究、社会实践、博士生资格考试、博士学位论文开题、中期报告、预答辩、答辩等系列过程质量,还包括博士学位论文质量和博士生毕业质量等。除此之外,博士生教育质量还包括博士生住宿、网络、餐饮等生活设施质量以及博士生国内外学术交流机会和条件、图书馆藏书等学术资源质量,博士生接受资助力度和水平等等。但是,用全要素方法来分析博士生教育质量存在诸多问题。一是可操作性差。随着管理的不断细化,评估者要获取博士生教育系统全部的质量信息不仅难度大,而且成本高。二是质量判断本身属于一种模糊判断。现实生活中,人们对博士生教育质量进行判断大多属于综合性判断,且个体之间的判断不尽相同。因此,本研究借鉴全要素分析方法并尝试对博士生教育系统的各可能要素予以概括凝练。

（三）质量内涵

根据第二章中关于"质量"内涵的梳理可以看出，质量本身相当复杂。质量是什么？你既知道它，又不知道它，有时显得自相矛盾。质量是夹杂着客观事实与主观感受或价值判断的复合体，因此，对"质量"下一个放之四海而皆准的定义几乎是不可能的。从对象上来看，质量既包括产品质量，又包括服务质量。从质量属性来看，既包含绝对质量，又包括相对质量。综合起来，学界对"质量"的定义主要有两种形式。

一是根据参照标准对实体的内容或形式进行事实或价值判断。世界质量先生菲利普·克罗斯比（Philip Crosby）认为"质量"是符合预设标准与要求，做到零缺陷[①]；全面质量管理创始人威廉·爱德华兹·戴明（William Edwards Deming）认为"质量"是以低成本为顾客提供满意的新产品或服务。第一种观点侧重目标达成程度，"质量"的标准是"预设的标准与要求"。第二种观点侧重效益，注重从产品和服务的质量视角来分析。这类定义有一个共同的特点，即有比较明确的质量标准。当人们描述实体质量时，可以通过列举质量要素来进行阐释。例如，博士点合格评估是将博士点与博士点设立的基本标准逐条对照，符合条件的即合格，质量高；不符合条件的即不合格，质量低。再比如，判断一个大学博士生教育质量，合格的博士生培养人数是一个重要指标。当然，如果能加上它的投入—产出效率等因素，则可能会更加令人信服。

二是在没有特定标准的情况下对实体的特性进行事实或价值判断。美国著名质量管理专家朱兰认为"质量"即产品的适用性，即产品满足用户需要的程度[②]。国际标准化组织（International Organization for Standardization，简称为ISO）发布的ISO8402（1994年版）将"质量"定义为"实体满足明确和隐含需要的能力的特性总和"[③]。这些定义侧重在关注实体特性的基础上更多融入个性化的主观判断。研究者通常需要抓住实体的本质特性并通过定量或定性的研究方法对其质量特性进行研究，从而帮助人们区分不同层次或类别的产品或服务质量。ISO8402（1994年版）的定义基于实体质量特性，强调了"质量"的内生性，同时反映相关利益主体的主观需求，是一个综合的"质量"内涵。但同时，本研究也

---

① 菲利浦·克劳士比.质量免费[M].杨纲，林海，译.太原：山西教育出版社，2011.
② 约瑟夫·朱兰，A.布兰顿·戈弗雷.朱兰质量手册[M].焦叔斌，译.北京：中国人民大学出版社，2003.
③ 陈小明.ISO9000知识问答[M].广州：广东经济出版社，1999.

认为，"质量"除实体的"能力特性"以外，还拥有"水平"特性。事实上，"水平特性"与"能力特性"相伴相生，相辅相成。

（四）质量特征

根据质量的内涵，"质量"至少包含四个特征。

一是质量具有比较性。这种比较性表现在两个方面。一是实体质量与主体需要程度的比较。当实体满足主体需要时，实体的质量高。当实体不能满足主体需要时，实体的质量低。二是不同时间和空间实体质量的比较。当人们对某实体作出质量"高"或"低"的判断时，实际上是将其与另一个类似的实体进行比较得出的结论。换句话说，在一定数量的实体集合中，总能根据一定的标准排出实体质量的高低。

二是质量具有发展性。质量的发展性是与质量满足需要的特性紧密结合在一起的。因为主体的需要通常会随着时间、空间的变化而发生变化。因此，为满足不断发展的主体需要，实体质量也需随之发展变化。例如，为学历层次的不断提高，学生对于自身知识储备、能力增强和精神境界的需求也越来越强烈。而随着时代的发展，过去同样的实体质量可能已不再满足当下的质量需求。

三是质量具有多样性。多样性与统一性、共性相对，与独特性、个性相近。质量的多样性既源于实体自身的特殊性，又源于其满足需求的特性。一方面，实体包含多重属性，若从不同属性角度考察，实体会表现出不同的质量表征，这与"横看成岭侧成峰，远近高低各不同"异曲同工。另一方面，由于需求各异，不同利益主体对实体质量的理解不同。例如，一个用人单位与一个博士研究生对同一所大学的博士生教育质量的理解差异可能很大。

四是质量具有导向性。质量具有一定的导向性。当某一实体被定义为质量高时，它将具有较大的导向性，即引导其他实体也朝着这样的质量目标迈进。此外，质量的导向性还与实体自身的特性密切相连。例如，教育质量与商品质量有很大的区别，也比商品质量复杂得多。因为教育质量通常还与社会的价值取向紧密相连。教育强调"为谁服务"，教育既要为社会发展服务，也要为人的发展服务。因此，教育质量实质上是满足个体或社会需求的能力与水平。

二、博士生教育内适质量及外适质量

博士生教育质量是本研究的核心概念之一。"博士生教育质量"一词随着高等教育大众化的兴起而受到普遍重视，但博士生教育质量内涵却相当复杂。博士生教育质量内涵集中体现了博士生教育的目的和功能，同时也是构建博士生教育质量指数的前提和依据。在前述研究的基础上，笔者更倾向于在 ISO8402（1994 年版）的基础上界定"质量"，即"实体满足个体、社会需要的能力与水平"。该定义既尊重实体的既有特性，又融合人的主观价值判断。因此，本书将"博士生教育质量"界定为"博士生教育系统满足个体、社会需要的能力与水平"。博士生教育质量包含博士生教育内适质量和博士生教育外适质量，以下是具体分析。

（一）博士生教育内适质量

博士生教育内适质量主要体现为博士生教育系统满足博士生学术发展、学科建设及大学声誉提升需要的能力与水平。

1. 满足博士生学术发展的需要

根据马斯洛心理需求层次理论，人的需求分为生理需求、安全需求、社交需求、尊重需求和自我实现需求五种类型。由生理需求到自我实现呈现出人的需求的逐级递增：生理和安全需求是人的基本需求，社交和尊重需求是较高需求，自我实现是人的最高需求。博士生在接受博士生教育的过程中，各类需求尤其是博士生自我实现需求得到满足的程度是衡量博士生教育质量的根本依据。

很多教育家认为，教育就是培养真正的人，即通过教育帮助舒展人的生命，使人的生命情韵悠长，丰满美丽。正如雅斯贝尔斯所说："教育是人的灵魂的教育而非理性知识的堆积。教育本身就意味着一棵树摇动另外一棵树，一朵云推动另一朵云，一个灵魂唤醒另一个灵魂。有灵魂的教育意味着追求无限广阔的精神生活，追求人类永恒的精神价值：智慧、美、真、公正、自由、希望和爱，以及建立与此有关的信仰，真正的教育理应成为负载人类终极关怀的有信仰的教育，它的使命是给予并塑造学生的终极价值，使他们成为有灵魂、有信仰的人，而不只是热爱学习和具有特长的准职业者。"[①]

众所周知，科学研究是博士生教育的主要活动形式，"学术性"是其区别其他阶段教育的根本属性。博士生教育探索深奥的知识，为常人所难以企及或把握。与此同时，新知识生产的难度和艰辛程度为常人所难以忍受。但博士生在艰辛的学术道路上不停跋涉，勇攀高峰，主要源于其自身学术能力提升的需要。从年

---

① 雅斯贝尔斯.什么是教育[M].邹进，译.北京：生活·读书·新知三联书店，1991.

龄层次来看,大多数博士生属于成年人,思想更为成熟,思考问题更为理性。他们崇尚真理,追求卓越,希望毕业后继续从事学术或与学术相关的工作。这是博士生选择接受博士生教育的初衷和起点,也是大学或学科博士人才培养职能得以发挥的重要体现。因此,一所大学的博士生教育质量越高,它就越能培养、激发、维持博士生的学术热情,以满足其学术发展的需求。

2. 满足学科建设的需要

学科建设是由一群学者根据一定的学术规则,在一定的物质基础上,以知识创新为基点,以知识生产和人才培育为终点,以服务社会为目标的一种有目的活动[①]。依据该内涵,博士生教育系统需满足学科建设的四点需要。

一是聚集并培养学术大师的需要。学科建设需要聚集一批致力于学术研究的学者,同时培养学术大师。博士生教育系统中的学者主要是博士生导师及由博士生导师组成的学术梯队。博士生导师在从事科学研究的同时培养未来的学者。在博士生教育过程中,博士生导师将最新的科研成果应用到教学实践中,带领博士生从事一流的科研实践,并培养各学科的继承人。博士生通过参与导师或课题组组织的研究,大胆创新、攻坚克难,不仅实现了自我学科认同,而且成为在学科领域内有所建术的科学人才。博士生肩负着传承学科知识、发扬学科文化并拓展学科内容的使命。从学科建设视角来看,学科建设既需要博士生导师团队,又需要博士生团体,两者共同合作才能推动学科建设的高质量发展,即只有在博士生教育的过程中推动博士生导师与博士生都完成自我价值的实现,才能最终推动博士生教育质量最大程度的提升。

二是制定、完善并遵循特定学术规则的需要。从内涵上来看,"学科"意味着一种规训。博士生导师是教师中的杰出代表,也是教师中拥有最高学术权力的群体,因此,他们是学术规则的主要制定者和推动者。在学术规则的框架下,学者们分属不同的学科领域并在相同或相近的学科领域内成立学术共同体,他们共同遵守学科发展的逻辑和规律并获得抵抗外部压力的能力,他们维护学科内部成员共同的学术信仰,同时对本学科获得的成就、问题及未来的发展方向进行反思、回溯、预测和展望,在思辨和实验研究中发现科学研究行为和语言的奥秘,推动学科自身的发展。学科建设主要是在学科制度建设的基础上开展学科组织

---

① 翟亚军.大学学科建设模式研究[D].合肥：中国科学技术大学,2007.

建设并形成自身独特的学科生态文化。

三是推动学科建设物质支撑条件改善的需要。从内涵上来看，"学科"意味着一种组织，而组织的生存和发展依赖于一定的物质基础。具体到博士生教育领域，学科建设需要有一定学科平台的支撑。在某个学科平台上，除了具备良好的学术梯队，还需有足够的科研项目以及支撑博士生学习、科研的实验室、基地、中心等。通常，学科建设的物质基础与博士生教育质量相辅相成，尤其是对实验仪器设备等要求比较高的理工农医类博士生教育领域来说更加明显。有学者将任意给定时刻的新知识产出看作是现有的知识存量、研发人员投入数量和其他投入的函数①，也即知识生产函数，验证了学科建设对"投入"性指标的依赖。

四是满足学科产生新知识的需要。从内涵上来看，"学科"意味着一种知识体系。黑客豪森（H. Heckhausen）认为，"学科是对同类问题开展的专门科学研究，从而实现知识的新旧更替。学科活动不断导致某学科内现有知识体系的系统化和再系统化。"②一个学科的发展进步离不开其生产新知识的速度和能力，而生产新知识的主力军在于博士生导师、博士生及相关科研团队。知识生产是博士生教育的主要活动形式，博士生导师及博士生在科学研究的过程中发现新知识并对原有的知识体系进行拓展和延伸，具体则表现为在科学或专门技术上产生了创造性的成果。这既是博士生获得博士学位的基本要求，也是博士生导师及博士生共同为知识生产作出的重要贡献。

3. 满足大学发展的需要

一是满足大学人才汇聚的需要。教师是推动大学发展的主体，也是大学发展的灵魂所在。博士生导师是教师中学术水平最高的群体，也是学术"大师"最主要的来源群体。毋庸置疑，世界一流大学的重要特征在于有大师，大师对推动大学发展至关重要。其逻辑顺序是，大师曾经产生的标志性成果对推动人类社会的文明进步起着重要的推动作用，这为大学赢得广泛的社会声誉。大学赢得广泛的社会声誉后，更多优秀的教师或学生从世界各地汇聚而来，形成重要的人才聚集优势。正因为人才的汇聚，大学如灵动的泉水源远流长，同时在社会生产生活中发挥着越来越重要的作用。

---

① 江积海,于耀淇.基于知识增长的知识网络中知识生产函数研究[J].情报杂志,2011(5)：114－118＋139.

② 刘仲林.现代交叉科学[M].杭州：浙江教育出版社,1998.

二是满足大学物质条件改善的需要。博士生教育位居国民教育的顶端,其对物质条件的需要比其他层级教育的需要都要高。例如,人文类博士生读书范围广泛,对图书馆藏书的要求更高,大学需相应提高图书馆藏书的数量和质量。再比如,理工类博士生对实验仪器设备的要求高,这就需要大学自身配备或与其他机构合作配备相应的实验仪器设备,为博士生顺利开展实验研究提供条件支撑。此外,大学还需为博士生提供食宿、出行、学术交流场地、生活津贴等各项物质支撑,在提供这些物质支撑的同时,大学的物质条件也得到了改善和提高。

三是满足大学声誉提升的需要。从学理层面来看,博士生教育是教育的最高层次,体现的是大学的原始创新能力和水平。当一所大学的原始创新能力得到大幅度提升后,这所大学的社会声誉将会大大改善。从实践层面来看,风靡世界的世界一流大学排名指标与大学"科学研究"的水平紧密相连,而"科学研究"水平又与博士生教育质量息息相关。因此,若要提升一所大学的世界排名,就必须提升其博士生教育质量。

（二）博士生教育外适质量

博士生教育外适质量主要体现为博士生教育系统满足国家对高端拔尖创新人才的需要、科技创新需要和社会文明进步需要的能力与水平。

第一,满足国家对高端拔尖创新人才的需要。国与国之间的竞争实质上是人才的竞争。一国拥有的高端拔尖创新人才数量总是与其综合国力相匹配。因此,世界主要国家或政府都十分重视教育发展,并希望通过发展教育来推动社会的发展和进步。在我国,习近平总书记曾在多个场合提到人才培养的重要性,在党的第二十次全国代表大会上明确提出"人才是第一资源"[①],这是以习近平总书记为核心的党中央对我国高等教育发展提出的基本要求和殷切期望。博士生教育是国民教育的最高层次,其培养的人才是高端拔尖创新人才的杰出代表。我国的博士生教育不仅要培养社会主义国家的建设者,更要培养忠于科学事业,推动人类社会文明与进步的国家脊梁和社会精英。博士生教育质量越高,就越能为国家和社会输送更多的高端拔尖创新人才。

第二,满足科技创新的需要。自第一次工业革命至今,科技进步大大提升了

---

① 习近平.高举中国特色社会主义伟大旗帜 为全面建设社会主义现代化国家而团结奋斗——在中国共产党第二十次全国代表大会上的报告[EB/OL].(2022 - 10 - 25)[2022 - 10 - 30].https://www.gov.cn/xinwen/2022 - 10/25/content_5721685.htm.

社会生产力，人们的生活方式、行为方式等因此改变。党的十八大以来，习近平总书记提出，"创新是引领发展的第一动力"[①]，强调坚持"把科技创新摆在国家发展全局的核心位置"[②]，鼓励科技工作者走中国特色自主创新道路。博士生教育是建设国家创新体系和将来占领世界知识经济制高点的重要支柱。博士生教育系统从政府、企业等机构获得科研项目资助，在未知领域深入探索并实现重要技术攻关，其研究成果对推动国家科学技术进步起重要作用。另外，毕业的博士分散在政府、企业等机构中从事科学技术研究相关活动并充当重要角色，推动了国家各个领域科学技术的纵深发展。近年来，我国在基础研究、战略高技术领域逐渐实现自立自强，并加快自主研发步伐，这与我国的研究生教育尤其是博士生教育的快速发展有很大的关联。博士生教育就是要不断推动国家科技发展，使之成为引领经济高质量发展的第一动力。

　　第三，满足社会文明进步的需要。在马克思、恩格斯关于生产力、生产关系和上层建筑关系界定的基础上，列宁提出了生产力的发展是社会进步最高标准的重要论断。生产力的进步，一方面推动经济增长和物质丰富，满足人们吃、穿、住、行及从事政治、艺术、宗教等社会活动的需要；另一方面推动生产关系和上层建筑的变革，推动社会政治、经济、文化、社会、生态等方面的发展进步。进入现代社会，科技是第一生产力，人才是第一资源，创新是第一动力。博士生教育的核心任务即推动知识生产和科技进步，博士生教育目标是培养拔尖创新人才，博士生教育的根本要求是创新。因此，博士生教育是推动社会文明进步的重要载体和媒介。博士生教育不仅繁荣和发展了哲学、经济学、工学等各学科领域理论研究，而且作为知识分子典型代表的博士生还应具备社会公德心和社会良心，引导人们对公平正义、历史教训、大众困惑、社会制度、人性道德等方面的深入思考，提醒人们拒绝迷信和谬误，保持谦卑和清醒，推动社会文明的进步。

　　（三）博士生教育内适质量与外适质量的关系

　　唯物辩证法认为，事物的发展变化是内因和外因共同作用的结果，其中，内因是事物发展的根本原因，是变化的根据，外因是事物发展的第二位原因，是变化的条件，外因通过内因而起作用。将内因和外因结合起来考虑是理解博士生

---

① 习近平.决胜全面建成小康社会 夺取新时代中国特色社会主义伟大胜利——在中国共产党第十九次全国代表大会上的报告[EB/OL].(2017-10-27)[2023-10-13].https://www.gov.cn/zhuanti/2017-10/27/content_5234876.htm.

② 中共中央文献研究室.习近平关于科技创新论述摘编[M].北京：中央文献出版社，2016.

教育质量内涵的应然态度。毋庸置疑,博士生教育质量的关键在于其内适质量。内适质量是外适质量实现的根本动力和主要原因,外适质量是内适质量的结果形式和外在表现。两者相辅相成,互相促进。一般而言,博士生教育内适质量高,则其外适质量也高,反之亦然。

第一,内适质量是实现外适质量的根本动力和主要原因。内适质量中,满足博士生的学术发展需要是核心。博士生教育的本质是培养人的活动,它具有累积性。十年树木,百年树人。培养人的活动并非一朝一夕即能完成,而是不断累积的过程。当博士生教育累积到一定程度后方能实现质的飞跃,这也从一个侧面说明了人们一般会认为那些具有悠久博士生教育历史的机构,其博士生教育质量更高。在博士生教育系统内部,支撑条件必不可少。博士生教育是一个资源依赖型活动,需要得到社会系统提供的人、财、物等条件支撑,例如博士生导师、科研经费、科研仪器设备、实验室等。在人员、资源具备的条件下,传统学科知识得以继承,新的学科知识得以产生,一批又一批高端拔尖创新人才得以出炉,而这些正是构成博士生教育外适质量的主要内容。博士生教育内适质量是外适质量的前提和基础,只有先提高博士生教育内适质量,方可真正提升其外适质量。

第二,外适质量是内适质量的结果形式和外在表现。博士生教育外适质量的核心为社会贡献,具体表现为"人"和"知识"的贡献。当博士生进入博士生教育系统,再由博士生教育系统输出到社会各个领域,这一过程不仅实现了"博士生"到"博士"的身份转变,同时,也产生了博士学位论文、学术论文、发明专利、新型工艺、艺术作品等重要的知识成果。这既为博士生求学生涯画上一个完美的句号,同时又是博士生教育系统满足国家对高端拔尖创新人才的需要、科学技术发展的需要、社会文明进步的需要的重要契机和主要内容。博士生教育系统对社会贡献越大,其社会声誉越高,而这些就越能激发社会系统对其增加投入的热情。博士生教育系统得到的投入越多,就越能满足博士生学术发展的需要、学科建设的需要和大学声誉提升的需要,从而使博士生教育内适质量得以提升,最终实现发展闭环。反之,当博士生教育系统发展停滞甚至倒退,博士生教育系统对社会的贡献减少,社会系统对其投入将会减少,博士生教育内适质量和外适质量都将降低。

从高等教育哲学视角来看,博士生教育内适质量更多地体现为高等教育认识论的范畴,而博士生教育外适质量更多地体现为政治论的范畴。博士生教育系统的日益复杂，相关利益和需求日益多样，导致了不同利益相关者对博士生教育多样性需求的对立和冲突。博士生教育内适质量更多地强调博士生个体对高深知识的"闲逸的好奇"，以及学科和大学发展与生俱来的"排他性"甚至是"自私倾向"。博士生教育外适质量则带有浓厚的"价值属性"，甚至是"政治性"，强调的是博士生教育对国家和社会发展的价值和贡献。仅强调博士生教育内适质量，会将严格的客观性作为衡量高深知识的坚实基础，主张远离国家，远离政治；而仅强调博士生教育外适质量，则又可能会导致"学术贬值"，使博士生教育受制于国家，受制于社会。只有将两者有机结合，既承认博士生教育的个体价值，大力提升其内适质量，又承认博士生教育的社会价值，提升其外适质量，才能有效地"保持张力"，使得看似对立的两级价值互补而不是互斥。

三、博士生教育质量模型

在对博士生教育质量内涵清晰界定的基础上，本书构建了博士生教育质量模型。具体见图 3.1。

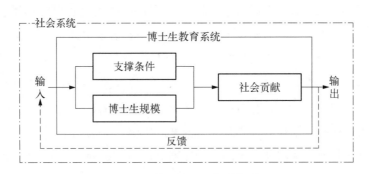

图 3.1　博士生教育质量模型

博士生教育系统在社会系统的支持下获得支撑条件，同时拥有一定的博士生规模（输入）。在支撑条件和博士生规模的共同作用下，博士生教育系统实现其对社会的贡献（输出）。这是一条完整的单向博士生教育输入—输出链条。在此基础上，博士生教育系统产生的社会贡献为博士生规模和支撑条件提供反馈。当博士生教育系统对社会的贡献增加时，它会加大社会系统对博士生教育系统的投入，实现支撑条件的改善和博士生规模的扩大；支撑条件的改善和博士生规模的扩大又会继续增加博士生教育系统的社会贡献，最终实现发展闭环。反之，当博士生教育系统对社会的贡献减少时,博士生教育系统则会出现发展停滞甚至倒退的现象。根据博士生教育质量模型,博士生教育质量的三大核心要素分别是:博士生规模、支撑条件和社会贡献。三者驱动或支撑博士生教育的整体表现,因此,掌握这三个要素的相关数据信息就可以勾勒博士生教育质量的大体轮廓和发展趋势。下文是具体的分析过程。

(1)从本质上来看,博士生教育系统是一个有关人才培养的系统,博士生规模(Scale,简称 S)是其核心要素之一。

唯物辩证法认为,量变和质变是事物发展的两种状态。其中,量变是事物变化发展的前提,即一切事物的变化发展源于量变。当量变达到一定程度时会引起质变,质变发生后又会产生新的量变,事物在量变与质变两种状态间不断转换并逐步实现由低级到高级,由简单到复杂的螺旋式发展。博士生教育量的积累直接体现为博士生规模的增长,博士生教育的发展须建立在一定规模的博士生基础之上。因此,没有博士生规模上的增长,就不可能有博士生教育质的飞跃。换个思维方式,博士生教育质量的核心要素应是当人们提到博士生教育质量降低时首先想到的因素。在现实生活中,博士生教育质量通常因博士生招生规模的迅速增加而受到普遍关注,博士生规模增加导致博士生教育质量下降的讨论不绝于耳。因此,博士生规模无疑是表征博士生教育质量的核心要素之一。

博士生教育的核心任务是培养博士生。一方面,博士生通过系统的理论学习和研究掌握了坚实宽广的基础理论,成为未来社会理念的建构者、传播者和传授者;另一方面,博士生经过长期科研训练,掌握了系统深入的专门知识,成为特定研究方法的开发者,社会建构工具及技术的发明者。此外,博士生在科学和专门技术领域作出创造性研究成果,成为社会建设的实践者和社会进步的推动者。从某种意义上来说,博士生的知识层次和水平代表了一国未来社会的知识层次和水平。因此,在确保其他条件基本一致的情形下,博士生规模越大,博士生教育系统为社会提供的高层次创新型人才越多,产出的高水平科研成果越多,对社会的贡献也越大。我国历任领导人都曾在多种场合提到人才培养的重要性,认为我国的教育就是要培养社会主义建设者和接班人。博士生教育是国民教育的顶端,我国的博士生教育不仅要培养国家的建设者,更要培养肩负国家发展希望的民族脊梁和社会精英,而这一切均应建立在一定的博士生规模基础之上。

（2）从存在形式上来看，博士生教育系统是一个资源依赖型系统，支撑条件（Requirement，简称 R）是其核心要素之一。

从存在形式来看，博士生教育系统是社会系统的一部分，并且依赖于社会系统的资助与支持。博士生教育系统是特殊的社会生产系统，它不直接从事市场经营活动，而是开展高深知识探究和人才培养。因此，博士生教育系统对社会其他系统有比较强的依赖性。其中，最明显的即对政府或企业等的经费依赖。只有获得充足的经费支持，博士生教育的各项活动才能顺利而有效地开展。

第一，只有获得充足的科研经费支持，高校才能建设一支实力雄厚的博士生导师队伍。毫无疑问，前沿性的科学研究是高难度、高风险性的，需要充足的科研经费支撑。博士生导师只有拥有一定的科研经费，方能购买与科研相关的仪器设备，主办或者参与国内外的学术交流活动，同时为博士生提供必要的经费资助。而与此同时，博士生导师也因为能带领和引导博士生从事前沿性学术研究并攻克世界性难题而获得相应的工作报酬。充足的科研经费支持是博士生导师顺利开展科学研究工作的前提条件，也是其培养博士生的重要保障。但是，经费总量是固定的，只有科研实力雄厚的导师才能在科研项目竞争中获胜。通常，获取科研经费支持的能力与博士生导师的综合实力相辅相成。高校要建设一支充满活力的博士生导师队伍，就需要拥有充足的科研经费支撑。

第二，只有获得充足的科研经费支持，高校才能搭建高水平的跨学科平台。随着知识生产模式的转型，跨学科的学术合作与交流力度不断加大[①]。高校只有具备充足的科研经费，才能搭建起高水平、跨学科的学习与交流平台，吸引来自不同学科的专家学者共同解决世界性的科学难题。在跨学科平台的基础上，不同学科背景成员在遵守各自所属学科规范的同时不断加深对其他学科知识的涉猎与学习，不断明确各自科学研究上的盲点、缺口，在与其他学科成员的沟通、交流与合作的过程中共同推进问题解决和学科进步。

（3）从功能上来看，博士生教育系统是一个知识生产系统，包含知识生产在内的社会贡献（Contribution，简称 C）是其核心要素之一。

客体是"客观世界中同主体活动有功能联系而被具体指定的对象"[②]，博士

---

① Perla R J，Provost L P，Parry G J. Seven Propositions of the Science of Improvement：Exploring Foundations[J]. Quality Management in Healthcare，2013(3)：170-186.

② 赵文华.高等教育系统分析[M].上海：复旦大学出版社，2000.

生教育系统的客体主要是知识。2 000多年前,古希腊哲学家就对"知识"有过界定,苏格拉底认为"美德即知识"①。在《博弈圣经》中,知识被定义为"人们识别万物实体与性质的是与不是"②。尼科·斯特尔(NicoStehr)在《知识社会》中指出,知识是一个人类学常数,任何一种社会都不可能不以知识作为社会存在的基础③。对于知识,不同学者有不同的见解和诠释。

第一,知识是一种信息。文艺复兴时期,英国哲学家弗兰西斯·培根(Francis Bacon)在《沉思录》中留下名言"ipsa scientia protestas est"("知识就是力量"),认为知识是人类经验的总结。社会学家伯·霍尔茨纳(Bo Holtzner)认为,凡是能够认识人们行动的某些现实的反映都是知识。知识是有价值的人类劳动产品。知识是一种智力状态,一个可以选择性存储并处理的对象,一个知晓并同时行动的过程,一种获取信息的条件,一种储存于人的头脑并用以解释和转换信息的能力④。而将知识鲜明地界定为"信息"的是彼得·德鲁克(Peter F. Drucker)。德鲁克认为,知识作为信息"或是成为行动的基础,或是通过使某个体(或某机构)能够从事不同且更有效的行动来改变某物和某人"⑤。

第二,知识是一种资源。随着知识经济的兴起,知识作为除物质和资本以外的另一种资源,对经济的贡献越来越大。未来学家阿尔文·托夫勒(Alvin Toffler)认为知识是信息、数据、形象和意向及态度、价值标准和社会的其他符号化产物。知识是一种创造财富的新体系⑥。20世纪初,知识和智力对经济增长的贡献率在2%～20%之间,到20世纪90年代则增长到70%～80%。库兹涅茨(S. Kuznets)、索罗(R. M. Solow)、丹尼森(E. F. Denison)、乔根森(D. W. Jorsenson)、罗默(R. M. Komer)等经济学家在其创立的经济增长、发展模型中普遍把知识投入置于资本、劳动力投入之上,高度强调知识投入、外溢、技术进步、创新对经济增长的影响和贡献⑦。

第三,知识是一种权力。现实生活中存在两种权力,一类是制度化的权力,

① 柏拉图.柏拉图全集[M].王晓朝,译.北京:人民出版社,2018.
② 曹国正.博弈圣经[M].新加坡:新加坡希望出版社,2007.
③ 尼科·斯特尔.知识社会[M].殷晓蓉,译.上海:上海译文出版社,1998.
④ 张永宁,陈磊.知识特性与知识转移研究综述[J].中国石油大学学报(社会科学版),2007(1):62-67.
⑤ Peter F. Drucker. The new realities:in government and politics,in economics and business,in society and world view[M]. Harper Trade,1992.
⑥ 阿尔文·托夫勒.力量转移:临近21世纪时的知识、财富和暴力[M].北京:新华出版社,1996.
⑦ 刘珺珺,赵万里.知识与社会行动的结构[M].天津:天津人民出版社,2005.

另一类是非制度化的权力。所谓制度，是由不同的要素按不同的结合方式组成的行动框架。在特定的教育制度如儒家思想主导的礼教体制背景下，博士生导师与博士生之间存在某些约定俗成的权力关系。社会学家马克斯·韦伯（Max Weber）认为，权力是行动者贯彻他自己行为意志的概率，而科学之被制度化为权力，是通过大学制度或实验室等抑制性的设施[①]。事实上，知识的生产和应用能力总是掌握在少数社会精英手中。掌握知识权力的人，即便不在职务高位也拥有一定的隐性权力。马克斯·韦伯和米歇尔·福柯（Michel Foucault）、皮埃尔·布尔迪厄（Pierre Bourdieu）都曾对知识和权力的关系作过深入研究，韦伯厘清了作为职业的学术和政治之间的差别，而福柯则把知识看作另一种权力谱系，从而具有明显地区分和隔离社会阶层的价值[②]。福柯曾指出："如果我说过知识是权力的话，我就不用再说什么了，因为既然这两者是同一的，我看不出自己为什么还要指明它们的不同。"[③]伊曼纽尔·华勒斯坦（Immanuel Wallerstein）在其《学科·知识·权力》一书中也明确指出知识与权力之间的关系[④]。博士生教育是国民教育的顶端，处在博士生教育系统内部的主体通过层层选拔脱颖而出，逐渐成为一个区别于其他群体的特殊阶层。博士生教育系统知识涵盖人类千百年来创造的由各个学科组建起来的完整知识体系，处在这个系统内部的博士生导师及博士生大多是对学科领域知识掌握得最全面、最深入的一小部分人。他们即便没有任何社会职务，也会因为丰富的学识而受世人尊敬或仰慕，成为政府决策的重要咨询对象、国家各项科学研究活动的主要承担者以及各类社会问题的权威阐释人物等。个体对专业知识掌握得越深入，这种权力表现得越明显。

博士生教育系统的主要功能在于生产新的知识。知识既是一种信息，也是一种资源，同时具有权力特性。博士生教育系统的其他社会贡献建立在知识生产的基础之上。

第二节　博士生教育质量核心要素

本书依照马克思主义哲学矛盾论思想及管理学中的固有简单性原理，采取

①　刘珺珺,赵万里.知识与社会行动的结构[M].天津：天津人民出版社,2005.
②　福柯.知识考古学[M].谢强,马月,译.北京：生活·读书·新知三联书店,2003.
③　福柯.权力的眼睛——福柯访谈录[M].严锋,译.上海：上海人民出版社,1997.
④　华勒斯坦.学科·知识·权力[M].刘健芝等,编译.北京：生活·读书·新知三联书店,1999.

演绎推理方法,从系统理论出发探究博士生教育质量的核心要素。在这三个要素中,博士生规模和支撑条件是基础和前提,博士生教育的社会贡献是最终目的。

一、博士生教育质量核心要素的理论依据

马克思主义哲学认为,矛盾是事物发展的动力,在构成事物的诸多矛盾中,主要矛盾居于支配地位并对事物的发展起决定性作用。与矛盾论思想相吻合,以色列现代管理大师高德拉特(Eliyahu M. Goldratt)提出限制理论(Theory of Constraints,简称 TOC),认为系统虽由多要素组成,但至少包含极少数的核心要素,这些核心要素构成系统表现水平的制约,系统的"固有简单性"(inherent simplicity)概念由此而来,即极少数元素驱动或支配系统的整体表现。由这一概念引申开来,即人们与其试图顾及系统的方方面面,或者为繁杂的现象所纠结,不如全力以赴挖掘系统的本质并抓住事物的核心要素。"固有简单性"原理为人们提供一种全新的思维方式。它引导人们在复杂现象中找到事物发展的源头,并且运用因果逻辑,探讨引起事物变化的关键问题。这也就意味着,人们并非只有掌握了全部要素信息才能对系统质量作出判断,而是只要掌握了核心要素信息就能对系统质量作出比较科学合理的判断。因此,掌握核心要素信息的程度是对系统质量进行科学合理判断的决定性因素。

社会现象通常都很复杂,以至于有太多的表象遮掩着事实,而纷繁的表象可能会误导人们的判断。同时,人们的感觉或想象可能是孤立的、零散的,不能构成对事物完整的价值或意义体系。当它们被用来承载某种意义时,"到事情本身中去"便成为现象学响亮的口号。通过还原事物的本身,研究的范围和领域得到扩展,新的科学研究领域开始诞生。在还原中,我们得到的不仅是事物被给予的现象,也获得了由意向行为本身所构成的意义。

分析博士生教育质量,可以学习和借鉴"固有简单性"思维。首先,人们不太可能掌握博士生教育的全部信息。博士生教育质量信息涉及博士生教育的输入信息、过程信息、学位授予信息以及博士生的就业和职业发展信息等,信息量大且分散,有的信息由博士生个体把握,有的由大学掌握,有的由企业掌握,有的则由社会掌握,人们很难同时获得博士生教育质量的所有信息。其次,"固有简单性"原则切切实实地存在于我们的认知实践中。虽然博士生教育系统是一个复杂系统,但在人们的脑海中却切切实实地存在着一幅博士生教育质量画像,使得

人们能在很短的时间内自动将某大学的博士生教育质量排在第一位，而将另一些大学的博士生教育质量排在后面。这一意向性是人们建立在自我经验且内化于意识的心理结构，属于人的认知加工过程，简单、有效且直接。

二、表征博士生教育质量的核心要素

（一）核心要素之一：博士生规模

哲学家黑格尔在《逻辑学》一书中提出并阐述了"质量互变"的规律，指出"量"总是在不断地超越自身，当量超出了它的"限度"，与其结合在一起的"旧质"就会由"新质"代替，而"新质"又会对"量"产生新的需求，从而引起新量变的发生。因此，量变与质变是事物不可分割的两种状态，你中有我，我中有你。博士生规模即博士生人数。博士生是博士生教育系统中最重要的主体。博士生的主要目的在于"学"。博士生一方面在学院或学校的支持下系统深入学习本学科或跨学科的知识，完成博士相关课程要求，掌握扎实的基础知识；另一方面，博士生主要在博士生导师的指导下精读或泛读相关著作和文献资料，并从事创新性的课题研究，产生具有创造性的成果并为社会创新体系建设贡献力量。最为重要的是，博士生在科学研究过程中加强了独立科学研究能力的培养和训练，在完成博士学位后继续在原有科学研究的基础上坚持不懈地探索和思考，并通过开展纵深科学研究为人类社会的文明和进步作出更大贡献。

当人类社会进入 21 世纪，知识社会、知识经济等字眼逐渐映入人们的眼帘并且日益为公众所接受。在知识社会中，知识成为推动经济发展的重要力量。美国国家科学基金会（National Science Foundation，United States）在其 2016 年报告中指出，高科技产业在经济生产中的份额增长迅速①。这些高技术产业的发展急需高水平科技人才。在这一宏观社会背景下，博士生规模迅速增长。通常，博士生规模的扩大会引起社会对博士生教育质量下降的担忧和讨论。这类讨论有一定的合理性并可以由教育资源的有限性进行解释。通常，一所大学投入博士生教育的资源是有限的。当博士生规模迅速增加，而博士生教育的相关资源不能得到科学、合理且充分的配备时，博士生教育质量就会有一定程度的下降。具体体现为三点：

---

① US National Science Board. Science and engineering indicators 2016[EB/OL]. (2016 - 01 - 19)[2020 - 03 - 10]. https://www.nsf.gov/statistics/2016/nsb20161/uploads/1/nsb20161.pdf.

第一，博士生规模增加导致博士生源质量下降。假设某年报考博士入学考试的人数既定，为 1 万人，规模增长前博士生录取人数为 100 人，那么博士生录考比为 1/100，攻读博士学位的竞争大，选拔要求高；规模增长后博士生录取人数增加到 1 000 人，博士生录考比为 1/10，攻读博士学位的竞争压力减小，选拔要求降低，博士生源质量下降。

第二，博士生规模增加导致博士生导师指导不足。按理，博士生数增长后，导师数也应相应增长。但实际上，导师数增长速度远慢于博士生数的增长速度。一般而言，由博士生到导师至少需要经历七年时间积累，即攻读博士学位四年，成功培养一届硕士研究生三年。但是，博士生数增加则无须时间积累。因此，当博士生数增长后，解决办法是降低导师遴选标准以增加导师数，抑或增加导师平均指导的博士生数，其结果是博士生获得的导师指导减少，博士生教育质量下降。

第三，博士生规模增加导致博士生教育资源不足。博士生教育资源包括实验仪器和设备、教学科研住房、图书和网络信息资源及教学课程资源等。当博士生规模增长时，高校几乎不可能在同一时间将所有资源等比例配齐，其结果是博士生均享有的资源减少，一定程度上降低了博士生教育质量。

以上分析可以看出，单纯地看博士生规模的增加并不能完全推断出博士生教育发展了，而是要看当博士生教育规模增长之后，博士生教育相关资源是否得到科学、合理且充分的配备，以及博士生教育质量是否存在一定程度的下滑而定。十年树木，百年树人，培养人的活动并非一朝一夕即能完成，而是不断累积的过程。这也能够解释，为什么人们会对那些具有悠久历史的大学更加青睐。高校博士生教育发展切不可一味求大，片面追求博士生规模，认为博士生规模是影响其博士生教育发展的决定性因素，而是要通盘考虑博士生规模与博士生教育资源之间的关系，找到适恰、合理、科学的结合点，使得博士生教育既能满足导师、博士生等个体自我实现的需要，又能满足社会对高校博士生教育发展的期待和盼望。

（二）核心要素之二：支撑条件

博士生教育不直接从事市场经营活动，而依赖于社会对其提供人财物等方面的资助与支持，这些投入是推动博士生教育发展的动力。

人力投入方面，主要包括导师、行政管理人员、实验管理人员等。其中，导师是决定博士生教育质量最重要因素。首先，导师的言行举止不仅影响博士生的学术旨趣，而且影响博士生的世界观、人生观和价值观。一个拥有良好师德师风的导师将会影响博士生的一生。在导师的直接指导或影响下，博士生恪守学术规范，牢记社会责任和使命，无论何时何地始终对大自然充满敬畏之心，对人类社会的真、善、美肩负责任。其次，导师是对博士生学术能力提升影响最大的人之一。自博士生入学开始，导师就帮助博士生制定培养计划，让博士生明确教学任务和科研目标。教学方面，导师指导博士生完成课程学习，实现相关知识建构和科研技能储备。科研能力培养方面，导师鼓励和激发博士生在未知领域里大胆探索，尤其在博士论文选题上给予建设性的意见和方向性的指导，确保博士论文研究的原始创新性，对博士论文撰写过程中存在的问题提供及时帮助，确保博士生如期完成博士学位论文研究并获得博士学位。

经费投入方面，主要指用于博士生教育的各项经费投入。经济增长是社会财富增加的重要源泉，也是社会发展和进步的最终体现。博士生教育经费投入受国家、地区经济发展环境的影响。一般而言，国家经济发展状况越好，则政府投入到博士生教育的经费越充足；反之，国家经济发展缓慢，则对博士生教育投入减少。总体上，发达国家的博士生教育经费投入比发展中国家要多。但即便在加拿大这样的发达国家，博士生教育资助也并非能实现各专业完全覆盖。加拿大博士生教育除自然科学和医学外，其他专业的博士生都没有稳定的资助来源①。在我国，各级政府、社会力量对高校的博士生教育经费投入差异较大，这在很大程度上影响了不同高校博士生教育发展速度和质量。

物力投入方面，主要指用于维持博士生教育的物质性投入，具体包括房屋、水、电、气、网络、供暖、路、园林等基础设施的建设和修缮，教学设备、实验仪器设备等固定资产投入，以及办公用品等各项日常办公活动投入等。物质性投入虽然不需要每年重复性投入，但在使用后会出现损耗，因此会有折旧。物质性资源除一次性经费投入以外，在使用时需要日常更新和维护，例如实验室日常管理和维护、实验仪器设备的规范使用、道路维修、水电网络日常供应和维修、园林绿化等。物力投入为确保教学科研活动正常、有序开展奠定了坚实的基础，同时也保障了博士生教育各项活动的高效运行和开展。

在人力、财力和物力投入中，最重要的是财力投入，它是确保其他投入的基

---

① Fahyan, Seftya Eka. Doctoral Education: Research-Based Strategies for Doctoral Students, Supervisors and Administrators[M]. Springer Netherlands, 2014.

础和前提。当今的博士生教育已经不再像过去一样是个别人因闲情逸致而萌发的对某个科学问题孜孜不倦的追求活动,而是一个大众的、需集结社会各界人力、物力和财力支持的系统性工程。在充足的支撑条件前提下,高校有动力锻造一支实力雄厚的导师队伍,搭建高水平的学科平台,吸引来自不同学科的专家、学者、博士生共同探讨世界性科学难题的解决方案;导师有动力争取较为充足的科研经费,为博士生提供跨学科、跨国家和地区的学习交流机会,拓宽博士生的学术视野,激发博士生的学术潜能;博士生有动力挑选富有挑战性的、高难度的研究主题开展研究,最终提交一份令自己满意的博士毕业答卷。反之,博士生教育则会受到支撑条件不足的限制而发展迟缓、无发展甚至发展倒退。因此,要提升博士生教育质量,需要政府、社会、企业等共同努力,共同提高改善博士生教育的支撑条件。

（三）核心要素之三：社会贡献

亚里士多德在"存在"和"理性"观念的基础上,指出事物之所以被制作出来是出于一定的目的,目的是引导事物发展的目标。具体到博士生教育领域,社会贡献是资助方期望从博士生教育中获得的结果,或者说只有当博士生教育完成了其社会贡献才是"最善的终结"。具体体现在以下三个方面:

一是知识生产贡献。OECD将知识划分为是什么（know-what）、为什么（know-why）、怎么做（know-how）及谁知道（know-who）四种类型[1]。博士生教育除继承、传授知识以外,更重要的是在既有知识的基础之上创造新知识。经过长途跋涉,导师带领博士生探究普通大众很难理解的"高深知识",最终形成条理清晰、专业精深和系统有序的新知识链条或知识体系。这些新知识,有的是显性的,能直接转化为生产力;有的则是隐性的,难以统计和测量,但却有着非同寻常的社会价值和意义。

二是人力资本贡献。博士生教育不仅培养了一批热爱且忠于学科事业并有所建术的学科继承人,他们肩负传承学科知识、发扬学科文化和拓展学科知识的光荣使命,而且为社会各行各业输送高水平创新型人才,他们是社会精英的典型代表,对国家富强、民族振兴及文明的传承发展起着举足轻重的作用。

三是创新环境贡献。博士生教育以创新为灵魂,以能产生创新性思想、技

---

① OECD. The knowledge-based economy[M]. Paris：OECD, 1996.

术、方法、产品等为目标，其中，创新性环境是实现创新的重要组成。创新意味着更大的改变，更长久、艰辛的付出和承担更大的风险。博士生之于创新环境，如同鱼儿之于水，鸟儿之于天空。在成功能被快速复制的今天，创新并非易事。若浮躁之风盛行，博士生则更有可能追求"短、平、快"；若创新风气形成，则博士生更有可能深入钻研、大胆创新，进而推动营造社会创新氛围。

社会贡献是连接博士生规模和支撑条件的桥梁和纽带。博士生教育系统对社会贡献越大，其社会声誉越高，社会对其增加投入的热情越大。博士生教育系统得到的社会投入越多，就越能扩大博士生规模，从而提升博士生教育的社会贡献，实现发展闭环。反之，当博士生教育发展停滞甚至倒退，其对社会的贡献减少，社会对其投入将会减少，博士生规模和结构调整受限。因此，博士生规模、支撑条件和社会贡献共同驱动或支撑博士生教育系统的整体表现，三者相辅相成，不可分割。掌握这三个方面的信息，可以大致勾勒博士生教育的大体轮廓和未来趋势；推动这三个方面的协调发展，可以为推动博士生教育质量提供可能路径。

三、核心要素与博士生教育质量内涵的对应关系

依据博士生教育质量内涵以及博士生教育质量模型，提取出表征博士生教育质量的三个核心要素：博士生规模、支撑条件和社会贡献。三个核心要素与博士生教育质量内涵具有紧密的联系。

（1）博士生规模和社会贡献是博士生教育系统满足个体或社会需要能力与水平的表征。

一是博士生规模。知识经济社会的到来推动了高等教育的发展，更多个体希望继续深造，个体对博士生教育的需求增加。同时，高等教育进入大众化乃至普及化阶段后，本科学历已经不足以满足社会发展的需求，更多的用人单位对应聘者提出更高的学历学位要求，个体面临日益激烈的求职、升职压力。博士生规模的扩大无疑是为广大期望攻读博士学位的个体提供了更多接受博士生教育的机会，因此，博士生规模在一定程度上表征了博士生教育系统满足个体需要的能力与水平。此外，博士生规模的扩大意味着毕业博士人数的增加以及新知识产出的增加，博士生教育系统满足了社会对高端拔尖创新人才的需要以及新科技、新知识生产成果的需要。

二是社会贡献。博士生教育的社会贡献包括知识生产贡献、人力资本贡献

和创新环境贡献,这是博士生教育系统满足社会需要的能力与水平的重要体现。与此同时,博士生教育系统的社会贡献也满足了博士生个体、博士生导师自我实现的需要。因为博士生教育系统的社会贡献根植于每一个博士生及博士生导师的努力,而他们努力奋斗的动力源于产生创新性成果的初心。

(2)支撑条件是博士生教育系统满足个体或社会需要能力与水平的保证。

既然博士生规模和社会贡献是博士生教育系统满足个体、社会需要的能力与水平的表征,那么,支撑条件则是支持这一目标顺利达成的保障。由于人或社会的需求总是在发展变化当中,因此,博士生教育系统的支撑条件也应与博士生规模增长等相匹配。

第三节 博士生教育质量指数的
内涵、目的和功能

博士生教育质量指数构建需回答三个问题,即"2W1H":一是博士生教育质量指数是什么(What),二是为什么构建博士生教育质量指数(Why),三是怎样构建博士生教育质量指数(How)。前两个问题涉及博士生教育质量指数的内涵、特征等理论问题,限于篇幅,本章先围绕"2W"问题论述,"1H"问题则在第四章详细论述。

一、博士生教育质量指数内涵

(一)博士生教育质量指数内涵

在对博士生教育质量等概念系统梳理的基础上,本书将博士生教育质量指数界定为"在一定区域和时间范围内博士生教育质量的状态"。研究认为,博士生教育质量指数的本质是监测评估,因此具有"监测评估"的基本属性。博士生教育质量指数的三个基本属性分别是"空间""时间"和"状态"。

一是空间属性。空间属性是博士生教育质量指数的"参照系"。博士生教育质量指数可以分为不同的区域范围,它能反映系统要素及其结构的空间分布和延展。一般来讲,系统要素越具有普遍性,可选择的区域范围越广。与本科生教育、硕士生教育相比,博士生教育的共有特性更多,可比性更强。因此,博士生教育质量指数的区域范围可以指国际区域(如欧盟等)、各个国家或地区等宏观层

次，国家下辖的省（市、自治区）、高校等中观层次，也可指学科、专业等微观层次。区域范围的大小直接影响了博士生教育质量指数指标的选取。总体来看，区域范围越大，博士生教育质量指数指标数据粒度越大；区域范围越小，博士生教育的个性特征越明显，细化程度越高，数据粒度越小。

二是时间属性。时间属性是博士生教育质量指数的"时刻表"。时间是系统存在的基本属性，是呈现系统状态变化的时序因素。事物的状态是某个时间区间内的状态，离开时间系统状态将无所依附。当时间区间拉大或缩小，事物的发展状态会有所不同，有时可能是天壤之别，例如在初创时期和成熟时期，系统质量状态迥异。因此，当系统发展变化较慢时，可以选择较长的时间范畴进行监测；当系统发展变化较快时，指数监测的时间范畴应适当缩短，以免系统变动被拉平而造成一些重要的、关键性的差异被掩盖。博士生教育质量指数就是要反映特定时间范畴内的博士生教育质量状态和发展趋势，其监测时间的选取可以有多种选择，并受到区域范围等多重因素的影响。例如，我们可以选择将 1977 年作为监测起始年，因为 1977 年是我国恢复招收研究生的时间，将其作为中国博士生教育质量指数的基期（或者参考期）是合理的。

三是状态属性。状态属性是博士生教育质量指数的"核心体"。状态一般指"表征物质系统所处的状况范畴，指在一定时间内、一定的物质系统的存在方式或表现形态"[①]。状态是人们感知、认识物质系统的基础，也是更好地理解、改进物质系统的前提。博士生教育质量状态即博士生教育系统要素及其相互关系在特定区域和时间范畴内的存在方式和表现形式。其中，时间、空间是博士生教育存在状态与发展趋势的刻度，博士生规模、支撑条件和社会贡献等则是表征博士生教育质量状态的核心要素。博士生规模的扩大和支撑条件的改善是确保博士生教育质量的前提和基础，博士生教育的社会贡献则是博士生教育目的和成果的表现形式。当博士生教育质量的核心要素信息齐备，人们就能勾勒出博士生教育质量状态图谱。

博士生教育质量指数揭示并反映博士生教育质量，能帮助人们动态监测博士生教育质量状态并科学预测博士生教育的发展趋势，对推动我国博士生教育的高质量发展，发挥其对国家战略、经济社会发展的支撑作用具有重要意义。

---

① 高清海.文史哲百科辞典[M].吉林：吉林大学出版社，1988.

（二）博士生教育质量指数的性质

博士生教育质量指数的本质是监测评估，它反映的是从经验到数据的认知模式转变，以及从博士生教育管理到博士生教育治理的管理模式转变。以下是具体分析。

第一，博士生教育质量指数的本质是监测评估。王战军在系统梳理传统评估理论的基础上提出了高等教育监测评估是"利用现代信息技术持续收集和深入分析有关数据，直观呈现高等教育状态，为多元主体价值判断和科学决策提供客观依据的过程"[①]。博士生教育质量指数属于监测评估范畴，它需要利用现代信息技术监测博士生教育质量状态。总体而言，与其他社会系统相比，博士生教育系统变化相对较小，监测时间维度应适当放宽，通常以学年为主要计量单位，如博士生规模。但有的指标监测也可能以月、周、天、时计量，例如学术论文产出、专利产出等。空间维度方面，博士生教育系统包括国际区域（如欧盟等）、国家等宏观层次，也包括省域、高校等中观层次，还包括学科、课题组、博士生导师和博士生等微观层次。层级越高，博士生教育质量指数监测的数据信息越粗；层级越低，博士生教育质量指数监测的数据信息量越细。价值维度方面，博士生教育质量指数反映的是博士生教育相关利益主体对博士生教育质量内涵的理解，以及对博士生教育质量构成要素重要程度的认知。在博士生教育质量指标数据既定的情况下，不同的博士生教育质量指数反映不同的价值取向。博士生教育质量指数选取的指标反映了博士生教育质量指数构建主体的价值认知，而博士生教育质量指数指标的权重反映了博士生教育质量指数构建主体对指标重要性的判断。不同的博士生教育质量观导致不同的博士生教育质量指标选取和指标权重设计，也就产生了不同的博士生教育质量指数。因此，博士生教育质量指数实际上是博士生教育质量指数构建主体在其价值观的指导下通过对博士生教育质量相关数据的收集、分析和处理而对博士生教育质量状态进行监测评估的过程。

第二，博士生教育质量指数反映的是从经验到数据的认知模式转变。博士生教育质量指数强调拿数据说话，这与我们传统意义上强调从经验和直觉获得博士生教育质量的认知不同。博士生教育质量指数强调收集博士生教育质量的相关数据，例如博士生教育的效益数据等，并对这些数据进行处理、加工，形成能

---

① 　王战军.高等教育监测评估理论与方法［M］.北京：科学出版社,2017.

被人理解的博士生教育质量信息，再由这些信息构成认识和指导博士生教育实践的博士生教育质量知识。人们在新知识的指引下指导博士生教育实践，从而产生新的博士生教育质量数据，循环往复，完成一个又一个完整且呈现螺旋式上升的认知过程。每完成一个认知过程，人们对博士生教育质量的理解更加清晰，对提升博士生教育质量的措施更加明确，对博士生教育质量提升的信心更加坚定，达到这一结果，或可被称为"智慧"。智慧是人们所具有的包括感知、记忆、联想、逻辑、分析、决策等多种能力的高级综合能力，它能帮助人们深刻地感知、理解、分析事物并不断探求真理。当人们更多地依靠原始数据还原博士生教育质量时，对博士生教育的规模、结构、质量、效益等重要问题作出客观判断的可能性就越大。从数据到智慧，实现人的认知过程的科学化，可以帮助减少错误决策或保守决策，担当作为，真抓实干，实现质量持续改进的目的。

第三，博士生教育质量指数反映的是从管理到治理的博士生教育管理模式的转变。1995年，全球治理委员会指出"治理是或公或私的个人和机构经营管理相同事务诸多方式的总和"[①]。治理的目标是调和不同甚至是相互冲突的利益并采取联合、持续的行动，最终使相关主体实现利益的最大化。本书制定博士生教育质量指数也是为了更好地实现博士生教育治理。首先，博士生教育质量指数制定主体多元。博士生教育质量指数制定的主体不一定是政府，任何对博士生教育质量感兴趣的主体都可以制定博士生教育质量指数。博士生教育质量指数的权威性不一定来自政府，而主要依赖于其科学合理的程度。其次，博士生教育质量指数的应用主体多元。当博士生教育质量指数为社会所接受，则政府、大学、社会大众都可以借鉴和使用。这种管理不是自上而下的管理，而是政府、大学、社会多元互动的过程。借助博士生教育质量指数，政府作出更加科学合理的决策，大学挖掘博士生教育质量制约因素，社会大众实现对博士生教育质量认知。博士生教育质量指数是加强多元利益主体合作与交流的媒介和平台，它将政府、大学与社会的距离拉近，并持续相互作用和调和。由此，在博士生教育质量提升共同目标的指引下，政府、大学、社会合作日益紧密，协商更加频繁，大学或社会力量通过自下而上的方式对政府政策产生积极影响。此外，博士生教育质量指数强调用数据说话，通过充分挖掘数据背后的信息实现博士生教育质量

---

① 俞可平.治理与善治[M].北京：社会科学文献出版社，2000.

的监测评估。在监测评估过程中，博士生教育质量指数推动博士生教育质量信息公开进程。

（三）博士生教育质量指数特征

在现有的理论与实践研究中，博士生教育质量指数研究非常匮乏，但相关研究却具有很好的借鉴与启示作用。研究认为，博士生教育质量指数是博士生教育管理和质量保障的新工具，其在理念和实践上具有如下基本特征。

第一，科学性。博士生教育质量指数的科学性主要体现在以下两个方面。一是博士生教育质量指数建立在管理学、系统科学、统计学等学科理论的基础之上，具有科学的理论支撑。博士生教育质量指数反映博士生教育的本质和规律。博士生教育是博士生和博士生导师围绕知识生产开展的一系列创新活动，博士生教育质量的核心是博士生教育系统在知识生产及创新上作出的贡献，博士生教育质量指数就是利用其核心要素的相关数据揭示和反映博士生教育的本质属性。二是博士生教育质量指数是用指数方法开展的基于数据的博士生教育质量表征活动，它具有可验证性。约翰·兹曼（John Ziman）指出，主体间的可验证性是所有科学知识创造的基础。任何拥有博士生教育质量相关数据并掌握博士生教育质量指数方法的组织或个体，都可以验证博士生教育质量指数结果并根据自己的价值判断重新定义、解释和构建博士生教育质量指数。这是一种科学的精神，同时也是科学的实践活动。博士生教育质量指数既可以推进博士生教育质量理论研究，又可以成为博士生教育质量监测评估工具，对推动博士生教育实践具有重要的指导和借鉴作用。

第二，价值性。博士生教育质量指数因个体、社会需求而产生，具有价值性。首先，博士生教育质量指数满足政府科学决策需求。通常，科学决策系统包括信息系统、咨询与决断系统、决策执行系统及反馈与评估系统。博士生教育质量指数是信息系统的重要组成部分，通过及时收集、贮存和加工博士生教育质量信息，为决策者咨询与决策提供必要的质量信息，帮助决策者及时发现问题，明确目标并开展质量评估，优化博士生教育决策流程，使博士生教育决策既基于事实又具有良好的前瞻性。其次，博士生教育质量指数满足高校监测和改进博士生教育质量的需求。随着教育信息化技术的提升，高校教务、科研、财务、后勤管理等积累的博士生教育信息与日俱增，这为开展博士生教育质量指数研究提供必备条件，也为实时动态监测博士生教育质量提出更高要求。与此同时，随着世界范围内的大学竞争，博士生教育质量已成为决定高校在世界一流大学位次的决定性因素。因此，高校需要对本校的博士生教育质量状态实时动态监测，对同类型其他高校的博士生教育质量状态实行标杆对比研究，通过学习其他高校长处，弥补本校发展短处，最终达到促进本校博士生教育质量改进的目的。再次，博士生教育质量指数满足社会问责博士生教育质量的需求。政府是博士生教育经费的重要提供方。而政府对博士生教育的经费投入主要来源于国民税收，因此，博士生教育与其说是政府资助，不如说是国民资助，资助方有权利对博士生教育施行质量问责。博士生教育质量指数就是为博士生教育相关利益主体呈现出一份"成绩单"，表明博士生教育质量提升或下降幅度，厘清引起博士生教育质量提升或下降的主要原因，以便全面深入了解博士生教育质量状态或发展趋势。

第三，简单性。唯名论哲学家威廉·奥卡姆（William Ockham）指出："在逻辑论证中，无须增加没有必要的假设，自然界不喜欢复杂化，自然界实际存在着简单性。"[1]但事实上，人们生活在复杂的世界里，经常被复杂事物所包围。同时，大量的信息铺天盖地而来，让人们应接不暇，人们通常感觉不是信息太少了，而是信息太多了，多得超出人们的能力范围。简单性原则为人们提供一种方法论原则。它强调一种简单思维，即从复杂事物中抽离出简单性的规律，借助逻辑简单性和思维经济思考问题、认识事物和评价事物。博士生教育质量指数利用简单性原则，从复杂的博士生教育系统中抽离出最本质的规律，即博士生教育主要是从事知识生产的教育形式，以学术研究为主要内容，以高层次的博士人才产出，以及新知识的产出为主要产出结果，以创新性的学术环境为必要前提。此外，博士生教育质量指数在表现形式上是一种相对数，简单明了。例如，我们可以将美国的博士生教育质量指数得分设置为100，并将其作为博士生教育质量指数的基准，其他国家博士生教育质量指数参考该基准值进行线性换算，得出的分值就是美国博士生教育质量的相对值。指数用简明直观、易于理解的形式清晰表征事物当前的质量状态，毕竟，比较相对值比面对大量的原始数据或阅读长篇语言文字要简单明了得多。

第四，可持续性。可持续性是一种可以长久维持的过程或状态。潘懋元认为，高等教育的可持续发展内涵包括三个方面：① 发展的可持续性，即当前的发

---

[1]　冯契.哲学大辞典[M].上海：上海辞书出版社,2007.

展战略须着眼于未来的发展和需要,不能以损害未来的发展为代价实现当前的发展;② 发展的协调性,即在人口增长、自然资源和生态环境、经济社会发展之间保持协调;③ 发展的公平性,即实现当代不同群体和不同代际的公平,发展不能有损他人、下一代的权利,同时在有限资源的分配上着眼公平①。博士生教育质量指数的可持续性是指博士生教育质量指数可持续追踪博士生教育质量状态,同时具备一定的稳定性。首先,博士生教育质量指数发展目标着眼于未来的发展和需要。博士生教育质量指数是一个综合性指数,它伴随着博士生教育的存在而存在。博士生教育质量指数的最终目的是为了通过监测博士生教育发展状态不断提升博士生教育质量。其次,博士生教育质量指数具有协调性。博士生教育质量指数不是就博士生教育而谈博士生教育,而是将博士生教育与社会的发展紧密关联,关注博士生教育对社会的服务与贡献。它将博士生教育与社会人力资本增长、社会创新环境构建以及知识型社会的发展协调贯通起来,对推动建设国家创新体系具有十分重要的意义。再次,博士生教育质量指数具有公平性。博士生教育质量指数基于原始数据,不受政府政策影响,也不受人的主观意愿左右,它是一个开放的、能客观反映博士生教育质量的一组数据集合。该数据集合更多地反映博士生教育质量的过去、现状及未来,而不拘泥于排名、评比。

二、博士生教育质量指数的目的和功能

开展博士生教育质量指数研究的目的是为了促进博士生教育的高质量发展。博士生教育质量指数研究要把握两点,一是加强对博士生教育质量研究,多维度反映博士生教育质量;二是加强博士生教育质量监测评估研究,以时间轴为脉络,注重博士生教育质量相关指标数据的动态变化,反映博士生教育中的短板及问题,帮助博士生教育相关利益主体及时发现问题并寻求可持续发展策略,推动博士生教育综合改革和博士生教育质量提升。

(一)博士生教育质量指数目的

要明确博士生教育质量指数的目的,就是要回答博士生教育质量指数预先设想的目标和最终要达到的结果。这是构建博士生教育质量指数的依据,贯穿整个博士生教育质量指数构建过程始终。

---

① 潘懋元.可持续发展的高等教育改革[J].辽宁教育研究,1997(4):10-13.

1. 服务多元主体，促进博士生教育质量认知

博士生教育质量保障体系中，政府、第三方社会评估机构、高校、博士生导师、博士生、用人单位应共同参与，多元协商。但现实中，博士生教育质量如同一个黑箱，并不为社会大众所知晓。首先，博士生教育主要在高校或科研机构内部开展，相关信息主要由各培养单位掌握，但各培养单位只掌握自己的博士生教育质量信息，对其他单位的博士生教育质量信息则无从知晓。即便某些单位了解其他单位的一些信息，但那也只是片面的、非系统的，无法细致深入地了解博士生教育质量状态。其次，博士生教育政府管理部门条块分割，博士生教育质量信息分散在各个职能部门，很难统筹协调至一个共享的信息平台上。当前，我国政府为确保博士生教育质量作出了很多努力和尝试，不仅为各培养单位提供资源支持，还在博士生教育质量评估上采取措施，例如博士论文抽检、博士学位授权点合格评估等。但这些基本都是"事后"评估，难以实时动态监测。再次，社会大众对博士生教育质量认知的需求强烈，但因为信息不对称，只能凭借各种零散的信息进行判断。因此，构建多维多层的博士生教育质量指数对社会大众来说无疑是一个了解博士生教育质量状态的途径和机会。

博士生教育质量指数是在深入挖掘博士生教育质量内涵的基础上对博士生教育质量状态的客观监测和综合呈现，博士生教育的任一相关利益主体都可以清楚地认识博士生教育质量状态，并从自身利益出发对博士生教育质量进行判断和评估，提升其作为博士生教育质量保障体系主体的意识，调动各自参与博士生教育的积极性和主动性，充分保证博士生教育活动的健康有序开展。一方面，高校对博士生教育质量的正确认识是高校开展博士生教育活动的前提和基础。博士生及博士生导师对博士生教育质量的认知是改进高校博士生教育教学质量、博士生教育的输入和输出质量，优化博士生教育的学术氛围等的重要参考依据。另一方面，社会对博士生教育质量的认知是推动博士生教育改革和发展的重要机遇。只有得到社会的广泛认可，博士生教育质量才是合格有效的，反过来也能获得社会的广泛支持和鼓励。此外，政府对博士生教育质量的正确认知可以最大程度避免人为因素干扰，公平公正地处理不同高校、省域的博士生教育资源调配和供给活动，形成分层分类的博士生教育质量提升方案和策略。

2. 构建博士生教育质量监测评估机制，持续改进博士生教育质量

编制博士生教育质量指数是一项长期的博士生教育质量监测活动，其科学

性、公正性和可持续性是构建博士生教育质量监测评估机制的重要要求。

首先，构建博士生教育质量长期监测机制。构建博士生教育质量长期监测机制，使博士生教育相关利益主体时刻反思，一是将博士人才培养始终放在第一位，坚决抵制博士生教育过程中的徇私舞弊行为，遴选最优质的博士生源，认真培养和造就优秀的博士人才。二是加强博士生教育创新氛围营造，推动原始创新活动开展。依托课题研究，加强博士生教育环境育人、博士生群体育人的功能，共同推进新知识生产和创新性环境建设，推动博士生教育的良性健康发展。三是建立健全持续学习机制，将博士生教育质量监测评估作为重要的学习途径，实现"要我监测"向"我要监测"转变，从"一次性评估"向"长期性监测"转变，从"被动评估"向"主动监测"转变，通过质量监测获取质量信息，灵活运用科学理论解决实际问题。

其次，构建博士生教育质量意识养成机制。质量意识是保障博士生教育质量重要的思想前提，只有高度重视博士生教育质量，才能获得产生创新性成果的不竭动力，进而形成持续的自觉维护、提升质量的行动。博士生教育质量意识包含两个方面，一是权利意识。博士生教育质量指数的构建，是要让博士生教育相关利益主体都能享受到了解、认识博士生教育质量状态的权利。该权利的正确行使是为了更好地推进博士生教育改革，敦促博士生教育各项职责和任务的圆满完成；二是义务意识。博士生教育质量指数的构建是为了更好地提醒相关部门有向社会适度公开博士生教育质量信息的义务，让其明白公开信息不是为了扰乱高校的正常教学和科研程序，而是为了更好地接受监督，更好地听取社会大众的意见，而不是将博士生教育质量当作一个秘密隐藏起来。

再次，构建博士生教育质量多元主体参与机制。博士生教育质量提升需要多元主体共同参与，任何一方的缺位都不会塑造高质量的博士生教育。政府是博士生教育质量政策的制定者，政府用好手中的权力和资源，切实把建设高等教育强国战略落实到各项工作之中；高校招收热爱科学研究的博士生，将科研经费切实用到科学研究工作以及高层次博士人才培养上；导师授人以渔，与博士生开展科学研究的同时鼓励博士生大胆创新，从事原创性的研究；博士生除完成高校要求的毕业要求以外，树立独立研究的意志和品质，脚踏实地，为国家创新事业作出应有的贡献；用人单位是博士毕业生的接收者，也是博士生教育质量最直接的体验者。用人单位对高层次人才的知识结构、能力结构及意志品质等需求是高校博士生教育改革的方向和指南针。用人单位满意的博士生教育是接地气的博士生教育，也是成功的博士生教育。

最后，构建博士生教育质量监督和反馈机制。要提高博士生教育质量，就必须切实加强对博士生教育质量的监督。博士生教育质量监督需要民主的环境，同时需要建立在对博士生教育质量信息掌握的基础之上。因此，构建博士生教育质量指数，有助于推动博士生教育质量信息公开，拓宽社会对博士生教育质量认知的渠道，落实社会大众对博士生教育质量的知情权和监督权。畅通社会大众监督渠道，有助于发挥社会大众参与博士生教育质量监督的积极性、主动性，形成全面的质量反馈机制，对博士生教育中存在的急功近利、缺乏创新等行为予以高度关注，并完善博士生招生、培养和学位授予工作机制，最终促进博士生教育质量提升。

（二）博士生教育质量指数功能

博士生教育质量指数功能建立在指数基本功能的基础之上，是更加情境化、具体化的功能再现。具体包括四大功能，即鉴定、监测、预警和改进功能。

第一，鉴定功能。鉴定功能是博士生教育质量指数的基本功能。博士生教育质量指数形式上是一个与基准数比较的相对数，实际上是某个单位的博士生教育质量与基准单位博士生教育质量之间的差异状态。显示差异就是显示博士生教育成效，据此能对博士生教育质量水平高低作出判断，这些判断伴随博士生教育质量指数活动同时出现。鉴定功能能帮助评价主体鉴定被评价单位的博士生教育质量高低，区分质量等级，完成名次排序等。对博士生教育质量的科学鉴定是正确认识博士生教育质量状态，发掘博士生教育过程中存在的问题的重要依据。但对博士生教育质量的鉴定需慎重，因为它会对被评价对象的声誉产生重要的影响，尤其是当博士生教育质量指数结果被政府采纳并与博士生教育资源划分挂钩时，会造成被评价对象围绕博士生教育质量指数的相关指标而开展博士生教育，出现"唯指标"的不良后果。因此，在设计博士生教育质量指数时，应充分考虑其鉴定功能可能会引发的问题，尽量避免与政府的资源划分结合。

第二，监测功能。博士生教育质量指数的监测功能是区别于传统评估的重要方面。博士生教育质量指数存在的重要意义是动态监测博士生教育质量状态。《国家中长期教育改革和发展规划纲要（2010—2020 年）》曾提出要"在建立和完善国家基本标准的基础上，整合国家教育质量监测评估机构及资源，完善监测评估体系,加强动态监测,提高管理效率"①。王战军教授指出数据驱动的监测评估是适应质量时代需求的现代教育评估新范式,具体表现在教育评估主体由一元主体转向多元主体,教育评估客体由关注"教"到关注"学",教育评估周期由周期性评估转向常态性评估,教育评估机制由静态评估转向动态评估,教育评估价值由提供判断转向提供状态②。博士生教育质量指数是高等教育质量评估的新形式,它是反映博士生教育质量状况的"晴雨表",是定期或长期监测博士生教育质量的新工具和手段。它在深入剖析博士生教育质量内涵的基础上,借助现代信息技术手段,对影响博士生教育质量的核心因素进行定性、定量和系统的综合分析,探索博士生教育质量变化的规律。博士生教育质量指数研究改变传统评估中评估周期长、评估主体单一、评估信息滞后等弊端,能在不干扰被评价对象的情况下持续动态反映博士生教育质量状态,为政府部门提高科学决策水平,为培养单位持续改进管理服务质量,为公众、家长、学生等作出多元判断提供有力支撑。

　　第三,预警功能。《辞海大全》将预警定义为:事先觉察可能发生某种情况的感觉③。之所以预警,是因为存在风险或面临危机。国内学者徐莺对扩招背景下的高等教育风险进行了研究,认为规模扩张可能带来的风险主要包括高校债务风险、高等教育质量风险和学生就业风险等④。在博士生教育全球化的背景下,世界各国的博士生教育发展日新月异,竞争日益激烈,优秀博士生导师、博士生校际流动、省际流动或国际流动越来越频繁。在此背景下,不发展不进步就等于质量下降,质量下降就会导致博士生源质量下降,优秀博士生导师流失,毕业博士质量下降,社会认可度降低等系列风险。博士生教育质量指数选取博士生教育质量的核心要素进行测量,展现了要素偏离正常值的程度,提醒相关主体注意分析要素偏离的原因,并采取果断的措施预防和阻止要素进一步的偏离,从而保证博士生教育系统的稳定健康运行。博士生教育质量指数的预警包括博士生教育内部预警和博士生教育外部预警两方面内容。在内部预警方面,主要围

①　国家中长期教育改革和发展规划纲要(2010—2020 年)[M].北京:人民出版社,2010.
②　王战军,乔伟峰,李江波.数据密集型评估:高等教育监测评估的内涵、方法与展望[J].教育研究,2015 (6):29 - 37.
③　辞海大全[EB/OL].(2021 - 05 - 27)[2020 - 12 - 02]. https://www.cihaidaquan.com/hanyu/detail?id= 192730.
④　徐莺.扩招背景下的高等教育风险研究[M].北京:中国社会科学出版社,2012.

绕知识生产和博士人才培养两大主题开展，对博士生教育过程中的知识生产资源供给、知识生产效益等问题开展专项研究，对博士生教育可能存在的危机进行科学预测并发出适当警告，帮助各利益相关者做好必要准备并制定预防措施。外部预警方面，主要围绕博士生教育系统外部的创新环境进行预测预警。博士生教育系统不是一个孤立的系统，其活动的有序开展与社会整体创新环境息息相关，相辅相成。只有社会整体创新环境优良，才能让高校内部的博士生导师和博士生戒骄戒躁，安心做好科学研究工作。

第四，改进功能。博士生教育质量指数的改进功能主要体现在三个方面。一是改进博士生教育整体认知能力，二是改进博士生教育治理能力，三是改进博士生教育质量。在改进认知能力方面，博士生教育质量指数构建主体为社会提供开放、共享的认识博士生教育质量的数据平台。在这个数据平台上，任一社会组织或个人都能成为用户，登录平台后即可自行查询、了解、学习并掌握博士生教育质量信息，完成信息获得和信息加工，并转化成知识，进而支配和影响主体的行为。博士生教育质量指数实现了主体由自觉认知到主动行为的转变，只有人人自知，方可为了共同的目标作出更大的成绩。二是改进博士生教育治理能力。全球治理委员会有关"治理"的内涵体现了"多元共管，多元共治"的理念，比"管理""管控"更进一步。构建博士生教育质量指数，是教育治理能力现代化的显著标志，也是加快推动教育治理体系建设和教育治理能力现代化的重要手段。博士生教育质量指数要实施"互联网＋"战略，用现代化的信息技术手段收集博士生教育质量相关数据，建立大数据平台，统筹并发挥政府、高校、社会、第三方评估机构、博士生等相关利益主体的能动性，将错综复杂的信息和数据简约化、形象化，让相关利益群体都能了解博士生教育质量状态信息并及时反馈，最终达成教育治理共识，共同构建博士生教育质量改进社区，从而不断提升博士生教育质量。三是改进博士生教育质量。博士生教育质量改进依赖于博士生教育内外部系统的协同创新。这种改进不是靠个人力量驱动就能成功的，它依赖于群体的学习改进。博士生教育质量指数时刻提醒处在博士生教育系统内部的博士生和博士生导师勇于创新，敢于失败，在创新性科学研究中贡献聪明才智。博士生教育质量指数也时刻警醒博士生教育系统外部的其他社会系统为高校博士生教育群体提供宽松、自由的研究环境，不仅要建设学习型、创新型的个体和组织，也要营造学习型、创新型的社会，共同为推动创新型国家建设贡献力量。

第四章
博士生教育质量指数构建方法

本章明确了博士生教育质量指数构建原则和概念框架，指出了博士生教育质量指数指标遴选、权重设计和博士生教育质量指数模型构建的方法及流程，并介绍了博士生教育质量指数的实施及应用。

第一节 博士生教育质量指数构建的基本原则与概念框架

一、博士生教育质量指数构建的基本原则

紧扣"博士生教育质量内涵"，结合指数的特征，笔者认为博士生教育质量指数应在四个基本原则基础上构建。

第一，科学性。科学性原则要求博士生教育质量指数活动在科学理论的指导下，运用科学思维方法构建指数。科学性原则具体指的是：博士生教育质量指数目标明确，导向正确；信息全面，客观真实；实施过程清晰，结果可复制；结论科学，且令人信服。为确保科学性，需至少做到指数构建机制科学，指数构建程序科学以及指数构建者素质过硬。

第二，客观性。客观性原则也叫真实性原则，有以下要求：一是要求博士生教育质量指数以实际发生的博士生教育事实为依据，内容真实、数据准确，如实反映博士生教育质量状态。二是要求博士生教育质量指数构建过程公开透明，避免指数制定者的主观臆断和人为因素干扰。指数制定者不可随意利用数据，更不能伪造、篡改数据，使得指数结果与现实情况不符。在遵循客观性原则的基础上，博士生教育质量指数才能做到可靠、可信。

　　第三，简单性。简单性原则属于方法论原则中的一种。自然界是一个复杂的大系统。在复杂性变革的基础上，随着科学认识的不断深化，简单性原则越来越受到重视。人们希望从复杂事物中抽离出简单性的元素，以拨开云雾，抓住事物的核心。简单性原则在博士生教育质量指数中的应用要做到以下两点。一是逻辑前提简单。在博士生教育中，简单性的思想一直存在。博士生教育紧密围绕科学研究活动开展，这是博士生教育质量指数的重要逻辑前提；二是指数形式简单。指数的最大优点在于其简洁性，博士生教育质量指数的构建思想就是用最核心的指标勾勒出博士生教育质量的大体轮廓。

　　第四，实用性。实用性即有用或产生积极作用。首先，博士生教育质量指数具备可实施性。在数据信息来源渠道明确，指数方法确定的情况下，博士生教育质量指数就能被任何主体重复构建验证。此外，不同主体通过学习博士生教育质量指数构建过程和方法还能开发出不同视角或层次的博士生教育质量指数。其次，博士生教育质量指数能对促进博士生教育质量产生积极的作用。博士生教育质量指数可以对博士生教育质量状态进行长期监测，并对博士生教育中的问题进行预警，从而降低博士生教育风险，加快博士生教育质量改进。此外，博士生教育质量指数呈现形式简单明了，方便大众查询和监督。

二、博士生教育质量指数构建的概念框架

　　作为一种工具，博士生教育质量指数帮助人们将想象与事物发展的事实紧密结合，同时赋予想象以全部的意义或含义，考察它产生的环境和条件。博士生教育质量指数就是要提升人们认知的客观性，增强认知的可交流性。因此，在指数构建中，并不倚重于超出直观或某些先验性的原则，为的是确保科学所要求的绝对自明。博士生教育质量指数将人们心目中的质量概念还原并直观性地呈现博士生教育质量本身应有的含义。这是一项系统性工程，需要具备明确的概念框架。研究的概念框架在前文研究的基础上逐渐清晰。

　　（1）博士生教育质量指数建立在博士生教育质量内涵的基础之上。博士生教育质量指数构建的基本前提是确定博士生教育质量内涵。有了明确的博士生教育质量内涵，博士生教育质量指数构建才算真正开始。本书中的博士生教育质量指"博士生教育系统满足个体、社会需要的能力与水平"。围绕这一内涵，指数构建就有了准绳和方向。

（2）促进博士生教育质量持续改进和提升是构建博士生教育质量指数的根本目的。博士生教育质量的改进和提升是博士生教育的永恒主题，也是博士生教育质量指数构建的根本目的。博士生教育质量指数通过发挥监测评估及科学决策工具功能最终实现博士生教育质量改进和提升。一方面，博士生教育质量指数为博士生教育相关利益主体持续关注和动态监测博士生教育质量状态提供帮助；另一方面，博士生教育质量指数为政府科学决策提供数据支撑。

（3）博士生教育质量指数由若干分指数构成。博士生教育质量指数是一个综合指数，它由若干相互独立又紧密相连的分指数构成。分指数数量由博士生教育质量的核心要素决定，即博士生教育质量核心要素有几个，分指数就有几个。基于前期的研究，博士生教育质量包含博士生规模、支撑条件和社会贡献三个核心要素，因此，最终确定了博士生教育质量指数的三个分指数。其概念框架见图 4.1。

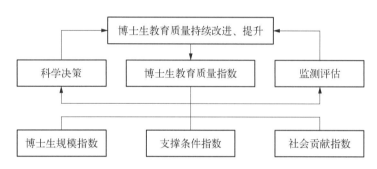

图 4.1 博士生教育质量指数的概念框架

第二节 博士生教育质量指数模型构建

博士生教育质量指数模型构建包括博士生教育质量指数指标设置、权重设计和指数模型构建三个组成部分。

一、博士生教育质量指数指标遴选

指标遴选是博士生教育质量指数构建的重要环节，其遴选过程需遵循一定的原则，同时按照一定的方法逐步筛选。

（一）博士生教育质量指数指标遴选原则

参考研究生教育评估方面的理论文献及实践，博士生教育质量指数指标选取需遵循下列五项原则。

第一，指标的科学性，即博士生教育质量指标选取过程、方法、路径科学、准确、客观、合理。指标选取主要依托理论指导，必要时参考实践经验。

第二，指标的代表性，即博士生教育质量指数指标不需要面面俱到，但必须尽可能全面反映博士生教育质量内涵，即最大程度反映博士生教育系统对个体、社会需求满足的能力与水平。

第三，指标的目的性，即博士生教育质量指数须围绕博士生教育质量核心要素展开，使得博士生教育质量指数结论最大程度逼近人们对博士生教育质量的认知。

第四，指标的可比性，即对每一个被评价对象而言指标可比。一是要求指标尽量公平，二是指标尽量客观，最大程度减少人的主观因素影响。

第五，数据的可得性，即反映博士生教育质量指标数据可搜集、可整理、可操作和可应用。对于数据缺失的指标，指数制定者可选择相似指标替换处理。

（二）博士生教育质量指数指标遴选方法和过程

研究首先采用分析法列举博士生教育质量指数可能的指标，再采用综合法对博士生教育评估实践进行总结，筛选博士生教育质量指标。

1. 分析法遴选博士生教育质量指数指标

分析法是最常用的评价指标体系构建方法，对指数构建同样适用。分析法是将评价指标层层细化，达到末级指标可测的过程。分析法遴选博士生教育质量指数指标的步骤，一是深入剖析博士生教育质量核心要素的内涵与外延，二是对博士生教育质量核心要素相关指标进行细化分解，直到末级指标可测。根据前文所述，研究提取博士生教育质量三个核心要素：博士生规模、支撑条件和社会贡献。下文一一分析其可能的指标项。

1）博士生规模指标

博士生规模即博士生人数，包含博士生招生数、在校博士生数、注册博士生数等。博士生规模指标多种多样。从时间上来看，既包括年度博士生在校生数，如2019年在校博士生数，也包括连续多年的博士生总数或平均数，如近五年在校博士生总数、近五年平均在校博士生数等。从博士学位类型上来看，既包括学术型博士生数，也包括专业学位博士生数，如2019年在校学术型博士生数、2019年在校专业学位博士生数等。从博士生属地性质来看，既包括本国的博士生数，也包括外国留学博士生数，如2019年外国留学博士生数等。从性别上来看，既包括男性博士生在校生数,也包括女性博士生在校生数,如2019年女性博士生在校生数等。此外,研究者可将两个博士生规模指标组合成一个新的规模指标,如男性博士生在校生数与女性博士生在校生数组合起来就成为男性博士生人数占比。综上,博士生规模指标主要包括博士生绝对规模指标和相对规模指标,绝对规模指标包括年度博士生在校生数等,相对规模指标则包括男性博士生人数占比等。

2)支撑条件指标

支撑条件是支撑博士生教育发展的条件,主要包括人财物三方面的投入等。

第一,人员投入指标。博士生教育人员投入主要包含博士生导师、科研人员、其他教师、实验管理人员、行政管理人员等。其中,博士生导师数、高校教师数等为经常使用的指标。

第二,经费投入指标。经费投入指直接投入博士生教育中的经费数量。理论上,博士生教育经费投入只应统计博士生教育的各项成本和支出,但由于经费统计口径的多样性和复杂化,人们一般以科研经费投入和支出金额、课题经费投入和支出金额、博士生奖助学金金额(或人均奖助学金金额)等作为替代性指标。

第三,物质投入指标。物质投入指标主要指投入博士生教育中的物质性资源指标。学科基础方面,主要包括博士点数、一级学科重点学科数等;生活设施方面,主要包括博士生床位数等;教学设施方面,主要包括博士生科研用房面积(或人均)、博士生实验仪器数(或人均)等;其他资源则包括固定资产总额、图书馆藏书数(或人均)等。

除人、财、物三方面的硬条件支撑以外,体制机制以及学术环境等软条件支撑等也非常重要,但这些因素主要涉及的是定性评价,通常会采用问卷调研方法获得相关数据。

3)社会贡献指标

博士生教育的社会贡献指标主要体现在博士生教育产出方面。产出类指标主要包括人才产出、知识产出及创新环境支撑三大类。博士生教育人才产出指标主要包括博士学位授予人数及毕业博士质量等。知识产出指标主要包括专利申请、授权与转化数,发表的学术论文数,出版专著数,优秀博士学位论文数,抽检不合格博士学位论文数,高科技成果获奖等,创新环境支撑主要指博士生教育创新环境对大学创新环境等的支撑。除以上客观性指标以外,政府、企业等主体对博士生教育的主观性评价指标也非常重要。

2. 综合法遴选博士生教育质量指数指标

综合法遴选博士生教育质量指数指标是在博士生教育质量指数概念框架的基础上综合博士生教育已有评价实践并对使用过的评价指标进一步整理归纳最终确定适合研究的指标。笔者对美国 NRC 博士点评估、中国学位授权点评估、1995 年中国研究生院评估、第四轮学科评估、英国 REF（Research Excellence Framework，简称 REF）排名、美国新闻与世界报道排名（U.S. News & World Report Best Global Universities Rankings）、QS 世界大学排名（QS World University Rankings）、泰晤士高等教育世界大学排名（Times Higher Education World University Rankings）、上海交通大学世界大学学术排名（Shanghai Ranking's Academic Ranking of World Universities，简称 ARWU）等的指标体系进行系统梳理和总结。具体见表 4.1。

表 4.1　国内外主要评估实践应用的指标

核心要素	维　度	指　　　标	指 标 来 源
博士生规模	博士生规模	学生报考数	学位点抽评
		学生录取比例及人数	学位点抽评、USNEWS
		学生生源结构（如在读学生中国际生比例、少数民族学生比例、女性学生比例等）	美国 NRC 评估、QS、Times、学位点抽评
支撑条件	人力支撑	教师数及结构（如导师总数、专任教师数、生师比、教师中有博士学位比例、国际教员比例、女性教师比例等）	1995 年中国研究生院评估、第四轮学科评估、USNEWS、QS、Times、美国 NRC 评估
		知名教师数及比例（如获诺贝尔科学奖和菲尔兹奖教师数、各学科领域被引次数最高的科学家数、院士数等）	ARWU、USNEWS
		导师指导质量	第四轮学科评估
		学生成绩（如 GRE 平均分）	美国 NRC 评估、1995 年中国研究生院评估、USNEWS

续　表

核心要素	维度	指　标	指标来源
支撑条件	财力支撑	研究经费金额及比例	美国 NRC 评估、1995 年中国研究生院评估、USNEWS、Times
	物力支撑	科研平台（如重点实验室、基地、中心、重点学科及授权点等）	学位点抽评、第四轮学科评估、1995 年中国研究生院评估
		交叉学科占所有学科的比例	美国 NRC 评估
		科研项目（总量、人均及国际合作研究比例）	学位点抽评、第四轮学科评估、Times
		学生专用工作间情况	美国 NRC 评估
		研究生参与学术训练情况	学位点抽评
		课程及教学	1995 年中国研究生院评估、第四轮学科评估
	体制机制	支持机制（如培养目标、学位标准、培养方向、支持机制等）	美国 NRC 评估、学位点抽评
社会贡献	人力资本贡献	优秀毕业生（如知名校友数量）	ARWU、第四轮学科评估
		学位授予数及比例	美国 NRC 评估、第四轮学科评估、USNEWS、Times
		学生毕业（如在学术领域就业的博士生比例、就业率及就业去向）	美国 NRC 评估、学位点抽评
	知识生产贡献	科研获奖（总量与人均）	美国 NRC 评估、1995 年中国研究生院评估、第四轮学科评估
		学术论文［如在 Nature、Science 上发表论文数量、在科学引文索引（SCI）和社会科学引文索引（SSCI）收录的论文数等，总量及人均］	美国 NRC 评估、1995 年中国研究生院评估、第四轮学科评估、ARWU、Times
		出版物被引（总量及人均）	美国 NRC 评估、QS、USNEWS、Times

续 表

核心要素	维度	指 标	指 标 来 源
社会贡献	知识生产贡献	学位论文质量（抽检与评优）	学位点抽评、1995 年中国研究生院评估、学科评估
		科技成果转化（如专利）	第四轮学科评估
		专著、教材数	美国 NRC 评估、第四轮学科评估
	学术声誉	社会服务、贡献及声誉（含社会服务与贡献、同行评价、教学声誉调查、雇主调查等）	学位点抽评、1995 年中国研究生院评估、第四轮学科评估、USNEWS、Times、QS

结合分析法与综合法两种方法可获得比较完整、全面的指标，但囿于某些指标不可获得，研究只初步筛选了可公开获取的指标，具体见表 4.2。

表 4.2　博士生教育质量指数指标（初步遴选）

核心要素	维度	指 标	适用范围	数 据 来 源
博士生规模	博士生规模	在校（注册）博士生数	高校、省域、国际	高校：《教育部直属高校统计资料汇编》；省域：《中国学位与研究生教育发展年度报告》；国际：OECD 数据库
		每百万人口在校（注册）博士生数	省域、国际	省域：《中国学位与研究生教育发展年度报告》及《中国人口和就业统计年鉴》；国际：OECD 数据库及 Word Bank 数据库
		来华留学博士生数	高校、省域	高校：《教育部直属高校统计资料汇编》；省域：《来华留学生简明统计》
支撑条件	人员支撑	高校教师数	国际	UNESCO 数据库
		博士生导师数	高校、省域	高校：《教育部直属高校统计资料汇编》；省域：《中国学位与研究生教育发展年度报告》

续　表

核心要素	维　度	指　标	适用范围	数　据　来　源
支撑 条件	人员 支撑	科研人员数	省域	《中国科技统计年鉴》
	经费 支撑	科研经费数	省域、国际	省域：《全国科技经费投入统计公报》；国际：《中国科技统计年鉴》
		科研经费投入 强度	省域	《全国科技经费投入统计公报》
		高等学校研究与 发展经费	省域	《高等学校科技统计资料汇编》
		近十年年均GDP	省域	国家统计局数据库
		科研经费拨入 金额	高校	《全国本科高校人文、社会科学发展概况》《高等学校科技统计资料汇编》
		教学科研仪器设 备金额	高校	《教育部直属高校统计资料汇编》
	物力 支撑	物质资本存量	省域	《中国统计年鉴》
		博士一级学科授 权点数	省域	《中国学位与研究生教育发展年度报告》
		高等学校研究与 发展机构数	省域	《高等学校科技统计资料汇编》
		世界一流大学数	省域、国际	ARWU排名
		课题数	高校	《全国本科高校人文、社会科学发展概况》《高等学校科技统计资料汇编》
		科研用房面积	高校	《教育部直属高校统计资料汇编》
		国家重点学科数	高校	中国学位与研究生教育信息网"国家重点学科评选"

续　表

核心要素	维度	指　标	适用范围	数　据　来　源
支撑条件	物力支撑	A$^+$学科数	高校	中国学位与研究生教育信息网"第三轮学科评估"及"第四轮学科评估"
		"双一流"建设学科数	高校	教育部官网
社会贡献	人力资本贡献	顶尖/知名博士培养人数	高校、省域、国际	高校、省域：爱思唯尔"中国高被引学者"评选；国际：诺贝尔奖官网、菲尔兹奖官网等
		近五年累计授予博士学位人数	省域、国际	省域：《中国学位与研究生教育发展年度报告》；国际：OECD数据库
		近五年每百万人口授予博士学位人数	省域、国际	省域：《中国学位与研究生教育发展年度报告》及《中国人口和就业统计年鉴》；国际：OECD及世界银行（Word Bank）数据库
		博士学位授予人数	高校	《教育部直属高校统计资料汇编》
		来华留学博士生毕业人数	高校	《教育部直属高校统计资料汇编》
		科研人员博士毕业人数	省域	《中国科技统计年鉴》
	知识生产贡献	高等学校科技成果获奖数	高校、省域	《高等学校科技统计资料汇编》
		国家哲学社会科学成果数	高校	国家哲学社会科学成果文库入选名单
		高水平科技项目验收数	高校、省域	《高等学校科技统计资料汇编》
		著作数	高校、省域	高校：《全国本科高校人文、社会科学发展概况》《高等学校科技统计资料汇编》；省域：《高等学校科技统计资料汇编》

续　表

核心要素	维　度	指　标	适用范围	数　据　来　源
社会 贡献	知识 生产 贡献	学术论文数	高校	《全国本科高校人文、社会科学发展概况》《高等学校科技统计资料汇编》
		发明专利授权数	高校	《高等学校科技统计资料汇编》
		高校技术转让收入	高校、省域	《高等学校科技统计资料汇编》
	学术 声誉	大学排名得分	高校	ARWU 排名

研究针对博士生教育质量指数初步遴选的指标，说明如下：

第一，无论是分析法还是综合法，博士生教育质量指数指标都主要集中在博士生规模、支撑条件和社会贡献三个核心要素范围内。本书先从分析法出发，列举博士生教育质量指数可能利用的指标，再利用综合法，总结提炼国内外主要评估实践中用到的指标，发现两种方法总结提炼的指标基本都能被归置在博士生规模、支撑条件和社会贡献三个核心要素之下。指标与指标之间虽有多种组合变化，但核心要素不变。

第二，高校、省域、国际三个层面的博士生教育质量指数既存在共性指标，如在校博士生数等，也存在个性指标。数据科学告诉我们，系统空间范围越大，选取的数据粒度越大；系统空间范围越小，数据粒度越小，细化程度越高。因此，不同系统空间范围的博士生教育质量指数指标之间存在差异。例如，"近五年每百万人口授予博士学位人数"不适合高校层面统计，而只适合省域以上层面的统计。再者，即使是同一个指标，其统计内容也存在差异。例如，同是"顶尖/知名博士"这一指标，国际层面讲究指标数据国际可比且具有世界影响力，因此选取诺贝尔奖、菲尔兹奖等世界级奖项获得者作为研究对象是可行的，但放在省域和高校层面统计则不科学，因为我国至今还未在博士层次培养过任何一位诺贝尔奖获得者或菲尔兹奖获得者，因此需要重新选择研究对象。

第三，研究主要使用定量指标而未采纳定性指标。毋庸置疑，不管是分析法还是综合法，都显示出定性指标的重要性，如博士生培养目标、博士生教育体制机制建设等在博士生教育质量中占据重要位置。但由于本书主要探讨以客观的定量指标来呈现博士生教育质量状态和发展趋势，因此本研究未采纳定性指标，考虑在后续研究中增添如满意度调查等定性指标数据加以改进。

第四，指数不仅体现博士生教育质量现状，也反映博士生教育质量的发展变化。通常，结合评估实践和数据可得性，指数制定者既可以选择一年，也可以选择五年、十年指标数据进行统计。本研究尽量多地尝试，将高校这一系统层面的指标数据尽量拉长，选择十年跨度，而将省域和国际系统层面的指标数据多数选取最近一年数据进行统计。在今后的研究中，考虑时间跨度继续拉大，以五年、十年滚动数据的形式对博士生教育质量指数进行更新和改进。

第五，指标项与博士生教育质量内涵之间存在紧密的对应关系。一是博士生规模和支撑条件指标更多地与博士生教育内适质量相呼应。博士生规模指标方面，在校（注册）博士生数、每百万人口在校（注册）博士生数以及来华留学博士生数符合"博士生教育系统满足博士生个体、学科建设和大学发展需要的能力与水平"。目前，博士生教育仍属于精英教育，博士生教育资源仍属于稀缺资源。博士生教育质量越高，就越能够为个体提供更多的博士生教育入学机会、提供更加优质的博士生教育服务，同时满足博士生教育系统学科建设和大学发展对科研活动的人员需求。支撑条件指标方面，人、财、物支撑能力与水平即满足博士生教育系统正常运行需要的能力与水平。具体包括满足博士生、导师等博士生教育主体开展教学、科研活动的基本需要，以及学科建设和大学发展中对人、财、物的需要等。二是社会贡献指标更多地与博士生教育外适质量相呼应。其中，人力资本贡献指标更多地与博士生教育外适质量中的"满足国家对高端拔尖创新人才的需要"对应，知识生产贡献指标更多地与博士生教育外适质量中的"满足科学技术发展和社会文明进步的需要"相对应。而学术声誉指标则是一个综合性指标，既满足个体，也满足社会对高质量博士生教育的期待和需求。

（三）博士生教育质量指数指标的界定和说明

限于篇幅，本章仅对部分指标进行说明，全部指标内涵将在后续实证研究中详细阐述。

（1）在校（注册）博士生数。在校（注册）博士生数为在校（注册）博士生总数。国际上，多数以"注册博士生数"（Enrollment at the doctoral or equivalent level）来统计和衡量博士生规模。在我国，则通常以"博士生招生数""在校博士生数"等来衡量博士生规模。研究认为,"博士生招生数"只能体现博士生招生情况,"博士生在校生数"指标则真实反映博士生实际规模,并且我国的"在校博士生数"与国际上的"注册博士生数"概念基本一致,可比较性强。

(2)博士生导师数。"博士生导师数"指博士生指导教师人数,其数量是确保博士生教育顺利开展的重要保障。但由于国际上并没有哪个数据库对各国博士生导师数进行统计,因此,在国际层面可以用"高校教师数"这一指标代替,来说明博士生教育中的人员保障充足程度。

(3)博士一级学科授权点数。"博士一级学科授权点数"指由我国政府审批的博士一级学科授权点数。我国实行博士、硕士学位授权审核制度,高校只有获得政府审批的博士学位授权点后才可以招收博士生。博士学位授权点主要包含一级学科学位授权点和二级学科学位授权点。在我国,相比二级学科学位授权点,一级学科学位授权点拥有更多的研究方向、更优质的博士生导师队伍,其培养宽口径、跨学科博士生的能力越强,与博士生培养目标多元化的远景目标一致。该指标主要在省域层面使用,主要是为了衡量省域层面博士生教育整体学科实力。但是,在高校层面未使用该指标,主要是因为选取的案例大学都是世界一流建设大学,其学科实力已不再局限于是否拥有博士一级学科授权点,而在于博士一级学科授权点中哪些是国家重点学科,A$^+$学科或一流大学建设学科。

(4)顶尖/知名博士培养人数。研究中的顶尖/知名博士特指国际层面的诺贝尔奖和菲尔兹奖获得者以及高校、省域层面的"中国高被引学者"。研究改变传统评估中使用的各单位教师中"重要奖项获得人数"信息,而追溯这些奖项获得者的博士学位来源地信息,如国际层面统计各国在博士层面培养的诺贝尔奖获得者人数,高校和省域层面统计各高校或省域在博士层面培养的"中国高被引学者"人数。这样统计有以下四方面的考虑。一是获得博士学位是一个学者正式步入研究生涯的标志,也是研究者独立从事科学研究的起点。博士期间的研究积累是学者学术生涯的重要基础,一定程度上决定了学者未来的发展轨迹,因此有其合理性;二是注重博士学位获得大学隶属地的研究,可引导大学更加注重人才培养,回归大学"人才培养"使命,因此有其必要性;三是从计算各大学拥有的"知名学者"数量转变到计算大学培养的"知名学者"数量,实质上是对"破五唯"国家政策的响应和赞同,具有一定的创新性;四是"知名学者"的博士学位获得学校不会变更,便于长期统计,适合当作博士生教育质量指数指标,因而具有可行性。

（5）博士学位授予人数。博士学位授予人数是博士生教育系统提供的重要人力资本贡献。博士学位授予人数指博士生教育系统授予的博士学位人数。一般而言，博士学位授予人数指标不仅包含绝对规模指标也包含相对规模指标。因此，在省域和国际两个层面采纳"近五年累计授予博士学位人数"及"近五年每百万人口授予博士学位人数"以显示博士生教育发展与社会人口发展之间的协调匹配程度。在高校层面则取近十年博士学位授予人数均值进行计算，主要考虑体现博士生教育质量的时间累积性。

（6）学术论文数。在我国政府开展清理"唯论文、唯帽子、唯职称、唯学历、唯奖项"（简称"五唯"）的专项行动背景下，高校"唯论文是举"的不良风气得到了较好的遏制。此外，2020 年 2 月 20 日，教育部、科技部在《关于规范高等学校 SCI 论文相关指标使用 树立正确评价导向的若干意见》中指出要破除论文"SCI 至上"[①]。但是，不可否认，学术论文发表对于博士生而言至关重要。博士生发表学术论文的多寡及水平的高低是评价高校科研水平和人才培养质量国际通行的重要指标，是博士生培养过程中的必要环节，是检验博士生研究水平的重要标志[②]，同时学术论文发表也是博士生进入"学术部落"的敲门砖，是提升博士生导师学术声望、维系学术权力和地位的重要手段和途径。考虑到学术论文更多地在高校层面产生且是博士生和博士生导师直接的劳动成果，而省域以上层面的博士生教育社会贡献更多的不是由学术论文的多寡来衡量，因此，研究初步只在高校层面统计学术论文发表数量。

（7）发明专利授权数。专利（patent）即专利权，是由专利机构对申请受理的发明创造颁发的一种文件或证明，它是知识产权的一部分，受到相关法律保护。世界各国都对专利种类作出规定，我国专利法将专利主要划分为"发明专利、实用新型专利和外观设计专利"三种类型。我国《专利法》第二条第二款将"发明"界定为"发明是指对产品、方法或其改进提出的新的技术方案"[③]。2020 年 2 月

---

① 教育部 科技部印发《关于规范高等学校 SCI 论文相关指标使用 树立正确评价导向的若干意见》的通知[EB/OL].（2020－02－18）[2020－05－19]. https://www.gov.cn/zhengce/zhengceku/2020-03/03/content_5486229.htm.

② 余寿文等.关于提高博士生培养质量的若干关系[J].学位与研究生教育，1997(4)：21－23.

③ 国家知识产权局.中华人民共和国专利法（2008 修正）[EB/OL].（2015－09－02）[2020－05－01]. http://www.sipo.gov.cn/zhfwpt/zlsqzn_pt/zlfssxzjsczn/1063062.htm.

19 日,教育部、国家知识产权局和科技部联合发布的《关于提升高等学校专利质量 促进转化运用的若干意见》指出:"不单纯考核专利数量,更加突出转化应用"。[①] 研究认为,发明专利与博士生教育相关度较大,因此,在高校及省域层面,仍将发明专利授权数作为初选指标讨论。

(8)大学排名得分。由于当前大部分的排名均聚焦于科研活动,因此,博士生教育在世界排名中发挥了重要作用[②]。大学排名得分特指我国在 ARWU 排行榜中排名前 500 的大学得分。研究依据 ARWU 排名位序,对排名 1～50、51～100、101～150、151～200、201～300、301～400、401～500 的大学分别赋值 7,6,5,4,3,2,1,获得各大学在不同年份的排名得分。世界一流大学为博士生教育的发展提供有利的学术环境,同时,博士生教育的发展也促进世界一流大学的发展与进步。无论是高校还是省域,大学排名得分越高说明博士生教育质量越高,两者相互影响,相互促进。

二、博士生教育质量指数的权重设计

博士生教育质量指数是一个综合性指数,它由三个分指数构成。如何由三个分指数形成综合指数就涉及权重问题。下文分别就权重内涵、特征及博士生教育质量指数权重设置方法予以阐述。

(一)博士生教育质量指数权重内涵

1. 内涵

权重是各项指标相对于其他指标的重要程度。假设博士生教育质量指数有 N 个分指数,分别为 X_1,X_2,X_3,$\cdots X_i$,$\cdots$,X_n,其权重分别为 W_1,W_2,W_3,$\cdots W_i$,$\cdots$,W_n,那么,博士生教育质量总指数为:

$$Y = X_1 W_1 + X_2 W_2 + X_3 W_3 + X_i W_i \cdots + X_n W_n \tag{4.1}$$

且满足

$$\sum_{i=1}^{n} W_i = 1 \tag{4.2}$$

---

① 关于提升高等学校专利质量 促进转化运用的若干意见[EB/OL]. (2020-02-19)[2023-05-19]. http://www.moe.gov.cn/srcsite/A16/s7062/202002/t20200221_422861.html.

② Jung Cheol Shin, Barbara M. Kehm, Glen A. Jones. Doctoral Education for the Knowledge Society [M]. Switzerland: Springer, 2018.

权重的本质是人们的一种价值判断,权重值的大小反映了人们对指标重要程度的判断,因此是影响指数结果的重要因素。根据公式(4-1)可知,当分指数值既定,更改权重会直接导致博士生教育质量指数结果的变化,因此权重非常重要。

2. 特征

(1) 重要性。权重的重要性体现了权重的价值属性,具体体现在博士生教育质量指数权重构建体现了指数制定者的价值取向,即指数制定者认可的不同指标或分指数的重要程度。一般而言,权重越大说明该指标"越重要",某项指标的权重越大则该指标的整体分值越高。因此,若大学 A 在权重更高的指标上得分较高,则该大学的博士生教育质量指数总体分值要高于同等条件下的大学 B。

(2) 非固定性。权重的非固定性体现了权重的物理属性。非固定性指不同主体对指标重要性程度的理解不同,导致权重是非固定且不断变化的。这是由主体的主观性决定的,同时也受到指标模糊性的影响。因此,开放权重设置权限,将权重交由利益相关主体判断应是未来博士生教育质量指数的发展方向。不同利益主体设置权重后,最终的权重将属于一个置信区间,而不是一个固定值。

(二) 博士生教育质量指数权重设置方法

构权方法有多种分类,最为常见的包括主观构权法和客观构权法。两种方法在评估实践中都很普遍,不存在谁优谁劣之说,毕竟评价权重的合理性不是看计算权重采用的是哪种方法,而是看最终的指数计算结果是否反映了博士生教育质量真实的情况。同时,只要方法得当、应用科学,得出的权重就是科学的、可信的。

1. 客观赋权法

客观赋权法通过系统数据的固有特征计算权重,例如主成分分析法,就是通过对指标的相关系数及变异程度计算。通常,客观赋权法因其客观、可复制而受到推崇,人们一般会认为这种赋权方法优于主观赋权法。但是,客观赋权法的本质是对已有样本信息的归纳和总结,是否符合总体情况很难保证,且与权数代表的"重要性程度"有一定的出入。因此,客观赋权法可以使用,但不可无限放大。限于篇幅,研究主要介绍主成分分析、变异系数法、熵权法等客观赋权方法的原理。

1) 主成分分析方法

主成分分析(Principal Component Analysis,简称 PCA)方法是一种多变量统计方法,也是最常用的降维方法之一(主成分分析原理见图 4.2)。

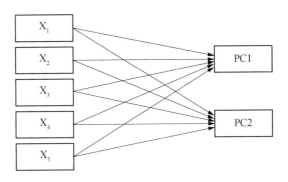

图 4.2 主成分分析图

它对一组可能存在相关的变量数据进行正交变换并将其转换为一组线性不相关变量,转换后的变量被称为主成分。主成分分析的具体步骤如下:

第 1 步,原始指标数据的标准化。采集 P 维随机向量 $x=(x_1,x_2,\cdots,x_p)^{\mathrm{T}}$,$n$ 个样本,$x_i=(x_{i1},x_{i2},\cdots x_{ip})$,$i=1,2\cdots,n$,$n>p$,构造样本阵,对样本元素进行标准化变换并得到标准化阵 Z:

$$\overline{X}_j=\frac{\sum\limits_{i=1}^{n}x_{ij}}{n}\,,\,s_j^2=\frac{\sum\limits_{i=1}^{n}(X_{ij}-\overline{\overline{X}}_j)^2}{n-1} \tag{4.3}$$

$$Z_{ij}=\frac{X_{ij}-\overline{X}_j}{n-1}\,,\,i=1,2,\cdots n;\,j=1,2,\cdots p \tag{4.4}$$

第 2 步,对标准化阵 Z 求相关系数矩阵:

$$\mathrm{R}=[r_{ij}]_p\mathrm{xp}=\frac{Z^{\mathrm{T}}Z}{n-1} \tag{4.5}$$

其中,

$$r_{ij}=\frac{\sum Z_{ki}\cdot Z_{kj}}{n-1}\,,\,i,j=1,2,\cdots p \tag{4.6}$$

第 3 步,解方程 $|R-\lambda I_p|=0$,得到 p 个特征根,确定主成分,按 $\dfrac{\sum\limits_{j=1}^{m}\lambda_j}{\sum\limits_{j=1}^{p}\lambda_j}\geqslant 0.85$ 确定 m 值,使信息的利用率达 85% 以上,对每个 λ_j,$j=1,2,\cdots,m$ 解方程组 $Rb=\lambda_j b$,得到单位特征向量 b_j^o。

第 4 步，转换标准化后的指标变量为主成分：

$$U_{ij} = Z_i^T b_j^o, \ j = 1, \ 2, \ \cdots m \tag{4.7}$$

U_1 表示第 1 主成分，U_2 表示第 2 主成分，$\cdots$，U_p 表示第 p 个主成分。

第 5 步，对 m 个主成分加权求和，权重是各主成分的方差贡献率。

2) 变异系数法

变异系数是样本各数值变异程度的一种统计量。当进行若干样本变异程度比较时，若度量单位与平均数相同，那么可以直接使用标准差计算。若度量单位与平均数不同，则使用标准差与平均数的比值计算。变异系数法的计算流程如下：

n 个评价对象的 m 项指标构成数据矩阵 $X = (X_{ij})_{m \times n}$。

第 j 项指标的变异系数 b_j：

$$b_j = \frac{S_j}{\mid \bar{X}_j \mid} \tag{4.8}$$

$$S_j = \left[\sum_{i=1}^{n} (x_{ij} - \bar{x}_j)^2 / (n-1) \right]^{1/2} \tag{4.9}$$

其中，S_j 为第 j 项指标标准差，$\mid \bar{X}_j \mid$ 为第 j 项指标均值的绝对值。

3) 熵权法

根据信息论原理，对系统有序程度的度量即为信息，对系统无序程度的度量称为熵。若指标的信息熵大，则表明该指标提供的信息量大，它在事物的评价中起到的作用也大。因此，通过计算信息熵就可以计算各指标的权重并为综合评价提供依据。熵值法计算的基本流程如下。

首先，确保数值为正数。令 $u_{ij} = z_{ij} + d$。其中，d 是正数，且 $d + \min(z_{ij})$ 略大于 0，得到标准化矩阵为 $U = (u_{ij})_{m \times n}$。

其次，对各指标数据进行同度量化，计算第 j 项指标的第 i 个方案指标值的比重 P_{ij}：

$$P_{ij} = \frac{u_{ij}}{\sum\limits_{i=1}^{m} u_{ij}} \tag{4.10}$$

再次，第 j 项指标的熵值 e_j：

$$e_j = -k \sum_{i=1}^{m} P_{ij} \ln P_{ij} \tag{4.11}$$

式中,k 为常数,且与样本数 m 有关。令 $k=1/\ln m$,则 $0 \leqslant e \leqslant 1$。

再次,计算指标的效用值 $d_j = 1 - e_j$,其中,d_j 越大,该指标权重也越大。第 j 项指标的权重:

$$w_j = d_j / \sum_{j=1}^{n} d_j \tag{4.12}$$

2. 主观赋权法

主观赋权法是不同主体按照重要性程度对指标权重予以设置的过程。常见的主观赋权法包括层次分析法和德尔菲法等,下文对其进行简单介绍。

1) 层次分析法

20 世纪 70 年代,美国著名运筹学家萨蒂(T. L. Saaty)教授提出了多准则决策方法——层次分析法(Analytic Hierarchy Process,AHP)。AHP 法的核心思想是把一个复杂问题划分为由指标组成的递阶层次结构,人们按层级结构比较判断各指标的重要性程度,从而决定各决策方案的优劣。这种决策方法与权重的含义正好吻合。1982 年,AHP 法被引入我国,其后应用十分广泛,成为构建统计权数最有效的方法之一[①]。使用 AHP 法构造权重,主要有以下几个步骤:一是构造两两比较判断矩阵。当综合指数由 2 个以上的分指数构成时,就会有指标之间的比较。通过两两比较,将判断结果量化并形成判断矩阵。在这方面,萨蒂教授提出的 1~9 标度方法为判断结果的量化作出了重要的贡献。具体见表 4.3。

表 4.3　AHP 标度方法表

含　义	标　度
同等重要	1
稍微重要	3
明显重要	5
强烈重要	7
极端重要	9

① 苏为华.多指标综合评价理论与方法问题研究[D].厦门:厦门大学,2000.

假设两个指标 A_i 与 A_j，A_i 与 A_j 的比较判断为 a_{ij}，则 A_i 与 A_j 的比较判断为 $a_{ij}=1/a_{ji}$。构造的判断矩阵见表4.4。

表 4.4　AHP 判断矩阵

	A_1	A_2	$\cdots$	A_n
A_1	1	a_{12}	$\cdots$	a_{1n}
A_2	a_{21}	1	$\cdots$	a_{2n}
$\cdots$	$\cdots$	$\cdots$	1	$\cdots$
A_n	a_{n1}	a_{n2}	$\cdots$	1

二是判断矩阵正规化。判断矩阵正规化处理主要是求得权重系数，其常用的方法有和法、幂法、根法，下文介绍和法使矩阵正规化。

首先，将判断矩阵向量归一化：

$$\bar{w}_{ij}=a_{ij}/\sum_{i=1}^{n}a_{ij} \tag{4.13}$$

其次，对 $\bar{w}_{ij}$ 按行求和后，得到：

$$\bar{w}_i=\sum_{j=1}^{n}\bar{w}_{ij} \tag{4.14}$$

再次，将其进行归一化处理：

$$\bar{w}=(\bar{w}_1,\bar{w}_2,\cdots,\bar{w}_n)^T \tag{4.15}$$

$$w_i=\bar{w}/\sum_{i=1}^{n}\bar{w}_i \tag{4.16}$$

权重系数为：

$$w=(w_1,w_2,\cdots,w_n)^T \tag{4.17}$$

最后，计算 $Aw=\lambda w$，求得 λ 值。

2）德尔菲法

德尔菲法是20世纪40年代由兰德公司（Rand）开发的一种专家意见调查法，在评估实践中经常被使用。德尔菲法是在一组地域分散的专家之间进行组群通信的活动,它允许专家系统性地处理一个复杂的问题或任务①。在应用德尔菲法时需注意三个主要问题:一是选择多少专家合适。德尔菲法聘请专家的人数一般根据研究项目的大小和涉及面的宽窄而定,通常在 8～20 人左右为宜②。二是选择什么样的专家。德尔菲法的关键是被调查者对咨询问题的熟悉程度(包括专业化程度),以及调查者与被调查者之间的相互信任程度③。三是如何开展德尔菲法。德尔菲法一般开展两轮,第一轮调查的专家匿名且互不接触,自由地发表意见。第一轮问卷回收后,经统计分析整理后将信息反馈给专家,让专家参照第一轮调查整体意见倾向重新作出判断。除两轮常规调查以外,研究者可根据实际需要进行三到四轮调查。

　　本书综合采纳客观赋权和主观赋权方法开展研究。一是在实证研究中主要采用客观赋权法进行赋权,因为客观赋权法客观、便捷且免于人为因素干扰。二是在高校层面适度增加了德尔菲法设置并修正权重,主要是为了平衡不同类型高校在某些指标上存在的较大差异,以尽可能体现高校之间的公平。需要说明的是,没有哪一种权重设置方法是完美的,将来权重的选择权应更多地交由对博士生教育质量指数活动感兴趣的个体,这是博士生教育质量指数未来实践的趋势,需等待实践的检验。

三、博士生教育质量指数模型构建

　　博士生教育质量指数一般模型可以表述为:

$$DEQI_i = f(E_{i1}, E_{i2}, E_{i3}, \cdots, E_{in})$$
$$= W_1 * E_{i1} + W_2 * E_{i2} + W_3 * E_{i3} + \cdots + W_n * E_{in}$$

(4.18)

　　其中,$DEQI_i$ 为 i 单位博士生教育质量指数;E_i 为博士生教育质量的核心要素指数;W_i 为 E_i 的权重。

　　在前期研究的基础上,提出博士生教育质量的核心要素为博士生规模、支撑条件和社会贡献。因此,博士生教育质量指数模型具体表述为:

①　Alder M, Ziglio E. Gazing into the Oracle: The Delphi Method and Its Application to Social Policy and Public Health[M]. London: Jessica Kingsley publishers, 1996.

②　徐国祥.统计预测和决策[M].上海:上海财经大学出版社,2005.

③　李孔珍,张力.专家视野中的区域教育发展战略与西部教育政策——运用德尔菲咨询法进行的调查分析[J].教育研究,2006(4): 11 - 18.

$$DEQI_i = f(S_i, R_i, C_i) = W_1 * S_i + W_2 * R_i + W_3 * C_i \qquad (4.19)$$

其中，博士生规模指数为 S_i，支撑条件指数为 R_i，社会贡献指数为 C_i。

在此基础上，博士生规模指数 S_i、支撑条件指数 R_i、社会贡献指数 C_i 也相应地有各自的模型。

$$S_i = f(S_{i1}, S_{i2}, S_{i3}, \cdots, S_{in}) = W_{s1} * S_{i1} + W_{s2} * S_{i2} + \cdots + W_{sn} * S_{in}$$
$$(4.20)$$

$$R_i = f(R_{i1}, R_{i2}, R_{i3}, \cdots, R_{in}) = W_{R1} * R_{i1} + W_{R2} * R_{i2} + \cdots + W_{Rn} * R_{in}$$
$$(4.21)$$

$$C_i = f(C_{i1}, C_{i2}, C_{i3}, \cdots, C_{in}) = W_{C1} * C_{i1} + W_{C2} * C_{i2} + \cdots + W_{Cn} * C_{in}$$
$$(4.22)$$

其中，W 为权重；S_i 为博士生规模指数。S_{in} 为 i 单位博士生规模指数第 n 个指标得分；R_i 为支撑条件指数。R_{in} 为 i 单位支撑条件指数第 n 个指标得分；C_i 为社会贡献指数。C_{in} 为 i 单位社会贡献指数第 n 个指标得分。

研究将博士生教育质量指数的取值范围设为 $0 \sim 10$，共分为五类十级。其中 $1 \sim 2, 3 \sim 4, 5 \sim 6, 7 \sim 8, 9 \sim 10$ 分别对应博士生教育质量"低""中低""中""中高"和"高"，数值越高表明博士生教育质量状况越好。此外，研究对 5 种博士生教育质量类型进行细分，将博士生教育质量"高"型描述为"社会贡献排名 $0 \sim 5\%$，在校（注册）博士生数排名主要在 $0 \sim 15\%$"，博士生教育质量"中高"型描述为"社会贡献排名 $5\% \sim 20\%$，在校（注册）博士生数排名主要在 $15\% \sim 30\%$"等，具体见表 4.5。

表 4.5 博士生教育质量指数模型特征

指数类型	指数取值范围（分）	指　数　特　征　描　述
低	$1 \sim 2$	社会贡献排名约 $80\% \sim 100\%$，在校（注册）博士生数排名主要在 $90\% \sim 100\%$
中低	$3 \sim 4$	社会贡献排名约 $50\% \sim 80\%$，在校（注册）博士生数排名主要在 $60\% \sim 90\%$

续　表

指数 类型	指数取值 范围(分)	指 数 特 征 描 述
中	5～6	社会贡献排名约 20％～50％,在校(注册)博士生数排名主要在30％～60％
中高	7～8	社会贡献排名约 5％～20％,在校(注册)博士生数排名主要在15％～30％
高	9～10	社会贡献排名约 0～5％,在校(注册)博士生数排名主要在 0～15％

第三节　博士生教育质量指数的实施及应用

在前期已确定什么是博士生教育质量指数、为什么构建博士生教育质量指数等研究之后,后续问题就是博士生教育质量指数的实施及应用。

一、博士生教育质量指数的实施

博士生教育质量指数实施涉及具体操作,需要系统考虑。

1. 确定目标,构建博士生教育质量指数集

明确目标是指数构建活动的前提、基础和先导。而要明确目标,至少需要回答三个问题:一是博士生教育有什么特点? 二是博士生教育质量的核心要素有哪些? 三是博士生教育质量指数制定后,如何推动博士生教育质量提升。因此,至少要做三件事。一是确定研究对象。在制定博士生教育质量指数时,研究对象即博士生教育质量,而不是硕士生教育质量。二是确定研究主题。我们要研究的是质量问题,而不仅是规模问题,也不是经费问题。三是确定研究目的。我们的研究主要是通过博士生教育质量指数监测博士生教育质量状态,最终推动博士生教育质量提升。具体而言,研究者可构建涉及高校、省域、国际等多层面的博士生教育质量指数集。该指数集从全局出发,明确我国博士生教育质量的世界站位,我国各省域博士生教育质量的中国站位以及各高校博士生教育质量的高校站位等,重点突出存在的问题并挖掘博士生教育质量提升策略。

2. 确定博士生教育质量指数构建主体

指数构建主体主要包括政府、社会团体等。随着政府简政放权和治理能力的提升，政府大多不再直接组织开展指数构建活动，而是将此类活动委托给其他机构具体开展。政府直接构建或间接委托构建的指数既是政府宏观监督的手段，也是更好地践行"服务型政府"承诺的重要途径。当前，仍然由政府发布的指数主要集中在经济、环境、交通等与人民生活密切相关的领域。在教育领域，目前由政府公布的指数仍属少见。随着信息公开力度的加大，社会团体或可成为博士生教育质量指数构建的主要力量。社会团体包括第三方评估机构、学会等学术团体等，它们接受政府或学位授予单位委托，或者自愿开展指数构建活动。社会团体一般采集公开数据信息，对指数研究对象不具有约束力，但若其结果与事实相符度高，则被社会各界借鉴和参考的可能性比较大。由社会团体构建的博士生教育质量指数能为政府制定相关政策提供数据支撑，也能对社会舆论产生重要影响。

3. 制定实施方案，明确指数构建框架和人员分工

博士生教育质量指数构建是一个系统性工程，其具体实施方案包括指数的组织机构、具体负责的部门、人员安排、指数构建框架、数据搜集和整理、指数的发布和应用程序等。待明确了博士生教育质量指数构建方案后，组织方需明确各成员任务职责并制定详尽而具体的时间计划表，从而不断推进博士生教育质量指数构建进程。在这个过程中，指数框架是重要的组成部分。指数框架一般由指标和权重两部分组成。指数的指标个数不是确定的，主要以能全面、客观反映博士生教育质量为主要标准。权重通常代表指标的重要性程度，同时也是指数制定者价值观的反映。对于博士生教育质量仁者见仁、智者见智，因此，在指数构建中，一般采用两种权重设置方案。一是案例指数，即通过客观赋权或专家经验打分设置权重；二是"留白"指数，即权重设置完全交给对此问题感兴趣的个体或组织。他们可以根据自己的喜好和判断对博士生教育质量指标设置权重并作出自己的判断。

4. 开展数据搜集、清洗、整合，完成博士生教育质量指数数据积累

在前期工作准备就绪后，数据收集便是最主要的工作任务。在博士生教育质量指数构建过程中，我们需明确以下三点：第一，搜集什么样的数据。从结构化程度上看，数据一般包括结构化数据、半结构化数据和非结构化数据三类。从

数据的来源上看,数据一般包括统计数据、调查数据和行为数据等。通常来说,指数数据在结构化程度和来源上应尽量广泛。第二,如何搜集数据。随着互联网技术的普及,研究主要依托互联网搜集各方数据,确保数据来源公开透明,任何个体或组织只要感兴趣,并且措施得当,都可以实现指数构建。通过互联网搜集的数据需具备三个特征:一是数据的连续性。指数的特性要求指数不是一次性的活动,需具备连续的持久发布能力;二是数据的合法性。指数制定者需通过公开渠道正当获取相关数据,而不可通过非法手段获取;三是数据的代表性。数据的代表性要求数据项能在一定程度上体现事物的特质。第三,数据的处理和集成。一般而言,数据收集完成后指数构建者需花费较多的时间对数据进行处理。这是因为采集到的数据还有一些瑕疵,例如数据缺失、数据错误或数据重复等。在研究过程中,通过 Excel、Google Refine 等数据处理工具对原始数据进行清洗,将其转化成为可使用的数据。在数据处理和加工完毕后,将元数据中的某几个数据项组合成一个数据项既是一个必不可少的步骤,也是准确理解数据并更好地利用元数据的必然要求。

5. 完成构建博士生教育质量指数

在前四个步骤完成的基础上,研究者开始构建博士生教育质量指数。博士生教育质量指数既包括博士生规模、支撑条件和社会贡献三个分指数,又包括由三个分指数构成的博士生教育质量总指数。每个分指数又可以单独进行分析。

二、博士生教育质量指数的应用

指数是监测的重要手段,正确应用指数益处颇多,但指数因为其附带的排名功能而备受社会关注,因此,需要做好指数的发布和应用等相关工作。

通常,人们习惯使用直向思维和外向性思维,却不擅于回过头来反思事物的起点或出发点。博士生教育质量指数不仅在现有数据的基础上建立一种直观的、可体验的、明证性的事实,而且将当前的质量状态与过去的质量事实紧密结合,将历史、今天与未来串联贯通,体现监测评估的思想和理念。博士生教育质量指数是监测博士生教育质量的重要手段,应努力做好博士生教育质量指数的发布和应用工作。

一是认真分析指数结果。指数的结果应能真实反映博士生教育质量状态。若指数结果与实际情况相符,则表明指数指标遴选、指数模型设计等比较合理。

若指数结果与实际情况不符，则需仔细检查指数制定过程中的各个环节，查找并纠正其中出现的疏漏和错误，确保指数结果客观公正。

二是明确指数发布形式。指数发布形式可以是学术论文、新闻发布会、网站公开等。一般而言，个人研究构建的指数主要以学术论文的形式公布，受众面较小。由政府或第三方机构构建的指数则通过其官方网站向社会公布，传播范围更广，影响力更大，而且更有可能连续发布。在指数发布时，针对指数指标和权重设置，还可以"留白"，即任何对这一话题感兴趣的组织或个体都可以在原指数指标、权重等基础之上重新设置，后台数据库给予支撑形成不同的指数结果以方便不同利益主体使用。

三是确定指数使用范围。博士生教育质量指数的应用主要体现在四个方面：首先，帮助政府宏观监控博士生教育质量状态，为政府推动博士生教育供给侧改革，制定博士生教育相关政策提供决策依据。其次，帮助高校了解其在高校、省域乃至全球博士生教育市场中的地位和作用，查漏补缺，积极提升博士生教育质量。再次，帮助学生更好地选择博士就读高校，为博士生学术生涯奠定良好的基础。最后，帮助社会捕捉不同层面的博士生教育质量信息，为营造良好的博士生教育社会环境提供数据支撑。

四是修订与完善指数。指数可以由组织者正式向社会发布，也可以以报纸、杂志或者学术论文的形式公布。世界上没有完美的指数，但指数完善和提升的空间很大。当指数向社会发布后，会收到社会各界不同的声音。综合各种声音，取其合理的一面，摒弃其不合理的一面，会加快指数的修订、完善和实施。

第五章
中国高校博士生教育质量指数构建

本章以我国 32 所世界一流大学建设高校为样本，在博士生规模、支撑条件和社会贡献三个核心要素基础上，以在校博士生数等 14 项指标编制了高校博士生教育质量指数。结果呈现我国高校博士生教育质量状态：博士生教育质量与博士生规模密切相关；博士生教育支撑条件整体不高；博士生教育社会贡献指数梯度现象明显；部分高校在博士生规模、支撑条件和社会贡献上发展不平衡，且存在不同程度的预警。最后，提出相应的研究建议。建立高校博士生教育质量指数，旨在简化评估程序，实现动态监测，推动我国博士生教育高质量发展。

第一节　中国高校博士生教育质量指数研究对象及数据来源

一、研究对象：32 所世界一流大学建设高校

本章选取世界一流大学建设高校构建高校博士生教育质量指数，主要有以下两点考虑：一是"双一流"建设是我国政府作出的重大战略决策，也是我国高等教育强国建设的重要契机。2017 年 9 月 21 日，国家三部委联合发布《关于公布世界一流大学和一流学科建设高校及建设学科名单的通知》。通知公布首批双一流建设高校共计 140 所，其中世界一流大学建设高校 42 所，世界一流学科建设高校 95 所[①]。

---

① 中华人民共和国教育部. 教育部 财政部 国家发展改革委关于公布世界一流大学和一流学科建设高校及建设学科名单的通知[EB/OL].（2017 - 09 - 21）［2020 - 01 - 13］. http://www.moe.gov.cn/srcsite/A22/moe_843/201709/t20170921_314942.html.

研究拟对世界一流大学建设高校构建指数，旨在对"双一流"建设状态实行实时监测。二是世界一流大学建设高校是我国博士生教育的主要实施单位，突出表现为这类高校的博士生规模大。2008—2017 年我国授予博士学位共计 54 余万个[①]，一流大学建设高校授予的博士学位数则占 50% 以上[②]。另外，世界一流大学建设高校基本都是我国的研究密集型大学，也是我国高教系统中综合实力最强的大学。世界一流大学建设高校是我国高校中博士学位的主要贡献者，其博士生教育质量代表了我国博士生教育质量的最高水平。因此，构建世界一流大学建设高校的博士生教育质量指数能在很大程度上反映我国高校博士生教育的整体质量状态。

在数据搜集过程中，北京航空航天大学、北京理工大学、中国科学技术大学、哈尔滨工业大学、西北工业大学、国防科技大学、中央民族大学、郑州大学、云南大学和新疆大学等 10 所大学的部分数据无法获得，因此将这 10 所大学排除，最终选择的案例高校为 32 所世界一流大学建设高校。32 所大学均为原"985 工程"高校。其中，A 类大学 29 所，B 类大学 3 所；人文类高校 15 所，理工类高校 17 所。具体名单见表 5.1。

表 5.1　32 所案例高校名单

序号	大学名称	大 学 英 文 名 称	学校类型
1	北京大学	Peking University	人文
2	中国人民大学	Renmin University of China	人文
3	清华大学	Tsinghua University	理工
4	中国农业大学	China Agricultural University	理工
5	北京师范大学	Beijing Normal University	人文
6	南开大学	Nankai University	人文
7	天津大学	Tianjin University	理工

---

① 中华人民共和国教育部.教育统计数据［EB/OL］.(2015 - 01 - 08)［2022 - 01 - 13］.http://www.moe.gov.cn.

② 教育部.教育部直属高校统计资料汇编［C］.北京，教育部直属高校工作办公室：2008—2017 年.

序号	大学名称	大 学 英 文 名 称	学校类型
8	大连理工大学	Dalian University of Technology	理工
9	东北大学	Northeastern University-China	理工
10	吉林大学	Jilin University	人文
11	复旦大学	Fudan University	人文
12	同济大学	Tongji University	理工
13	上海交通大学	Shanghai Jiao Tong University	理工
14	华东师范大学	East China Normal University	人文
15	南京大学	Nanjing University	人文
16	东南大学	Southeast University-China	理工
17	浙江大学	Zhejiang University	理工
18	厦门大学	Xiamen University	人文
19	山东大学	Shandong University	人文
20	中国海洋大学	Ocean University of China	理工
21	武汉大学	Wuhan University	人文
22	华中科技大学	Huazhong University of Science & Technology	理工
23	湖南大学	Hunan University	人文
24	中南大学	Central South University	理工
25	中山大学	Sun Yat-Sen University	人文
26	华南理工大学	South China University of Technology	理工
27	四川大学	Sichuan University	人文
28	重庆大学	Chongqing University	理工
29	电子科技大学	University of Electronic Science & Technology of China	理工

续　表

序号	大学名称	大学英文名称	学校类型
30	西安交通大学	Xi'an Jiao tong University	理工
31	西北农林科技大学	Northwest A&F University-China	理工
32	兰州大学	Lanzhou University	人文

二、指标内涵及数据来源

在第三章指数框架的基础上，考虑到数据的可得性等因素，本章研究涉及指标共计 21 项。其中，投入类指标 10 项，产出类指标 11 项。数据主要来源于一流大学建设高校名单、国家重点一级学科名单、《高等学校科技统计资料汇编》、《全国本科高校人文、社会科学发展概况》、《教育部直属高校统计资料汇编》、国家哲学社会科学成果文库名单、全国第三及第四轮学科评估结果、ARWU 排名、爱思唯尔"高被引学者"评选等。各指标数据[①]内涵如下所示。

第一，在校博士生数。在校博士生数指各高校在校博士生总数，该指标既包括学术型博士也包括专业学位博士人数。研究选取高校 2008—2017 年年均在校博士生数作为表征指标。

第二，来华留学博士生数。来华留学博士生数是体现高校对外国留学博士人才吸引程度的重要标志，也是体现高校国际合作与交流程度的重要指标。研究选取 2008—2017 年年均来华留学博士生数作为表征指标。

第三，博士生导师数。博士生导师是博士生教育的主体之一，其数量是确保博士生教育正常开展的重要指标。研究选取高校 2008—2017 年年均博士生导师数作为表征指标。

---

① 本章中的"在校博士生数""来华留学博士生数""博士生导师数""教学科研仪器设备金额""实验室、实习场所、科研用房面积""博士学位授予人数""来华留学博士生毕业人数"数据来源于《教育部直属高校统计资料汇编》；"人文类课题经费拨入金额""高校人文类课题数""人文类著作数""人文类论文数"数据来源于《全国本科高校人文、社会科学发展概况》；"科技类课题经费拨入金额""科技类课题数""国家级科技成果获奖数""高水平项目验收数""科技著作数""科技论文数""发明专利授权数""高校技术转让实际收入"数据来源于《高等学校科技统计资料汇编》；"国家重点学科""A⁺学科数"来源于中国学位与研究生教育信息网；"国家哲学社会科学成果数"数据来源于"国家哲学社会科学成果文库名单"。

第四,科研经费拨入金额。研究选取的科研经费拨入金额特指课题经费拨入总额,即人文类课题经费拨入金额及科技类课题经费拨入金额之和。研究选取高校 2008—2017 年年均科研经费拨入金额为表征指标。

第五,教学科研仪器设备金额。教学科研仪器设备是开展博士生教育教学以及科学研究活动的重要物质基础,因此,只有确保教学科研仪器设备金额充足才能为博士生教育的顺利开展提供坚实的物质保障。研究选取高校 2008—2017 年年均教学科研仪器设备金额为表征指标。

第六,课题数。课题是培养博士生的重要载体。博士生在参加课题研究的过程中获得科研能力训练。研究中的课题数是高校人文类课题数和科技类课题数之和。研究选取高校 2008—2017 年年均课题数为表征指标。

第七,科研用房面积。"科研用房面积"是博士生教育活动开展的重要场所,其面积是衡量博士生教育实力的重要指标。研究中的"科研用房面积"指"实验室、实习场所和科研用房面积"。研究选取 2008—2017 年年均科研用房作为表征指标。

第八,国家重点学科数。国家重点学科是高校拥有的开展人才培养和科学研究工作的重要基础。尽管 2014 年国务院取消了教育部的国家重点学科审批,但是,基地建设并非一日之功,且基地形成的后续影响深远。研究以 2007 年国家重点学科评选为基础,统计各高校在该轮评选中的"国家一级学科重点学科"数量。

第九,A$^+$学科数。学科是博士生教育的载体,A$^+$学科数体现高校学科优异程度。其中,A$^+$学科数指的是在 2012 年第三轮以及 2017 年第四轮学科评估结果中前 2%(或前 2 名)的学科数量。研究选取两轮学科评估 A$^+$学科数的均值作为表征指标。

第十,"双一流"建设学科数。2017 年 9 月,三部委公布的世界一流建设学科是我国政府采取竞争优选方略遴选出的具有比较优势或特色的学科,是我国当前最有希望进入世界一流学科行列的学科,对博士生教育发展起着重要的支撑作用。研究选取各高校 2017 年 9 月第一批被遴选的"双一流"建设学科数作为表征指标。

第十一,知名博士培养人数。"知名博士"是学术活跃程度和学术影响力较大的学者,因此,各高校培养的"知名博士"人数既是高校人才培养的重要成果,也是高校对知识生产贡献的重要表征。本章"知名博士"特指"中国高被引学者"

(Most Cited Chinese Researchers)。该学者名单由著名数据库公司爱思唯尔(Elsevier)发布，旨在将最具世界影响力的中国学者呈现给学术界和公众[①]。研究追溯 2014—2018 年"中国高被引学者"的博士学位获得高校，并统计高校过去五年每年平均在博士层次培养的"中国高被引学者"人数。选取该指标的原因有以下三点：一是学者是博士生教育最重要的人才产出成果；二是高被引学者覆盖面广，既包含 80 多岁的院士，也有 30 多岁的年轻学者，学者年龄、头衔、职称、学术资历等各项指标都不会影响评选结果；三是高被引学者是展现学者学术影响和贡献程度的重要指标，且名单公开透明，接受社会舆论监督。以下介绍该项指标的具体计算过程。

第 1 步，获取"中国高被引学者"名单。"中国高被引学者"名单来自爱思唯尔旗下的 Scopus 数据库。

第 2 步，搜索"中国高被引学者"的博士学位授予单位信息。通过学者隶属高校官网查询学者个人简介从而获得大部分学者的博士学位相关信息，对少数信息不详的学者通过新闻报道等查询并获取其博士学位信息，学者博士学位获得信息结果见表 5.2。

表 5.2　2014—2018 年"中国高被引学者"博士学位获得情况

	2014	2015	2016	2017	2018
博士学位获自中国大陆高校	557	823	838	846	906
博士学位获自国外	370	497	508	512	549
博士学位获自科研院所*	121	200	202	203	219
博士学位获自中国香港、中国台湾	23	40	40	39	39
未查询到博士学位信息（含无博士学位者）	118	183	186	178	185
总人数	1 189	1 743	1 774	1 778	1 898

注："科研院所"主要包括中国科学院、中国工程院、中国农业科学院、中国地质科学院、中国石油化工科学研究院、中国预防医学科学院等科学研究机构。

---

① 爱思唯尔.2018 年中国高被引学者（按学科分类）［EB/OL］.（2019-01-17）［2020-04-10］. https://www.elsevier.com/zh-cn/solutions/scopus/most-cited/2018.

根据统计,2014—2018 年,"中国高被引学者"博士学位来源地隶属中国大陆高校的分别是 557、823、838、846 和 906 人,分别占历年"中国高被引学者"总人数的 46.85％、47.22％、47.24％、47.58％和 47.73％,接近总人数的 50％。另两个主要来源是国外高校及科研院所或者中国科研院所。2014 年从国外获得博士学位的"中国高被引学者"占 31.12％,其他年份则占到 28％～29％,接近总人数的 1/3。2014—2018 年从科研院所获得博士学位的"中国高被引学者"占总人数的 10％～12％,而在科研院所中,以散布在全国各地的中国科学院为最多,占来自科研院所总人数的 90％以上。例如,2018 年,博士学位来自科研院所的"中国高被引学者"共 219 人,其中,博士学位来自中国科学院的达 200 人,占来自科研院所"高被引学者"总数的 91.32％。对于未查询到博士学位的学者,90％以上为明确没有博士学位,这部分学者一般年龄偏大,包括一些院士。但也有一些学者的博士学位信息无法从网络直接获取。因此,为避免统计错误,统一将这两部分学者统称为未查询到博士学位信息的学者(含无博士学位者)。

第十二,博士学位授予人数。博士学位授予人数是高校每年授予的博士学位人数总和,是高校对社会高层次人力资本贡献的重要形式。研究选取高校2008—2017 年年均授予的博士学位人数作为表征指标。

第十三,来华留学博士生毕业人数。来华留学博士生毕业人数是体现高校对外国留学博士人才吸引程度的重要标志。研究选取高校 2008—2017 年年均来华留学博士研究生毕业人数作为表征指标。

第十四,国家级科技成果获奖数。研究中的"国家级科技成果获奖数"指高校在科技成果授奖中获得的国家级奖项数量。研究选取高校 2008—2017 年年均获得的国家级科技成果数作为表征指标。

第十五,国家哲学社会科学成果数。国家哲学社会科学成果数量代表我国社会科学领域取得的重要成果,研究中的"国家哲学社会科学成果数"特指高校入选"国家哲学社会科学成果文库名单"的作品数量。研究选取高校 2010—2017 年年均入选"国家哲学社会科学成果文库名单"作品数作为表征指标。

第十六,高水平项目验收数。研究中的"高水平项目"特指 973 计划、科技攻关计划、863 计划和国家自然科学基金项目。对高校每年完成的四大项目验收数加总求和,得到各高校高水平科技项目验收数。研究选取高校 2008—2017 年年均获得的"高水平项目"数作为表征指标。

第十七，著作数。研究将各年度各高校出版的人文类著作数和科技著作数加总求和得到各高校出版的著作总数。研究选取高校 2008—2017 年年均出版著作数作为表征指标。

第十八，论文数。研究将各年度高校发表的人文类论文数和科技论文数加总求和得到各高校发表的论文总数，选取高校 2008—2017 年年均发表论文数作为表征指标。

第十九，发明专利授权数。高校发明专利授权数是高校获得授权的发明专利数量。研究选取高校 2008—2017 年年均获得授权的发明专利数作为表征指标。

第二十，高校技术转让收入。高校技术转让收入指高校通过技术转让获得的实际到账收入。研究选取高校 2008—2017 年年均获得的高校技术转让收入数作为表征指标。

第二十一，大学排名得分。世界一流大学为博士生教育发展提供有利的学术环境，同时，博士生教育的发展也促进世界一流大学的发展与进步。研究选取 ARWU 排名前 500 的大学名单，并对排名 1～50、51～100、101～150、151～200、201～300、301～400、401～500 的大学分别赋值 7,6,5,4,3,2,1，最终获得各大学在 2008—2017 年的排名得分。

第二节　中国高校博士生教育质量指数
计算方法及计算过程

一、指标筛选

研究根据指标特性，将指标 1～10 共 10 个指标认定为投入性指标，将指标 11～21 共 11 个指标认定为产出类指标。研究利用聚类分析等方法，分别对投入类指标和产出类指标进行初步筛选，去除重叠信息指标，保留关键指标。

1. 投入指标的聚类分析和相关分析

使用 SPSS 20.0，采用瓦尔德法，测量区间选择平方欧氏距离，标准化选择"平均值为 1"，对博士生教育投入各项指标进行聚类分析。具体结果见表 5.3 和图 5.1。

结果显示，博士生教育投入各指标之间存在相关，"'双一流'建设学科数"与"A⁺学科数"和"国家重点学科数"的相关系数达 0.946 和 0.900，"在校博士生数"与

表 5.3　博士生教育投入指标相关系数矩阵

	在校博士生数	来华留学博士生数	博士生导师数	科研经费拨入金额	教学科研仪器设备金额	课题数	科研用房面积	国家重点学科数	A$^+$学科数	"双一流"建设学科数
在校博士生数	1	0.733**	0.921**	0.743**	0.860**	0.720**	0.775**	0.759**	0.599**	0.722**
来华留学博士生数	0.733**	1	0.705**	0.572**	0.726**	0.544**	0.623**	0.700**	0.628**	0.686**
博士生导师数	0.921**	0.705**	1	0.772**	0.891**	0.811**	0.806**	0.776**	0.667**	0.799**
科研经费拨入金额	0.743**	0.572**	0.772**	1	0.867**	0.696**	0.822**	0.765**	0.590**	0.658**
教学科研仪器设备金额	0.860**	0.726**	0.891**	0.867**	1	0.737**	0.914**	0.782**	0.613**	0.758**
课题数	0.720**	0.544**	0.811**	0.696**	0.737**	1	0.709**	0.502**	0.316	0.475**
科研用房面积	0.775**	0.623**	0.806**	0.822**	0.914**	0.709**	1	0.604**	0.462**	0.585**
国家重点学科数	0.759**	0.700**	0.776**	0.765**	0.782**	0.502**	0.604**	1	0.865**	0.900**
A$^+$学科数	0.599**	0.628**	0.667**	0.590**	0.613**	0.316	0.462**	0.865**	1	0.946**
"双一流"建设学科数	0.722**	0.686**	0.799**	0.658**	0.758**	0.475**	0.585**	0.900**	0.946**	1

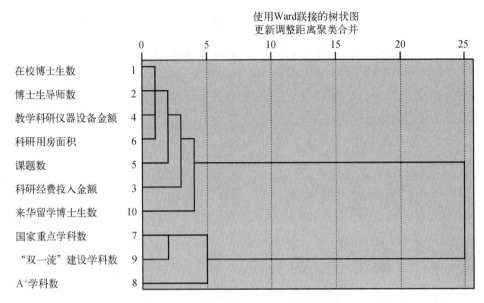

使用Ward联接的树状图
更新调整距离聚类合并

| | | 0 | 5 | 10 | 15 | 20 | 25 |

在校博士生数　　　　　1

博士生导师数　　　　　2

教学科研仪器设备金额　4

科研用房面积　　　　　6

课题数　　　　　　　　5

科研经费投入金额　　　3

来华留学博士生数　　　10

国家重点学科数　　　　7

"双一流"建设学科数　　9

A⁺学科数　　　　　　　8

图 5.1　博士生教育投入指标聚类树状图

"博士生导师数"相关系数达 0.921，"科研用房面积"与"教学科研仪器设备金额"相关系数达 0.914。经综合考虑，去除"科研用房面积"指标和"'双一流'建设学科数"。

　　"博士学位授予人数""论文数"及"来华留学博士生毕业人数"三个指标相关性较大，"国家级科技成果获奖数""发明专利授权数""知名博士培养人数"及"大学排名得分"相关性较大。再考察各指标之间的相关系数，"论文数""来华留学博士生毕业人数"与"博士学位授予人数""国家级科技成果获奖数""高水平项目验收数"以及"大学排名得分"之间的相关系数较高，经综合考虑将"论文数"及"来华留学博士生毕业人数"两项指标去除；"发明专利授权数"与"知名博士培养人数""国家级科技成果获奖数""高校技术转让收入""大学排名得分"等指标相关性较大，考虑将该指标去除。

　　经过聚类分析后，博士生教育投入指标为"在校博士生数""来华留学博士生数""博士生导师数""科研经费拨入金额""教学科研仪器设备金额""课题数""国家重点学科数""A⁺学科数"等 8 个指标，产出指标为"知名博士培养人数""博士学位授予人数""国家级科技成果获奖数""国家哲学社会科学成果数""高水平项目验收数""著作数""高校技术转让收入"及"大学排名得分"等 8 个指标。

　　同理，对博士生教育产出各项指标进行聚类分析。具体结果见表 5.4。

表 5.4 博士生教育产出指标相关系数矩阵

	知名博士培养人数	博士学位授予人数	来华留学博士生毕业人数	国家级科技成果奖数	国家哲学社会科学成果数	高水平项目验收数	著作数	论文数	发明专利授权数	高校技术转让收入	大学排名得分
知名博士培养人数	1	0.634**	0.482**	0.830**	0.153	0.327	0.269	0.637**	0.782**	0.600**	0.805**
博士学位授予人数	0.634**	1	0.729**	0.601**	0.553*	0.440*	0.595**	0.797**	0.379*	0.212	0.742**
来华留学博士生毕业人数	0.482**	0.729**	1	0.441*	0.380*	0.140	0.496**	0.496**	0.221	0.087	0.502**
国家级科技成果奖数	0.830**	0.601**	0.441*	1	0.013	0.621**	0.202	0.720**	0.845**	0.739**	0.767**
国家哲学社会科学成果数	0.153	0.553*	0.380*	0.013	1	−0.057	0.765**	0.176	−0.170	0.008	0.310
高水平项目验收数	0.327	0.440*	0.140	0.621**	−0.057	1	0.093	0.727**	0.479**	0.326	0.530**
著作数	0.269	0.595**	0.496**	0.202	0.765**	0.093	1	0.402*	−0.018	0.153	0.419*
论文数	0.637**	0.797**	0.496**	0.720**	0.176	0.727**	0.402*	1	0.592**	0.303	0.793**
发明专利授权数	0.782**	0.379*	0.221	0.845**	−0.170	0.479**	−0.018	0.592**	1	0.671**	0.606**
高校技术转让收入	0.600**	0.212	0.087	0.739**	0.008	0.326	0.153	0.303	0.671**	1	0.489**
大学排名得分	0.805**	0.742**	0.502**	0.767**	0.310	0.530**	0.419*	0.793**	0.606**	0.489**	1

2. 指标的时序稳定性分析

对保留的指标项进行时序稳定性分析。通过对 2008—2017 年各项指标数据的稳定性分析，发现"高水平项目验收数"及"高校技术转让实际收入"两项指标存在非常不稳定的情况。例如，某高校 2008 年高水平项目验收数为 46 项，到 2011 年突增为 116 项，到 2013 年又降低至 36 项，到 2017 年又激增至 162 项。而在"高校技术转让收入"指标中，某高校 2008 年的技术转让收入为 17.6 万元，到 2009 年激增至 3.7 亿元，而到 2010 年又降至 21.2 万元。这些指标呈现的数据与高校的正常运营存在极大偏差，考虑是因为数据统计问题。为确保数据的可靠性，将这两项指标删除。

经过上述研究过程，高校博士生教育质量指数基础指标见表 5.5。

表 5.5　高校博士生教育质量指数基础指标

环　节	维　度	指　　标
输入	博士生规模	1. 在校博士生数
		2. 来华留学博士生数
	支撑条件	3. 博士生导师数
		4. 科研经费拨入金额
		5. 教学科研仪器设备金额
		6. 课题数
		7. 国家重点学科数
		8. A^+ 学科数
输出	社会贡献	9. 知名博士培养人数
		10. 博士学位授予人数
		11. 国家级科技成果获奖数
		12. 国家哲学社会科学成果数
		13. 著作数
		14. 大学排名得分

高校博士生教育质量指数框架包含博士生规模指数、支撑条件指数和社会贡献指数三个组成部分。在基础指标确定的基础上,研究通过整合和加工确定高校博士生教育质量指数框架。

表 5.6　高校博士生教育质量指数基本框架

维　度	指　标
博士生规模	1. 在校博士生数
	2. 来华留学博士生数
支撑条件	3. 博士生导师数
	4. 师生人均科研经费
	5. 师生人均教学科研仪器设备金额
	6. 师生人均课题数
	7. 国家重点学科占比
	8. A$^+$学科占比
社会贡献	9. 知名博士培养占比
	10. 博士学位授予人数占比
	11. 国家级科技成果占比
	12. 国家哲学社会科学成果占比
	13. 师生人均著作数
	14. 大学排名得分

该指数框架全面、系统,从规模、支撑条件和社会贡献 3 个方面反映博士生教育质量内涵。对指数框架说明五点:一是除博士生规模指数涉及的"在校博士生数""来华留学博士生数"及支撑条件指数中的"博士生导师数"指标为总量型指标外,其他 11 项指标均为相对值。这样设置指标的目的主要是体现"质量"内涵,淡化规模因素影响,保障不同规模高校的公平性。二是 5 项指标是"师生人均"指标,这是通过反复测算提出的指标。研究认为,该指标更加符合博士生

教育事实。高校层面的博士生教育资源为师生共同拥有，而不仅是博士生群体单方面需要使用的资源。从这个角度来说，"师生人均"资源指标是在传统的"生均"资源指标基础上的改良。同样，博士生教育产出的成果是师生共同努力的结果，而不仅是博士生导师单一群体产出的成果。从这个角度来说，"师生人均"成果指标比传统的"师均"成果指标更优。三是5项指标涉及"占比"，主要指的是占总量的比例，例如，"博士学位授予人数占比"指的是高校授予的博士学位占全国高校授予的博士学位的比例。只有"国家级科技成果获奖占比"指标使用的是各高校占案例高校总获奖数的比例，主要原因是全国高校的"国家级科技成果获奖"数据不可得。四是"大学排名得分"指标是根据大学的排名情况实行的分值转换。五是从指标数量上来看，规模指数指标最少，支撑条件指数和社会贡献指数指标最多，这一方面体现了博士生教育的资源依赖性，同时也关注博士生教育的社会属性，即突出博士生教育的社会贡献能力与水平。

二、权重设置

研究采用主成分分析方法初步确定博士生规模、支撑条件和社会贡献3个维度下14个指标的权重，并采用德尔菲法确定了3个维度的权重并对主成分分析方法确定的个别指标权重进行了一定的修正，最终形成高校博士生教育质量指数框架。

1. 各指标权重设置

利用主成分分析法，确定各指标权重。具体流程如下：

第一，对数据进行标准化处理。为解决各指标数据间量纲不同、数量级不同的矛盾，采用均值法对在校博士生数等14项指标进行无量纲化处理。

第二，博士生规模指数指标权重设置。博士生规模指数包含"在校博士生数"及"来华留学博士生数"两个指标，按1:1设置权重。

第三，支撑条件指数指标权重设置。以32个高校的相关指标值为样本，用SPSS软件进行数据检验。经检验，指标Bartlett球体检验值87.201，KMO统计量为0.605，卡方统计显著性水平为0.000，说明指标之间存在显著相关，数据适用于主成分分析。研究经过反复比较后提取3个主成分，并解释了原始数据85.62%的变异程度。

研究得出解释的总方差及主成分得分系数矩阵见表5.7和5.8。

表 5.7 高校支撑条件指数指标解释的总方差

成分	初始特征值			提取平方和载入			旋转平方和载入		
	合计	方差的%	累积%	合计	方差的%	累积%	合计	方差的%	累积%
1	2.591	43.185	43.185	2.591	43.185	43.185	2.542	42.365	42.365
2	1.689	28.152	71.336	1.689	28.152	71.336	1.549	25.825	68.189
3	0.857	14.279	85.615	0.857	14.279	85.615	1.046	17.426	85.615
4	0.476	7.937	93.552						
5	0.290	4.827	98.379						
6	0.097	1.621	100.000						

提取方法：主成分分析。

表 5.8 高校支撑条件指标成分得分系数矩阵

	成 分		
	1	2	3
博士生导师数	0.382	−0.114	0.278
师生人均科研经费	−0.017	0.590	−0.116
师生人均教学科研仪器设备金额	−0.050	0.572	−0.054
师生人均课题数	0.052	−0.090	0.964
国家重点学科占比	0.363	0.048	−0.081
A⁺学科占比	0.350	−0.004	−0.103

提取方法：主成分。旋转法：具有 Kaiser 标准化的正交旋转法。

根据公式(5-1)—(5-5)计算均值化后的原始支撑条件指数 R'。

根据主成分得分系数矩阵，获取高校支撑条件指数公式：

$$RF_1 = 0.382 * R_1 - 0.017 * R_2 - 0.050 * R_3 + 0.052 * R_4 + 0.363 * R_5 + 0.350 * R_6 \tag{5.1}$$

$$RF_2 = -0.114 * R_1 + 0.590 * R_2 + 0.572 * R_3 - 0.090 * \\ R_4 + 0.048 * R_5 - 0.004 * R_6 \tag{5.2}$$

$$RF_3 = 0.278 * R_1 - 0.116 * R_2 - 0.054 * R_3 + 0.964 * \\ R_4 - 0.081 * R_5 - 0.103 * R_6 \tag{5.3}$$

$$R' = (42.37 * RF_1 + 25.83 * RF_2 + 17.43 * RF_3)/85.62 \tag{5.4}$$

展开计算，得到原始支撑条件指数的计算公式

$$R' = 0.211 * R_1 + 0.146 * R_2 + 0.137 * R_3 + 0.195 * \\ R_4 + 0.178 * R_5 + 0.151 * R_6 \tag{5.5}$$

其中，R_1 为博士生导师数得分，R_2 为师生人均科研经费得分，R_3 为师生人均教学科研仪器设备金额得分，R_4 为师生人均课题数得分，R_5 为国家重点学科占比得分，R_6 为 A^+ 学科占比得分。而 R_1—R_6 前的数值即为各指标的权重。

第四，社会贡献指数指标权重设置。研究对知名博士培养占比、博士学位授予人数占比、国家级科技成果占比、国家哲学社会科学成果占比、师生人均著作数及大学排名得分等 6 个指标进行主成分分析。经检验，指标 Bartlett 球体检验值 121.631，KMO 统计量为 0.748，卡方统计显著性水平为 0.000，小于 0.01，说明指标之间存在显著相关，数据适用于主成分分析。经反复比较，提取出 3 个主成分，能够解释原始数据 90.74% 的变异程度。

表 5.9　高校博士生教育社会贡献指标解释的总方差

成分	初始特征值			提取平方和载入			旋转平方和载入		
	合计	方差的%	累积%	合计	方差的%	累积%	合计	方差的%	累积%
1	3.313	55.216	55.216	3.313	55.216	55.216	2.909	48.478	48.478
2	1.664	27.730	82.946	1.664	27.730	82.946	1.431	23.852	72.331
3	0.468	7.795	90.741	0.468	7.795	90.741	1.105	18.410	90.741
4	0.232	3.859	94.600						
5	0.181	3.017	97.617						
6	0.143	2.383	100.000						

提取方法：主成分分析。

表 5.10　高校博士生教育社会贡献指标成分得分系数矩阵

	成　　分		
	1	2	3
知名博士培养占比	0.379	−0.159	0.127
博士学位授予人数占比	0.006	0.586	−0.311
国家级科技成果占比	0.440	−0.342	0.164
国家哲学社会科学成果占比	−0.216	0.771	−0.067
师生人均著作数	0.191	−0.336	1.084
大学排名得分	0.316	−0.002	0.089

提取方法：主成分。旋转法：具有 Kaiser 标准化的正交旋转法。

根据主成分得分系数矩阵(见表 5.9 及 5.10)，得到高校博士生教育社会贡献指标权重：

$$CF_1 = 0.379 * C_1 + 0.006 * C_2 + 0.440 * C_3 - 0.216 * C_4 + 0.191 * C_5 + 0.316 * C_6 \tag{5.6}$$

$$CF_2 = -0.159 * C_1 + 0.586 * C_2 - 0.342 * C_3 + 0.771 * C_4 - 0.336 * C_5 - 0.002 * C_6 \tag{5.7}$$

$$CF_3 = 0.127 * C_1 - 0.311 * C_2 + 0.164 * C_3 - 0.067 * C_4 + 1.084 * C_5 + 0.089 * C_6 \tag{5.8}$$

$$C' = (48.478 * F_1 + 23.852 * F_2 + 18.410 * F_3)/90.741 \tag{5.9}$$

$$C' = 0.187 * C_1 + 0.094 * C_2 + 0.178 * C_3 + 0.074 * C_4 + 0.234 * C_5 + 0.186 * C_6 \tag{5.10}$$

其中，C_1 为知名博士培养占比得分，C_2 为博士学位授予人数占比得分，C_3 为国家级科技成果占比得分，C_4 为国家哲学社会科学成果占比得分，C_5 为师生人均著作数得分，C_6 为大学排名得分。C_1—C_6 前的数字即各指标权重。

2. 各维度权重设置及指数指标权重调整

研究采用德尔菲法确定博士生教育质量指数维度和指标的权重，以问卷形式对专家进行意见征询。为集中专家智慧，排除可能存在的干扰，意见征询采取背对背的通讯方式进行。经过三轮意见征询和修订，专家意见趋于集中。

选择专家组成员是德尔菲法研究结果质量的关键，最重要的是专家的专业程度。参与者须是本研究问题领域内的专家。研究预选了博士生教育管理和研究领域的 30 位专家，最终 26 位专家作出了回应，占预计专家的 87%，符合德尔菲法专家 13 人以上的人数要求。26 位专家来自教育部博士生教育管理部门和高校，对高校博士生教育质量有全面、系统的见解，其中教育部博士生教育管理人员 12 人、博士生教育评估专家 6 人、高校博士生教育高级管理人员 4 人、博士生导师 4 人。具体情况见表 5.11。

表 5.11　德尔菲法专家描述统计结果($N=26$)

分　类		频　数	频率(%)
性　别	男	18	69.23
	女	8	30.77
年　龄	30 以下	0	0.00
	30～40	6	23.08
	40～50	5	19.23
	50～60	7	26.92
	60 以上	8	30.77
专家来源	教育部博士生教育管理者	12	46.15
	博士生教育评估专家	6	23.08
	高校博士生教育高级管理人员	4	15.38
	博士生导师	4	15.38

为节约时间和成本，研究采用网络匿名问卷的方式征询专家组成员意见。问卷发放之前进行了小范围测试，以确保问卷满足研究要求，导读明确合理。问

卷中对每一个预设指标,都要求专家从其经验分析判断是否同意预设指标成为高校博士生教育质量指数指标,要求在"强烈同意、同意、中立、不同意、强烈不同意"五个选项中给出自己的选择,并给出相应的权重分值。回收问卷进行统计分析,将专家组对每个指标判断结果的权重分值情况进行汇总,意见一致与相左的调查结果都在第二轮调查中反馈给专家。同时,为确保指数指标权重的合理性,研究将主成分分析后的各指标权重结果同时呈现给专家并征询意见。专家根据反馈结果对各指标重新评价后意见趋于一致。

专家认为,"国家级科技奖项占比"权重过低,"师生人均著作数"过高,这势必会造成理工科高校分值降低,而人文社会科学类高校分值拔高。专家们一致认为既要尊重客观数据统计结果,又要适度考虑我国各不同类型高校产出成果有所侧重的实际,建议对博士生教育社会贡献指数各指标权重略作调整。最终将"国家级奖项占比""国家哲学社会科学成果占比""师生人均著作数"及"大学排名得分"权重均分,形成了最终的高校博士生教育质量指数框架,具体见表5.12。

表 5.12 高校博士生教育质量指数框架

维　度		指　标	
维度权重	维度名称	指标权重	指　标　名　称
0.200	博士生规模	0.500	在校博士生数
		0.500	来华留学博士生数
0.300	支撑条件	0.240	博士生导师数
		0.109	师生人均科研经费
		0.113	师生人均教学科研仪器设备金额
		0.115	师生人均课题数
		0.215	国家重点学科占比
		0.208	A$^+$学科占比
0.500	社会贡献	0.143	知名博士培养占比
		0.233	博士学位授予人数占比

续　表

维　度		指　标	
维度权重	维度名称	指标权重	指 标 名 称
0.500	社会贡献	0.156	国家级科技奖项占比
		0.156	国家哲学社会科学成果占比
		0.156	师生人均著作数
		0.156	大学排名得分

三、指数计算过程及结果

1. 分别计算博士生规模指数(S_i)、支撑条件指数(R_i)和社会贡献指数(C_i)

第 1 步，在均值化数据指标基础上分别计算原始博士生规模指数(S_i')、支撑条件指数(R_i')和社会贡献指数(C_i')。

第 2 步，根据公式(5-11)对原始博士生规模指数(S_i')、支撑条件指数(R_i')和社会贡献指数(C_i')进行线性变换，得到博士生规模指数(S_i)、支撑条件指数(R_i)和社会贡献指数(C_i)。

$$Z_i = 10 \cdot \frac{Z_i'}{(Z_i')_{max}} \tag{5.11}$$

1）博士生规模指数计算

第 1 步，利用公式(5-12)计算得出原始博士生规模指数。

$$S_i' = W_{s1} * S_{i1} + W_{s2} * S_{i2} \tag{5.12}$$

其中，W 为权重，$W_{s1} = W_{s1} = 0.5$

S_{i1} 为 i 高校在校博士生数得分，S_{i2} 为 i 高校来华留学博士生数得分。

第 2 步，利用公式(5-11)对 S_i' 进行线性变换得到博士生规模指数(S_i)。

2）支撑条件指数计算

第 1 步，利用公式(5-5)获得原始支撑条件指数(R_i')。

第 2 步，利用公式(5-11)获得支撑条件指数(R_i)。

3) 社会贡献指数计算

第 1 步,利用公式(5-10)获得原始社会贡献指数(C_i')。

第 2 步,利用公式(5-11)获得社会贡献指数(C_i)。

2. 根据公式(4-19)计算高校博士生教育质量指数($DEQI_i$)

$$DEQI_i = f(S_i, R_i, C_i) = W_1 * S_i + W_2 * R_i + W_3 * C_i \qquad (4.19)$$

其中,$DEQI_i$ 为 i 高校博士生教育质量指数;W_1、W_2、W_3 分别为 S_i、R_i 和 C_i 权重,分值则为 0.2、0.3 和 0.5。

在以上研究的基础之上计算出高校博士生教育质量指数,具体结果见表 5.13。参考博士生教育质量指数模型,将 32 所案例高校划分为博士生教育质量"低"(1~2)、"中低"(3~4)、"中"(5~6)、"中高"(7~8)和"高"(9~10)五种类型。

表 5.13 高校博士生教育质量指数(按总指数排序)

序号	高校名称	博士生规模	支撑条件	社会贡献	总指数	类型
1	北京大学	9.57	9.32	10.00	9.71	高
2	清华大学	8.52	10.00	9.57	9.49	
3	浙江大学	10.00	6.37	8.88	8.35	中高
4	复旦大学	5.85	4.82	6.97	6.10	中
5	上海交通大学	5.57	4.98	6.16	5.69	
6	华中科技大学	8.73	3.84	4.66	5.23	
7	中国人民大学	3.60	4.03	6.20	5.03	
8	武汉大学	5.91	3.57	5.50	5.00	
9	南京大学	4.89	3.76	5.62	4.92	中低
10	吉林大学	6.05	2.51	5.78	4.85	
11	北京师范大学	4.49	3.71	5.56	4.79	
12	中山大学	4.25	3.12	5.63	4.60	

续　表

序号	高 校 名 称	博士生规模	支撑条件	社会贡献	总指数	类型
13	四川大学	3.62	3.42	4.47	3.98	
14	山东大学	3.69	2.53	4.56	3.78	
15	南开大学	2.69	2.49	4.58	3.57	
16	西安交通大学	3.50	3.57	3.48	3.51	
17	东南大学	3.41	3.69	3.39	3.48	中低
18	中国农业大学	3.03	4.13	2.87	3.28	
19	中南大学	4.01	2.79	3.19	3.23	
20	华东师范大学	3.47	2.30	3.66	3.21	
21	厦门大学	4.33	2.90	2.84	3.15	
22	同济大学	3.58	3.52	2.59	3.07	
23	大连理工大学	4.25	2.14	2.82	2.90	
24	华南理工大学	2.35	3.15	2.68	2.75	
25	天津大学	2.04	3.36	2.47	2.65	
26	湖南大学	3.47	1.79	1.75	2.11	
27	东北大学	2.48	1.99	1.86	2.02	低
28	兰州大学	1.56	1.54	2.46	2.00	
29	重庆大学	2.67	2.19	1.43	1.90	
30	电子科技大学	2.70	2.35	1.27	1.88	
31	中国海洋大学	1.43	2.23	1.12	1.51	
32	西北农林科技大学	2.50	1.32	0.99	1.40	

第三节 中国高校博士生教育质量
指数结果讨论

一、博士生规模指数结果讨论

利用 SPSS 软件，采用沃尔德聚类方法，根据博士生规模指数将 32 所高校划分成 A、B、C、D 四类。具体见图 5.2。

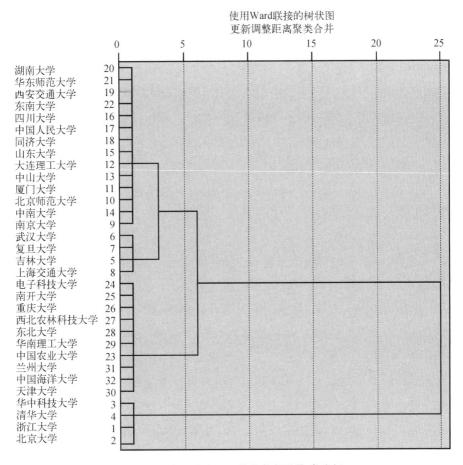

图 5.2 高校博士生规模指数得分聚类分析

第一类：规模 A 型，以浙江大学、北京大学、华中科技大学和清华大学为代表。2008—2017 年，全国在校博士生共计 293.38 万人，浙江大学等 4 所大学在校博士生数达 31.36 万人，占全国在校博士生总数的 10.69％。这 4 所大学的在校博士生数分别排在 32 所高校中的第 1、2、3 和 6 位，它们是我国博士生人才培养的重要力量，为我国博士人才培养作出了卓越的贡献。在来华留学博士生培养方面，2008—2017 年，全国来华留学博士生共计约 10.40 万人，4 所大学的来华留学博士生 1 万余人，占全国来华留学博士生总数的 10.77％，相当于其余 28 所高校来华留学博士生数之和。4 所大学是我国外国留学博士生的重要培养基地。

第二类：规模 B 型，以吉林大学、武汉大学、复旦大学和上海交通大学四所高校为代表。2008—2017 年，武汉大学、吉林大学、上海交通大学和复旦大学在校博士生数分别是 7.1 万、7.0 万、5.8 万和 5.3 万人，分别排在 32 所大学中的第 4、5、7 和第 9 位。这 4 所大学的在校博士生规模大，同时吸引了大量外国留学生前来就读。其中，复旦大学、上海交通大学的来华留学博士生人数最多，体现出上海地区的地域优势。同时，吉林大学、武汉大学的来华留学博士生人数在过去十年里均超过了 1 200 人，是我国吸引来华留学博士生人数较多的大学。

第三类：规模 C 型，以南京大学、北京师范大学、厦门大学、大连理工大学、中山大学、中南大学、山东大学、四川大学、中国人民大学、同济大学、西安交通大学、湖南大学、华东师范大学和东南大学等 14 所大学为代表。这 14 所大学是我国在校博士生规模较大的高校，2008—2017 年的在校博士生数达 54.34 万人，占同期全国在校博士生人数的 18.52％。14 所高校年均在校博士生人数在 2 400～5 500 人之间，属于我国博士生规模第三梯队的高校。在来华留学博士生人数方面，厦门大学、北京师范大学、南京大学、大连理工大等大学近十年的来华留学博士生人数在 1 200～1 600 人之间，体现出对外国留学博士生比较强的吸引力。而对于在校博士生人数较多的中南大学、四川大学、西安交通大学等高校，其在校博士生人数排在 32 所高校的第 8、10 和第 13 位，但来华留学博士生人数排在 32 所高校中的第 23、26 和 24 位，可能与这些高校地处我国中西部地区有较大关联。

第四类：规模 D 型，以中国农业大学、南开大学、重庆大学、东北大学、电子科技大学、华南理工大学、西北农林科技大学、天津大学、兰州大学、中国海洋大学等 10 所高校为代表。这 10 所高校是 32 所高校中在校博士生人数最少的大学。这 10 所高校年均在校博士生人数在 1 600～3 300 人之间，博士生规模相对较小。相应的，这些高校的来华留学博士生人数也较少。2008—2017 年间，10

所高校的来华留学博士生人数总计 5 748 人,占 32 所高校的 15.50%。其中,中国农业大学、电子科技大学、西北农林科技大学及中国海洋大学四所高校的来华留学博士生数排名高于其在校博士生数的排名,一定程度上体现出行业特色高校对外国留学生较大的吸引力。

二、支撑条件指数结果讨论

利用 SPSS 软件,采用沃尔德聚类方法,根据支撑条件指数将 32 所高校划分成 A、B、C、D 四类。具体见图 5.3。

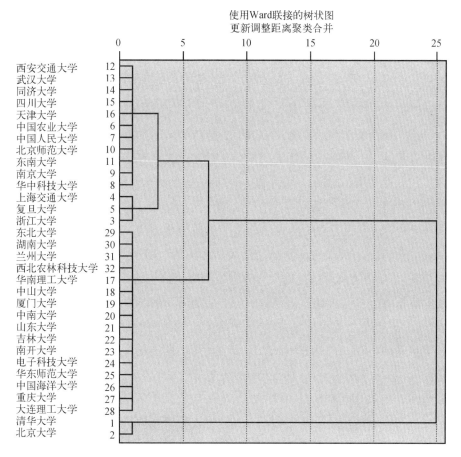

图 5.3　高校支撑条件指数聚类分析

第一类:支撑条件 A 型,以清华大学和北京大学为主要代表。清华大学和北京大学的支撑条件总指数分别是 10.00 和 9.32 分,分别位居全国高校第 1、第

2 位。这两所高校是我国最著名的大学,它们拥有比其他高校更优质的支撑条件。首先,两所高校在支撑条件的各项指标上表现都很优秀。2008—2017 年间,清华大学年均博士生导师 1 700 余人,年均科研经费拨入金额 35.49 亿元,年均教学科研仪器设备金额 39.37 亿元,拥有国家一级学科重点学科 22 个,均排在全国第 1 位。除此之外,清华大学在 A$^+$ 学科数及课题数方面分别位居案例高校的第 2 和第 5 位。北京大学则在学科评估中表现突出,平均拥有 A$^+$ 学科数 24 个,排全国第 1 位,而在博士生导师数、科研经费拨入金额、教学科研仪器设备金额、课题数、国家一级学科重点学科数上分别位居案例高校的第 2、4、3、11、2 位。其次,两所大学在总量型指标上遥遥领先,但在师生人均指标上仍存在较大的发展空间。例如,在师生人均教学科研仪器设备上,清华大学位列案例高校第 9,北京大学位列第 14,而在师生人均课题数上,清华大学和北京大学分别排在案例高校的第 22 和 32,说明其博士生教育还存在较大的改进和发展空间。

第二类,支撑条件 B 型,以浙江大学、上海交通大学和复旦大学 3 所高校为代表。这 3 所高校整体支撑条件优秀,是国内仅次于清华大学和北京大学的博士生教育重地。3 所高校在总量型指标上具有绝对优势,而在相对指标上略显逊色。在总量型指标方面,2008—2017 年间,浙江大学、上海交通大学和复旦大学年均拥有博士生导师数在 1 100～1 600 人之间,年均科研经费拨入金额在 11.26 亿～27.86 亿元之间,教学科研仪器设备金额在 25.79 亿～38.16 亿元之间,位列案例高校前 5。在课题总数上,浙江大学年均课题数超过 1.2 万个,位列全国第 1,上海交通大学和复旦大学分别位列案例高校第 4 和 7 位,表明 3 所高校的师生享有较多的机会从事课题研究。在国家一级学科重点学科数量上,浙江大学、上海交通大学和复旦大学分别以 14、9 和 11 位列案例高校 3～5 位,反映了学科基础牢固。在 A$^+$ 学科数上,浙江大学、上海交通大学和复旦大学平均拥有 A$^+$ 学科 9、5 和 6 个,分别位列案例高校第 4、10 和 7 位,反映了高水平的学科数量多。在相对指标方面,浙江大学、上海交通大学和复旦大学的师生人均科研经费分列案例高校的第 8、7 和 19 位,师生人均教学科研仪器设备金额分列第 11、3 和 10 位,而师生人均课题数则分列第 6、7 和 9 位。

第三类:支撑条件 C 型,以中国农业大学、中国人民大学、华中科技大学、南京大学、北京师范大学、东南大学、西安交通大学、武汉大学、同济大学、四川大学和天津大学等 11 所高校为代表。首先,根据总量指标与相对指标表现,此类大学可以进一步被分为三种类型：类型 1 是总量指标优于相对指标型，以华中科技大学、武汉大学、四川大学为代表。华中科技大学、武汉大学和四川大学的科研经费拨入金额分列案例高校的第 8、12 和 7 位，教学科研仪器设备金额排在第 6、9 和 16 位，而在师生人均科研经费上排名第 21、28 和 12 位，师生人均教学科研仪器设备金额上排名第 22、29 和 28 位。类型 2 是相对指标优于总量指标型，以中国农业大学、东南大学、同济大学和天津大学等 4 所高校为代表，与第一类型高校正好相反，体现出规模较小高校的人均指标优势。类型 3 是总量指标与相对指标相当型，以中国人民大学、西安交通大学、南京大学和北京师范大学等 4 所高校为代表。4 所高校总量和相对指标排名差别不大，较为均衡。例如，西安交通大学在科研经费拨入金额、教学科研仪器设备金额以及课题数等指标上排名第 21、13 和 13 位，其在师生人均科研经费、师生人均教学科研仪器设备金额及师生人均课题数上排名第 24、17 和 17 位。其次，有些高校在某些指标上具有明显优势。例如，四川大学课题数排在案例高校第 3 位，师生人均课题数上排名第 4 位。再比如，中国人民大学、南京大学和北京师范大学在国家级重点学科及 A^+ 学科数上表现优异。最后，某些高校的支撑条件呈现出一定程度的下降。例如，南京大学、西安交通大学和华中科技大学学科发展历史基础较好，3 所高校的国家一级学科重点学科数分别是 8、8 和 7 个，分别排在案例高校的第 6、6 和 8 位。而在 A^+ 学科数上，3 所高校分别拥有 5、3 和 4 个，分别排在案例高校的第 9、14 和 11 位，某种程度上反映出这些高校学科实力上的略微下降。

第四类：支撑条件 D 型，以华南理工大学、中山大学、厦门大学、中南大学、山东大学、吉林大学、南开大学、电子科技大学、华东师范大学、中国海洋大学、重庆大学、大连理工大学、东北大学、湖南大学、兰州大学和西北农林科技大学等 16 所高校为代表。与其他 16 所高校相比，这 16 所高校的支撑条件较差。在博士生导师数方面，中山大学、吉林大学的博士生导师人数最多，年均博士生导师人数为 1 000 人以上，其余 14 所高校的博士生导师人数则在 300～900 人之间，博士生导师人数较少。16 所大学的年均科研经费拨入总金额为 116.69 亿元，略低于该指标排在前 5 位的高校总和。16 所高校的年均教学科研仪器设备金额为 201.19 亿元，略高于该指标排在前 6 位的高校总和。16 所高校的年均课题数之和为 61 917 项，与该指标排在前 7 位的高校总量相当。但是，16 所高校在国

家一级学科重点学科、A$^+$学科数等指标上与其他 16 所高校差距明显。例如,16
所高校的国家一级学科重点学科数合计 45 个,仅略高于清华大学和北京大学两
所高校之和。16 所高校的 A$^+$学科数合计 16 个,不及清华大学或北京大学任何
一个高校。即便如此,但也不排除某些高校在某些指标上表现突出。例如,华南
理工大学的博士生导师数排名全国第 25 位,但师生人均教学科研仪器设备金额
及师生人均课题数排在全国第 1 位,师生人均科研经费排案例高校第 5 位。研
究预测,如能在博士生指标等方面实现突破,华南理工大学的博士生教育发展将
会提速。再比如厦门大学。厦门大学的总量指标数据排名不如相对指标数据排
名,最为明显的是,厦门大学的教学科研仪器设备金额和课题数排名分别是第
17 和 18 位,但师生人均教学科研仪器设备金额及师生人均课题数排名第 6 和
10 位,分别上升了 11 位和 8 位,体现出小而精的特点。

三、社会贡献指数结果讨论

利用 SPSS 软件,采用沃尔德聚类方法,根据社会贡献指数将 32 所高校划
分成 A$^+$、A、B、C、D 五类。具体见图 5.4。

第一类:社会贡献 A$^+$型,以北京大学、清华大学及浙江大学为主要代表。
北京大学、清华大学和浙江大学是我国实力最强的研究型大学,也是我国博士生
教育社会贡献最大的高校。3 所高校的社会贡献指数均在 8 分以上,具体为北
京大学 10 分,清华大学 9.57 分和浙江大学 8.88 分。整体来看,3 所高校的各项
指标分值都具有绝对优势。其中,清华大学、浙江大学在"中国高被引学者"培养
及"国家级科技成果获奖"等方面表现突出,北京大学在"授予博士学位数""国家
哲学社会科学成果获奖"及"著作数"方面表现突出。2014—2018 年,北京大学、
清华大学和浙江大学在博士层次培养的"中国高被引学者"共计 168、262 及 277
人次,年均达 34、52 和 55 人次,培养的知名博士人数分别位居案例高校的第 4、
2 和 1 位。2008—2017 年间,北京大学授予的博士学位人数最多,年均授予博士
学位 1 600 余人,排案例高校第 1 位。其次是浙江大学为 1 300 余人,排案例高
校第 3 位,最后是清华大学,年均授予博士学位 1 000 余人,排案例高校第 6 位。
在国家级科技成果获奖方面,清华大学和浙江大学表现出明显的优势,分别以年
均 18 项和 13 项位居全国第 1 和第 2 位,北京大学则以 9 项位居全国第 4 位;在
"国家哲学社会科学成果获奖"以及"著作"数量上,北京大学以年均 25 项"国家

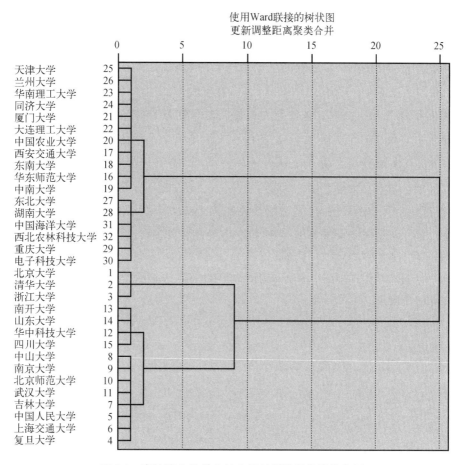

使用Ward联接的树状图
更新调整距离聚类合并

天津大学	25
兰州大学	26
华南理工大学	23
同济大学	24
厦门大学	21
大连理工大学	22
中国农业大学	20
西安交通大学	17
东南大学	18
华东师范大学	16
中南大学	19
东北大学	27
湖南大学	28
中国海洋大学	31
西北农林科技大学	32
重庆大学	29
电子科技大学	30
北京大学	1
清华大学	2
浙江大学	3
南开大学	13
山东大学	14
华中科技大学	12
四川大学	15
中山大学	8
南京大学	9
北京师范大学	10
武汉大学	11
吉林大学	7
中国人民大学	5
上海交通大学	6
复旦大学	4

图 5.4 高校博士生教育社会贡献指数得分聚类分析

哲学社会科学成果文库"作品以及 462 本著作位居案例高校第 2 位和第 1 位,清华大学和浙江大学分别以年均 8 项和 9 项"国家哲学社会科学成果文库"作品位居案例高校第 11 位和第 9 位,以年均产出 301 本和 251 本著作位居案例高校第 7 位和第 8 位。此外,清华大学、北京大学和浙江大学三所高校在 ARWU 大学排名中表现优异,分别排在案例高校的第 1、2 和 4 位。

第二类:社会贡献 A 型,以复旦大学、中国人民大学、上海交通大学、吉林大学、中山大学、南京大学、北京师范大学、武汉大学等 8 所高校为代表。这类高校包括我国实力雄厚的文理性综合性大学,如复旦大学、吉林大学、中山大学、南京大学和武汉大学等,也包括以人文社科为主要学科的大学,如中国人民大学和北京师范大学,还包括理工科占绝对优势的上海交通大学。这 8 所高校各具特色且比较优势明显：南京大学在博士层次培养的"中国高被引学者"共计169人次，位列案例高校第3位，其次是上海交通大学和复旦大学，位列案例高校第5位和第7位；武汉大学和吉林大学年均授予博士学位1 300人以上，排在案例高校的第2位和第4位，其次是中山大学、复旦大学和上海交通大学，分别位列案例高校的第7～9位；在国家级科技成果获奖方面，以理工科见长的上海交通大学表现优秀，以年均获得10项奖励仅次于清华大学和浙江大学，位居案例高校第3位，其次是武汉大学，以6项奖励位居第5位；在国家哲学社会科学成果获奖方面，中国人民大学、北京师范大学、复旦大学、吉林大学、中山大学和南京大学和武汉大学表现较好，位列案例高校的第1、3、4、5、7、9和11位；在大学排名得分方面，上海交通大学表现优秀，排名案例高校的第3位，其次是复旦大学、南京大学、中山大学，分别位居案例高校的第5～7位；在著作数方面，中国人民大学、北京师范大学、武汉大学和复旦大学表现优秀，分别以年均出版414、404、364和352本著作排名案例高校的第3～5位，而在师生人均著作数方面，中国人民大学、北京师范大学和复旦大学则表现更佳，排名位序各提前1位，分别位居案例高校的第2～4位。

第三类：社会贡献B型，以华中科技大学、南开大学、山东大学和四川大学4所高校为代表。这4所高校在社会贡献方面位居全国高校的第三方阵，与社会贡献A⁺型和A型大学相比存在一定的差距。但是，各高校在某一个或多个指标上表现仍然出色。例如，华中科技大学的博士生培养规模大，年均授予博士学位1 200余个，排案例高校第5位。该校年均科技成果获奖为6项，位居全国第6位，在大学排名得分及知名博士培养方面分别位居案例高校第8和第9位。再比如，南开大学在国家哲学社会科学成果获奖方面表现优秀，位居案例高校第5位。四川大学在大学排名得分上排名案例高校第8位，年均博士学位授予人数排名案例高校第10位；山东大学在国家哲学社会科学成果获奖上排名案例高校第8位，在大学排名得分上位居案例高校第10位。与此同时，这4所高校相关数据揭示出其明显的劣势。例如，2010—2017年华中科技大学获得的国家哲学社会科学成果数为0，同期，南开大学获得国家级科技成果奖7项，排案例高校倒数第3位。此外，山东大学与四川大学在知名学者培养上处于劣势。

第四类：社会贡献C型，以华东师范大学、西安交通大学、东南大学、中南大学、中国农业大学、厦门大学、大连理工大学、华南理工大学、同济大学、天津大学和兰州大学等 11 所高校为代表。综合起来分析,社会贡献 C 型高校主要有两个特点:一是以理工农林类高校为主。这 11 所高校包含 8 所以理工科为主的高校以及 3 所以人文社会科学为主的高校。二是该类高校的博士生规模较小。例如,在博士学位授予人数方面,除中南大学年均授予博士学位人数在 760 余人以外,该类型其他高校主要在 400～600 人之间。三是理工类高校在知名博士培养和国家级科技成果获奖等方面表现较好,在国家哲学社会科学成果获奖及师生人均著作数等指标上表现一般。例如,在知名博士培养上,大连理工大学、西安交通大学、东南大学和华南理工大学分值较高,位列案例高校的第 8、10、11 和13 位。在国家级科技成果获奖数量方面,中国农业大学、中南大学、同济大学、东南大学和西安交通大学表现较为优秀,位列案例高校的第 7～11 位,但这类高校的国家哲学社会科学成果获奖及师生人均著作数等指标排名靠后。四是人文社会科学类高校在国家哲学社会科学成果获奖及师生人均著作数等指标上表现较好,在知名博士培养和国家级科技成果获奖等方面表现一般。在国家哲学社会科学成果获奖占比指标上,厦门大学、华东师范大学和兰州大学在该类型高校中分值最高,位列案例高校的第 14、15 和 19 位;在师生人均著作数上,3 所高校分列案例高校的第 5、1 和 13 位,但这 3 所高校在知名博士培养和国家级科技成果获奖等方面则排名靠后。通过研究分析发现了不同类型高校的优势与不足,为进一步提升和改进博士生教育质量提供思路和线索。

第五类:社会贡献 D 型,以东北大学、湖南大学、重庆大学、电子科技大学、中国海洋大学及西北农林科技大学等 6 所高校为代表。分析发现这 6 所高校有明显的共性特征。一是博士生规模小。6 所高校中,除重庆大学年均授予博士学位接近 400 人以外,其他高校大多在 200～300 人之间。二是知名博士培养人数少。2014—2018 年间,东北大学和湖南大学的博士毕业生年均获得"中国高被引学者"称号者为 14 人次和 9 人次,是社会贡献 D 型高校在知名博士培养方面表现较好的高校,一定程度上体现了老牌名校在知名博士人才培养上的贡献,其他高校则表现一般。三是产出的人文和科技成果少。在国家级科技成果奖项方面,2008—2017 年,6 所高校共获得国家级科技成果奖 120 项,低于北京大学、浙江大学或清华大学任何一所高校的科技成果奖数;2010—2017 年间,湖南大学和中国海洋大学分别有 1 项作品入选"国家哲学社会科学文库"作品,其他

4 所高校无一作品入选；在出版的著作数量方面，6 所高校年均出版专著在 90 本以内，相比其他类型高校而言专著产出量少。四是 6 所高校的大学排名整体靠后。除以上共性特征以外，也有高校在 2016 年前后发展迅速，表现出较快的发展势头。例如，电子科技大学自 2016 年开始入选了 ARWU 世界 500 强并排名第 301～400 位，此后排名位序上升，在 2017 年上升至 201～300 位，到 2019 年则上升至 151～200 位，体现出较为良好的发展势头。

四、总指数结果讨论

根据博士生教育质量指数模型将 32 所高校划分成博士生教育质量"高""中高""中""中低"和"低"五类。同时，研究采用 3σ 方法确定指数区间的临界点并清晰呈现各高校的博士生规模、支撑条件和社会贡献以及博士生教育质量指数状态。当某高校的某项指数值低于均值与 2 个标准差之差[X＜E(x)－2σ，E(x)表示平均值，σ 表示标准差]时，则将其状态设置为"重度预警"；在均值与 2 个标准差之差和均值与 1 个标准差之差之间时[E(x)－2σ≤X＜E(x)－σ]时，则将其状态设置为"中度预警"；在均值与 1 个标准差之差与均值之间[E(x)－σ≤X＜E(x)]时，则将其状态设置为"轻度预警"；在高于均值时[X≥E(x)]时，则将其状态设置为"无警"。预警临界点见表 5.14。

表 5.14 高校博士生教育质量指数预警区间

指　　数	无　　警	轻度预警	中度预警	重度预警
博士生规模	[4.32，＋∞)	[2.13，4.32)	[－0.06，2.13)	(－∞，－0.06)
支撑条件	[3.55，＋∞)	[1.65，3.55)	[－0.25，1.65)	(－∞，－0.25)
社会贡献	[4.22，＋∞)	[1.87，4.22)	[－0.49，1.87)	(－∞，－0.49)
总指数	[4.04，＋∞)	[1.97，4.04)	[－0.10，1.97)	(－∞，－0.10)

根据临界点值，将"无警""轻度预警""中度预警"和"重度预警"分别用 6.5% 灰色、25% 灰色、50% 灰色、75% 灰色四种颜色标识。具体见表 5.15。需要说明的是，指数状态是相对而言的，即某高校如果显示为"75% 灰色"，那也只是表明其在 32 所高校中的相对位置。

表 5.15　高校博士生教育质量指数预警情况

序号	高 校 名 称	博士生规模	支撑条件	社会贡献	总指数	类型
1	北京大学	9.57	9.32	10	9.71	高
2	清华大学	8.52	10	9.57	9.49	
3	浙江大学	10	6.37	8.88	8.35	中高
4	复旦大学	5.85	4.82	6.97	6.1	中
5	上海交通大学	5.57	4.98	6.16	5.69	
6	华中科技大学	8.73	3.84	4.66	5.23	
7	中国人民大学	3.6	4.03	6.2	5.03	
8	武汉大学	5.91	3.57	5.5	5	
9	南京大学	4.89	3.76	5.62	4.92	中低
10	吉林大学	6.05	2.51	5.78	4.85	
11	北京师范大学	4.49	3.71	5.56	4.79	
12	中山大学	4.25	3.12	5.63	4.6	
13	四川大学	3.62	3.42	4.47	3.98	
14	山东大学	3.69	2.53	4.56	3.78	
15	南开大学	2.69	2.49	4.58	3.57	
16	西安交通大学	3.5	3.57	3.48	3.51	
17	东南大学	3.41	3.69	3.39	3.48	
18	中国农业大学	3.03	4.13	2.87	3.28	
19	中南大学	4.01	2.79	3.19	3.23	
20	华东师范大学	3.47	2.3	3.66	3.21	
21	厦门大学	4.33	2.9	2.84	3.15	
22	同济大学	3.58	3.52	2.59	3.07	

续　表

序号	高 校 名 称	博士生规模	支撑条件	社会贡献	总指数	类型
23	大连理工大学	4.25	2.14	2.82	2.9	
24	华南理工大学	2.35	3.15	2.68	2.75	
25	天津大学	2.04	3.36	2.47	2.65	
26	湖南大学	3.47	1.79	1.75	2.11	
27	东北大学	2.48	1.99	1.86	2.02	
28	兰州大学	1.56	1.54	2.46	2	低
29	重庆大学	2.67	2.19	1.43	1.9	
30	电子科技大学	2.7	2.35	1.27	1.88	
31	中国海洋大学	1.43	2.23	1.12	1.51	
32	西北农林科技大学	2.5	1.32	0.99	1.4	

综合以上的指数结果，研究得出五点结论。

第一，我国高校博士生教育质量与其博士生规模密切相关。经分析，案例高校博士生规模指数与总指数之间的相关系数达 0.90，博士生教育质量与其博士生规模密切相关。这与我国实行的自上而下的博士生教育管理体制不无关系。一般而言，高校博士生教育发展水平越高，政府会给予其更多的博士生招生指标。而博士生人数的增加，也从某种程度上意味着新知识产出等的增加，从而推动高校不断向前发展。表 5.15 属于质量高型和中高型的三所高校，其博士生规模指数位于案例高校的前 4 位，分值在 8～10 之间。而大多数质量中型、中低型、低型高校的博士生规模指数分别在 5～6、3～4 以及 1～2 之间，体现出明显的规模梯队层次。质量中型、中低型、低型高校要实现博士生教育质量的提升，在博士生规模上需要适度扩大。

第二，我国高校博士生教育支撑条件整体不高。数据显示我国高校博士生教育质量指数与支撑条件指数存在高度相关。整体来看，如果高校博士生教育支撑条件指数大，那么其博士生教育质量指数也大，反之亦然。但同时，数据也显示出我国高校博士生教育支撑条件整体不高,具体表现在博士生教育支撑条件指数大的高校数量少,且大多数高校支撑条件指数集中在比较小的分值范围。我国博士生教育支撑条件指数在5以上的仅有3所高校,即高型和中高型高校。29所质量中型、中低型、低型高校中,博士生教育支撑条件指数在4~5之间的仅占10%,90%的高校集中在1~3之间。案例高校是我国博士生教育支撑条件最好的大学群体,由此可以窥出我国博士生教育整体支撑条件仍有很大的改善空间。

第三,我国高校博士生教育社会贡献指数梯度现象明显。研究发现高校博士生教育社会贡献指数与总指数之间的相关系数达0.98,这与高质量发展理念不谋而合。进入新时代,随着我国"双一流"建设的纵深发展,注重社会贡献水平和能力将成为高校高质量发展的重要发展方向。数据显示,我国高校博士生教育社会贡献指数梯度现象明显。质量高型2所高校社会贡献指数大且不相上下,它们代表了我国高校博士生教育质量的最高水平;质量中高型高校社会贡献指数在8.88,社会贡献度比较高。大多数质量中型高校的社会贡献指数在5~6之间,在我国享有较高的社会声誉。质量中低型高校在社会贡献指数上跨度最大,分值在2~5之间,且50%的高校处于"轻度预警"状态。这些高校在博士生规模、支撑条件上存在或多或少的羁绊,导致社会贡献指数偏低。质量低型高校的社会贡献指数最低,在案例高校中处于"轻度预警"或"中度预警"状态,而这也与它们的博士生规模、支撑条件低相匹配。

第四,部分高校在博士生规模、支撑条件和社会贡献上发展不平衡。数据显示案例高校在博士生规模、支撑条件和社会贡献等方面发展不平衡。在博士生规模与支撑条件方面,华中科技大学、吉林大学、大连理工大学、湖南大学等高校博士生规模指数显著高于其支撑条件指数,即这些高校博士生规模较大,但支撑条件较差,影响了其整体表现;相反,中国农业大学、华南理工大学、中国海洋大学等高校博士生规模指数显著低于其支撑条件指数,即这些高校虽拥有较好的支撑条件,但博士生规模较小,从而阻碍了其更充分地发展。在支撑条件和社会贡献方面,中国农业大学、同济大学、天津大学、重庆大学、电子科技大学、中国海洋大学、西北农林科技大学等高校支撑条件指数显著高于其社会贡献指数,即这些高校博士生教育支撑条件较好,但却在社会贡献上差强人意。相反,吉林大学、中山大学、山东大学、南开大学等高校支撑条件指数显著低于其社会贡献指数，即这些高校支撑条件较差，但社会贡献却比较高，体现出较大的社会增值。

第五，博士生教育质量中型、中低型和低型高校存在不同程度的预警。32所案例高校中，共3所高校进入质量高、中高型行列，它们在博士生规模、支撑条件和社会贡献等三个维度上表现优异，并无预警。而质量中型、中低型和低型高校存在不同程度的预警。整体上，博士生教育质量越低，预警状态越多，预警层级越高。从质量低型高校来看，它们在博士生规模、支撑条件和社会贡献三个维度上全部处于预警状态，其中，"中度预警"的达37%，"轻度预警"的占63%。从质量中低型高校来看，它们在博士生规模、支撑条件和社会贡献三个维度上属于"无警"状态的只占38%，其余均处于"轻度预警"。从质量中型高校来看，1所高校在博士生规模上属于"轻度预警"，其余均属"无警"。

五、指数结果验证

本书构建的博士生教育质量指数建立在博士生规模、支撑条件和社会贡献三个分指数的基础之上。为验证三个核心要素是否能比较全面地反映博士生教育质量状态，研究增加效率指数，并采用客观赋权的方法重新构建博士生教育质量指数。这样做，一是衡量高校资源的产出效益，回应高校绩效问责；二是尝试增加效率指数，衡量其是否对高校博士生教育质量总指数结果产生大的影响，从而进一步验证前期构建的博士生教育质量指数模型的可靠性与合理性。为便于区分，将增加了效率指数的博士生教育质量指数称为总指数（加效率），将未增加效率指数的博士生教育质量指数称为原指数（不加效率），下文将重点分析两者的区别。

研究采用数据包络分析（Data Envelopment Analysis，简称 DEA）方法，借助 DEA-SOLVER Pro5.0 软件对高校博士生教育效率进行测算。在研究中，考虑到不同类型高校指标的可比性问题，仅选四项基础性指标进行效率运算，其中以规模指数中的在校博士生数和支撑条件指数中的重点学科数为投入指标，以社会贡献指数中的国家级科技成果获奖数和国家哲学社会科学成果数为产出指标。

第 1 步，使用 DEA-SOLVER Pro5.0 软件，应用 Super-CCR-I 模型计算各高校超效率值（E_i'）。

第 2 步，仿照公式（5-11）对 E_i' 进行线性规划，得到各高校效率指数（E_i）。

第 3 步,通过变异系数法求得博士生规模指数(S_i)、支撑条件指数(R_i)、社会贡献指数(C_i)及效率指数(E_i)的权重。

第 4 步,根据公式(5-13)计算高校博士生教育质量指数($DEQI_i$)。

$$DEQI_i = W_1 * S_i + W_2 * R_i + W_3 * C_i + W_4 * E_i \qquad (5.13)$$

经过以上计算,结果发现,增加效率指数前后各高校总指数位序有所变化,但整体变化不大,具体见表 5.16 和图 5.5。

表 5.16　高校博士生教育质量指数结果对比(增加效率指数前后)

序号	学 校 名 称	博士生规模	支撑条件	社会贡献	效率	总指数（加效率）	原指数（不加效率）	位序变化
1	清华大学	8.52	10.00	9.57	6.67	8.77	9.49	↑1
2	北京大学	9.57	9.32	10.00	4.27	8.43	9.71	↓1
3	浙江大学	10.00	6.37	8.88	4.78	7.59	8.35	—
4	中国人民大学	3.60	4.03	6.20	10.00	5.85	5.03	↑3
5	上海交通大学	5.57	4.98	6.16	4.95	5.44	5.69	—
6	复旦大学	5.85	4.82	6.97	3.58	5.38	6.10	↓2
7	华中科技大学	8.73	3.84	4.66	3.04	5.08	5.23	↓1
8	武汉大学	5.91	3.57	5.50	3.85	4.73	5.00	—
9	中山大学	4.25	3.12	5.63	5.79	4.68	4.60	↑3
10	北京师范大学	4.49	3.71	5.56	4.29	4.53	4.79	↑1
11	吉林大学	6.05	2.51	5.78	3.37	4.46	4.85	↓1
12	南京大学	4.89	3.76	5.62	2.70	4.30	4.92	↓3
13	山东大学	3.69	2.53	4.56	6.35	4.22	3.78	↑1
14	中国农业大学	3.03	4.13	2.87	5.70	3.87	3.28	↑4
15	四川大学	3.62	3.42	4.47	3.43	3.75	3.98	↓2

续　表

序号	学　校　名　称	博士生规模	支撑条件	社会贡献	效率	总指数（加效率）	原指数（不加效率）	位序变化
16	东南大学	3.41	3.69	3.39	4.26	3.66	3.48	↑1
17	同济大学	3.58	3.52	2.59	3.90	3.37	3.07	↑5
18	西北农林科技大学	2.50	1.32	0.99	9.55	3.37	1.40	↑14
19	西安交通大学	3.50	3.57	3.48	2.81	3.36	3.51	↓3
20	中南大学	4.01	2.79	3.19	3.46	3.35	3.23	↓1
21	南开大学	2.69	2.49	4.58	3.26	3.27	3.57	↓6
22	华南理工大学	2.35	3.15	2.68	4.22	3.06	2.75	↑2
23	大连理工大学	4.25	2.14	2.82	2.73	2.97	2.90	—
24	厦门大学	4.33	2.90	2.84	1.73	2.97	3.15	↓3
25	华东师范大学	3.47	2.30	3.66	1.58	2.80	3.21	↓5
26	天津大学	2.04	3.36	2.47	3.00	2.71	2.65	↓1
27	兰州大学	1.56	1.54	2.46	5.60	2.70	2.00	↑1
28	电子科技大学	2.70	2.35	1.27	3.70	2.45	1.88	↑2
29	东北大学	2.48	1.99	1.86	2.98	2.30	2.02	↓2
30	湖南大学	3.47	1.79	1.75	2.18	2.28	2.11	↓4
31	重庆大学	2.67	2.19	1.43	2.60	2.19	1.90	↓2
32	中国海洋大学	1.43	2.23	1.12	2.42	1.78	1.51	↓1

注：↑表示加入效率指数后的总指数与不加效率指数的总指数相比位序上升情况，如↑1表示位序上升1位。↓表示位序下降，"—"表示位序不变。

根据表 5.16 和图 5.5，位序上升的高校共 12 所，位序下降的有 16 所，位序不变的有 4 所。其中，位序变化最大的是西北农林科技大学，位序上升了 14 位，其次是南开大学，位序下降了 6 位，再次是华东师范大学，其位序下降了 5 位，而

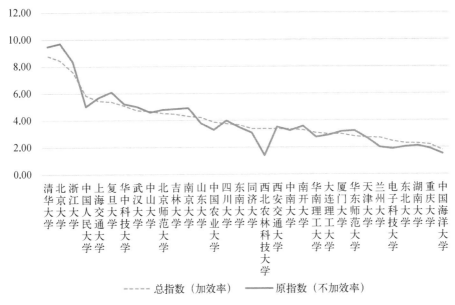

图 5.5　高校博士生教育质量指数结果对比（增加效率指数前后）

同济大学的位序则上升了 5 位，其余高校的位序变化较小或不变化。究其原因，作为我国农林类高校中排名第二的高校，西北农林科技大学博士生规模小，支撑条件小，但在国家级科技成果获奖数方面表现较好，因此显现出"投入小，产出大"的极端效率情况。此外，增加了效率指数后，人文类高校位序整体下降，而理工类或综合性大学位序整体上升，这主要是受到理工或综合性高校国家重点学科数及国家级科技成果获奖数更多的事实影响。需要说明的是，以上对总指数（加效率）的解释只适用于笔者选择了上述四项基础性指标，如若增加一项"科研经费"指标，则像中国人民大学这样的人文类高校效率值很高，因为其科研经费投入"特别少"，而产出"特别大"。因此，研究认为，如若在高校层面增加"效率"指数研究，需至少确保两个前提，一是高校的博士生规模相当，二是高校类型相似，这显然与本研究要构建的高校博士生教育质量指数有点偏离。

　　基于增加效率指数前后结果的分析，研究认为，虽然个别高校指数值出现了与前述研究不符的现象，但整体上来看，总指数（加效率）与原指数（不加效率）结果大体相当，这在一定程度上验证了基于三个核心要素构建的博士生教育质量指数模型的合理性。当然，在今后的科学研究中，应不断探索和寻求更为适切、科学、合理的分指数或指标项，以不断优化和改进博士生教育质量模型。

第六章
中国省域博士生教育质量指数构建

研究选取我国 31 个省域为实证对象,以在校博士生数、博士生导师数、科研经费投入强度、世界一流大学数、知名博士培养人数、近五年每百万人口博士学位授予人数、高等学校科技成果获奖数、高水平科技项目验收数及高等学校技术转让实际收入等 9 项指标为核心指标,利用主成分分析法、变异系数法确定权重,构建了省域博士生教育质量指数。该指数将我国 31 个省域划分为博士生教育质量高型、中低型、低型三类。博士生教育质量高型以北京为代表,其质量遥遥领先于我国其他省域。博士生教育中低型,以上海、江苏、湖北、广东 4 省为代表,属于我国博士生教育发展的"第二梯队"。博士生教育质量低型,以其余 26 个省域为代表。研究发现,我国省域博士生教育质量不仅与省域经济发展状况密切相关,而且呈现一定的区域共性特征,同时在一定程度上受到国家宏观政策的影响。研究建议,一是加强相邻省域博士生教育战略合作,形成区域博士生教育发展优势,二是制定灵活多样的博士生教育管理政策,鼓励博士生教育管理变革与创新。

第一节　中国省域博士生教育质量指数
研究对象及数据来源

一、研究对象：中国 31 个省域

在我国,行政区划单位主要分为四级。第一级行政区划单位是"省",共 34 个,包括直辖市(4 个)、省(23 个)、自治区(5 个)和特别行政区(2 个)。第二级行政区划单位是"地",共 334 个,包括地级市(294 个)、地区(7 个)、自治州(30 个)、盟(3 个)。第三级行政区划单位是"县",共 2 851 个,包括市辖区(962 个)、县级市(363 个)、自治县(117 个)、旗(49 个)、自治旗(3 个)、特区(1 个)和林区(1 个)。第四级行政区划单位是"乡",共 39 888 个[①]。案例中,省域部分共涉及 31 个省级行政单位,包括直辖市、省、自治区三类,不包括 2 个特别行政区及台湾省的情况。

二、指标内涵及数据来源

省域博士生教育质量指数涉及指标共计 21 项,其中,博士生规模 3 项,支撑条件 10 项及社会贡献 8 项。数据主要来源于各年度《中国科技统计年鉴》《中国人口和就业统计年鉴》《全国科技经费投入统计公报》《中国学位与研究生教育发展年度报告》《高等学校科技统计资料汇编》《来华留学生简明统计》软科世界大学学术排名(ARWU)及爱思唯尔"中国高被引学者"名单等。需特别说明的是,受数据可得性的限制,文中相关指标数据选取的均是笔者可获得的最近年份的数据。各指标数据[②]内涵如下:

第一,在校博士生数。在校博士生数指各省域内高校在校博士生总数。该指标既包括学术型博士也包括专业学位博士人数。研究选取 2016 年各省域在校博士生数作为表征指标。

第二,每百万人口在校博士生数。每百万人口在校博士生数衡量的是一定时间内博士人才在社会人力资本中的占比。将 2016 年各省域在校博士生数除以 2016 年各省年末人口数再乘以一百万,得到每百万人口在校博士生数。

---

① 中华人民共和国民政部.中华人民共和国二〇一七年行政区划统计表[EB/OL].(2017－12－31) [2021－09－29]. http://xzqh.mca.gov.cn/statistics/2017.html.

② 本章"在校博士生数"数据来源于《中国学位与研究生教育发展年度报告 2017》;"各省年末人口数"数据来源于《2018 中国人口和就业统计年鉴》;"来华留学博士生数"来源于《来华留学生简明统计 2016》;"博士生导师数"来源于《中国学位与研究生教育发展年度报告 2017》;"科研人员数""科研人员博士毕业人数"来源于《中国科技统计年鉴 2019》;"科研经费数"来源于《全国科技经费投入统计公报》;各省 GDP 数据来源于国家统计局各省年度数据;"博士一级学位授权点数"来源于《中国学位与研究生教育发展年度报告 2017》;"高等学校研究与发展机构数""高等学校研究与发展经费""高等学校科技成果获奖数""高水平科技项目验收数""出版的科技著作数""技术转让实际收入"等数据来源于《2017 年高等学校科技统计资料汇编》;"近五年累计授予博士学位人数"来源于各年度《中国学位与研究生教育发展年度报告》等。

第三，来华留学博士生数。留学生教育是中国教育对外开放中"引进来"发展策略的重要体现。随着我国博士生教育的迅速发展，来华留学博士生人数也在迅速增加。来华留学博士生教育已成为各省博士生教育的重要组成，来华留学博士生人数也成为衡量各省域博士生教育吸引程度的重要指标。研究选取2016年各省域来华留学博士生数作为表征指标。

第四，博士生导师数。博士生导师是博士生的指导教师，博士生导师不仅包含仅指导博士生的博士生导师，也包含既指导博士生又指导硕士生的博士、硕士导师。研究将2016年"博士导师"与"博士、硕士导师"求和获得2016年博士生导师数指标。

第五，科研人员数。科研人员数指各省域科研人员总数。研究选取2018年各省域科研人员数作为表征指标。

第六，科研经费数。科研经费即"研究与试验发展经费"，指的是统计年份内全社会实际用于基础研究、应用研究和试验发展的经费支出，包括实际用于研究与试验发展活动的人员劳务费、原材料费、固定资产购建费、管理费及其他费用支出。科研经费数具体指各省域2018年度科研经费数。

第七，科研经费投入强度。科研经费投入强度指各省域科研经费与省域生产总值的比值。随着国家、省域财政科技支出的增加，省域科研经费投入强度加大。研究中的"科研经费投入强度"为各省域2018年度科研经费投入强度。

第八，高等学校研究与发展经费。高等学校研究与发展经费是指各省域高等学校研究与发展经费当年拨入金额。研究采用2017年度各省域高等学校研究与发展经费作为表征指标。

第九，近十年年均GDP。"近十年年均GDP"指各省域最近十年GDP的平均值。省域GDP是各省域在一定时期内生产活动的成果总和，是省域经济实力的集中体现。研究计算2009—2018年各省域GDP的平均数作为表征指标。

第十，物质资本存量。资本存量总额常常用来衡量一国的生产水平，并且是资本存量净额和资本服务核算的传统起点[1]。物质资本存量的计算，国内主要有两种典型计算方法，一是张军提供的方法，一是单豪杰提供的方法[2]。本研究

---

① 李立国,杜帆.中国研究生教育对经济增长的贡献率分析——基于1996—2016年省际面板数据的实证研究[J].清华大学教育研究,2019(2)：56-65.

② 单豪杰.中国资本存量K的再估算：1952—2006年[J].数量经济技术经济研究,2008(10)：17-31.

采纳张军的研究方法计算。永续盘存法是被普遍采用的测算资本存量的方法，由戈登史密斯(Goldsmith)在 1951 年创立，其核心思想是"估计一个基准年后运用永续盘存法按不变价格计算各省域的资本存量"[①]。计算公式为：

$$K_{it} = K_{it-1}(1-\delta_{it}) + \frac{I_{it}}{P_{it}} \tag{6.1}$$

其中，i 表示省份，t 表示年份，K_{it} 表示第 i 个省在第 t 年的资本存量。

这里涉及基准年的选取及基准年资本存量 K 的确定。研究选择 2010 年为基年，主要考虑是 2010 年是新世纪第一个十年的终点。张军在计算过程中，参考杨格[②]计算的结果，将各省域基年固定资本形成总额除以 10% 作为该省域的初始资本存量。研究参照此方法，将 2010 年资本存量等同于各省域 2010 年固定资本形成总额（当年价格）除以 10% 的数值。

δ_{it} 指 i 省第 t 年的固定资本形成总额的经济折旧率。对固定资本形成总额的经济折旧率有各类方法计算，参考张军的研究结果，将 δ 设定为 9.6%，该数值基本上处于各计算方法的折衷范畴。

I_{it} 指 i 省 t 年的名义投资，指标选用固定资本形成总额（当年价格）。

P_{it} 指固定资产投资隐含平减指数。参考《中国统计年鉴》中的"固定资产投资价格指数"的计算方法，将上一年的固定资产投资价格指数设置为 100。研究选用 2010 年为基年，即 $P_{i2010} = 1$，则各省域其他年份固定资产投资价格指数相应地予以换算处理。例如，北京 2010 年固定资产投资价格指数为 1.025，固定资产投资隐含平减指数设置为 1，2011 年固定资产投资价格指数为 1.056 6，则 2011 年北京固定资产投资隐含平减指数为 1.056 6，2012 年固定资产投资价格指数为 1.013，则 2012 年北京固定资产投资隐含平减指数为 1.013 * 1.056 6，即 1.070，依次类推计算。为清晰演示计算流程，以北京市的固定资本存量计算为例予以介绍。2010 年，北京市 I_{i2010} 为 5 342.4 亿元，P_{i2010} 为 1，2011 年北京市 I_{i2011} 为 5 953.9 亿元，P_{i2011} 为 1.056 6，δ 为 9.6%，因此，北京市 2011 年固定资本存量为：

---

① 张军，吴桂英，张吉鹏.中国省际物质资本存量估算：1952—2000[J].经济研究，2004(10)：35–44.

② Young，Alwyn. Gold into Base Metals: Productivity Growth in the People's Republic of China during the Reform Period[EB/OL].（2000–08–31）［2019–12–10］. https://www.nber.org/papers/w7856.pdf.

$$K_{i2011} = K_{i2010}(1 - \delta_{it}) + \frac{I_{i2011}}{P_{i2011}}$$

$$= 5\,342.4/0.1 * (1 - 9.6\%) + 5\,953.9/1.056\,6 \qquad (6.2)$$

$$= 53\,930.22$$

依次类推，计算其他省域的物质资本存量。

第十一，博士一级学科授权点数。博士、硕士学位授权审核是对招收培养研究生和授予其学位的教育机构及其学科专业进行审核并给予授权的制度，是我国学位制度的重要组成部分[1]。博士一级学科授权点是保障博士生教育质量的基础。研究选取 2016 年博士一级学科授权点数作为数据表征。

第十二，高等学校研究与发展机构数。高等学校研究与发展机构是研究与发展人员赖以生存的基础。研究选择 2016 年各省域高等学校研究与发展机构数作为数据表征。

第十三，世界一流大学数[2]。世界一流大学与博士生教育质量相辅相成。一般而言，排名越是靠前的世界一流大学，其博士生教育质量越高。研究选取各省域 2019 年在 ARWU 排名前 500 的大学，并按照排名 1～50、51～100、101～150、151～200、201～300、301～400、401～500 的大学分别赋值 7,6,5,4,3,2,1 并求和获得各省域 2019 年世界一流大学数。

第十四，知名博士培养人数。本章"知名博士"特指"中国高被引学者"。研究追溯 2018 年"中国高被引学者"（Most Cited Chinese Researchers）的博士学位来源省域，将某省域高校在博士层次培养的"中国高被引学者"人数作为数据表征。针对统计过程中的特殊情况，说明两点：一是中国石油大学、中国矿业大学、中国地质大学三所大学分属两个省域，为统计方便，均计算在主校区所在地，即中国石油大学计算在山东省，中国矿业大学计算在江苏省、中国地质大学计算在湖北省。这样计算可能会导致这些省域分值相对较高，北京省域分值相对减少的情形。但由于博士学位获自这三所大学的"中国高被引学者"人数为个位数，因此可以认为对整体计算结果影响微小。二是本章只统计由省域内高校培养的"中国高

---

[1] 中国学位与研究生教育信息网.博士、硕士学位授权审核办法改革方案[EB/OL].(2008 - 01 - 14)[2020 - 04 - 10].http://www.cdgdc.edu.cn/xwyyjsjyxx/zlpj/pgpsdtxx/266262.shtml.

[2] 软科.软科世界大学学术排名[EB/OL].(2019 - 08 - 15)[2020 - 04 - 11].http://www.Shanghairanking.com.

被引学者"人数,不统计省域内科研院所培养的"高被引学者"信息。原因主要在于笔者在查找这类学者信息时发现,这类学者在介绍自己的博士学位时大多只指出自己毕业于中国科学院系统,笔者根据这些信息很难对应到具体的省域。为减少相关信息的统计错误,本研究仅统计高校培养的"中国高被引学者"人数。

第十五,近五年累计授予博士学位人数。研究选取 2012—2016 年各省域累计授予博士学位人数作为表征指标。

第十六,近五年每百万人口授予博士学位人数。将 2012—2016 年各省域累计授予博士学位人数除以 2016 年各省域年末人口数再乘以一百万,得到近五年每百万人口授予博士学位人数。

第十七,科研人员博士毕业人数。科研人员博士毕业人数指省域科研人员中拥有博士学位的人员数量。科研人员是实际开展省域科研活动的主力军,是推动省域知识生产的重要力量。理论上,科研人员中博士毕业人员占比越大,省域知识生产效益越好。据统计,2011 年,我国科研人员共 401.76 万人,其中博士毕业人员 23.17 万人,科研人员中博士毕业人数占比 5.77%。2018 年,我国科研人员共 657.14 万人,是 2011 年的 1.64 倍。同时,我国科研人员博士毕业生 45.20 万人,是 2011 年的 1.95 倍。可见,我国科研人员博士毕业人数增速快于科研人员增速,理论上知识生产效益应会提升。研究选取 2018 年各省域科研人员博士毕业人数作为表征指标。

第十八,高等学校科技成果获奖数。国家三大奖——国家自然科学奖、国家技术发明奖和国家科技进步奖是我国等级最高、影响力最大的科研奖项,是高校科研实力的重要参考。按三大奖数据分布特征,参照有关研究,将上述三大奖分别赋予 5:2:1 当量折合计算,得到各省域高等学校科技成果获奖数。研究选择 2016 年各省域高等学校科技成果获奖数作为数据表征。

第十九,高水平科技项目验收数。973 计划、科技攻关计划、863 计划和国家自然科学基金项目等是我国等级最高、影响力最大的科技项目。各省域完成的高水平的科技项目数是衡量各省域对推动国家科技进步作出的贡献程度的重要指标。对 2017 年各省域完成的四大项目验收数求和,得到各省域高水平科技项目验收数。

第二十,出版的科技著作数。研究选取 2017 年各省域出版的科技著作数作为表征指标。

第二十一，高等学校技术转让实际收入。科学技术是第一生产力，而技术转让则是科学技术促进经济发展的重要表现。研究选取 2017 年各省域高等学校技术转让实际收入为表征指标。

第二节　中国省域博士生教育质量指数计算方法及计算过程

一、指标筛选

在博士生教育质量指数基本框架的基础上，结合省域博士生教育质量指数相关指标对指标进行分析和筛选，去除那些重叠信息指标，保留核心指标。本章主要利用聚类分析和相关分析两种方法对指标进行筛选。一是聚类分析，按照博士生规模、支撑条件和社会贡献三个维度对指标进行聚类，从相同类别中选取最具代表性的指标。二是相关分析，研究对三个维度进行相关分析。最终利用31 个省域的相关指标数据对指标进行筛选。

1. 聚类分析

使用 SPSS20.0，使用瓦尔德法，测量区间选择平方欧氏距离，标准化选择"平均值为 1"，对博士生规模指标进行聚类分析。具体结果见图 6.1。结果显示，

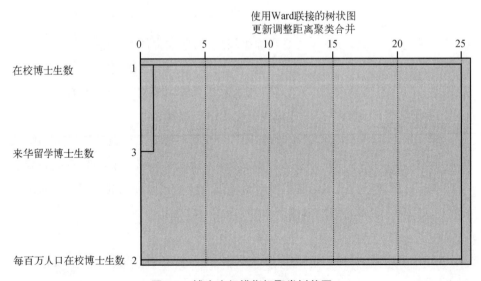

图 6.1　博士生规模指标聚类树状图

博士生规模各指标之间存在显著相关,在校博士生数与来华留学博士生数、每百万人口在校博士生数之间的相关系数为 0.972 和 0.955。经综合衡量,去除来华留学博士生数、每百万人口在校博士生数两个指标,保留剩余的 1 项指标,即在校博士生数。

对支撑条件的 10 项指标进行聚类分析,结果见图 6.2 和表 6.1。结果显示,科研人员数与科研经费数、近十年年均 GDP 相关系数高,分别达到 0.962 和 0.935;博士一级学科授权点数与博士生导师数、高等学校研究与发展经费及世界一流大学数相关系数高,分别达到 0.961、0.949 和 0.951。综合考虑,将科研人员数、高等学校研究与发展经费、近十年年均 GDP、博士一级学科授权点数四项指标去除,剩余 6 项指标保留。

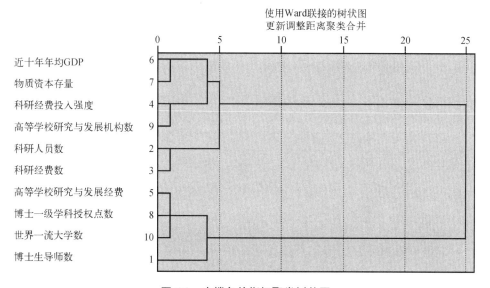

图 6.2　支撑条件指标聚类树状图

对社会贡献的 8 项指标进行聚类分析,结果见图 6.3 和表 6.2。

根据图 6.3 和表 6.2,近五年累计授予博士学位人数与近五年每百万人口授予博士学位人数、科研人员博士毕业人数、高等学校科技成果获奖数、高水平科研项目验收数相关系数高,分别达 0.963、0.917、0.908 和 0.965;科研人员博士毕业人数与近五年累计授予博士学位人数、高水平科技项目验收数及高等学校技术转让实际收入相关系数高,分别达 0.917、0.919 和 0.906。综合考虑,将近五年累计授予博士学位人数及科研人员博士毕业人数去除,剩余 6 项指标保留。

表 6.1　支撑条件指标相关系数矩阵

	博士生导师数	科研人员数	科研经费数	科研经费投入强度	高等学校研究与发展经费	近十年年均GDP	物质资本存量	博士一级学科授权点数	高等学校研究与发展机构数	世界一流大学数
博士生导师数	1	0.412*	0.600**	0.879**	0.923**	0.281	0.156	0.961**	0.601**	0.903**
科研人员数	0.412*	1	0.962**	0.576**	0.664**	0.935**	0.786**	0.509**	0.778**	0.612**
科研经费数	0.600**	0.962**	1	0.736**	0.807**	0.896**	0.740**	0.691**	0.811**	0.773**
科研经费投入强度	0.879**	0.576**	0.736**	1	0.908**	0.450*	0.298	0.891**	0.661**	0.891**
高等学校研究与发展经费	0.923**	0.664**	0.807**	0.908**	1	0.541**	0.380*	0.949**	0.779**	0.963**
近十年年均GDP	0.281	0.935**	0.896**	0.450*	0.541**	1	0.943**	0.425*	0.766**	0.488**
物质资本存量	0.156	0.786**	0.740**	0.298	0.380*	0.943**	1	0.314	0.671**	0.320
博士一级学科授权点数	0.961**	0.509**	0.691**	0.891**	0.949**	0.425*	0.314	1	0.712**	0.951**
高等学校研究与发展机构数	0.601**	0.778**	0.811**	0.661**	0.779**	0.766**	0.671**	0.712**	1	0.717**
世界一流大学数	0.903**	0.612**	0.773**	0.891**	0.963**	0.488**	0.320	0.951**	0.717**	1

注：** 表示在 0.01 水平上显著相关，* 表示在 0.05 水平上显著相关（该注释适用于全文）。

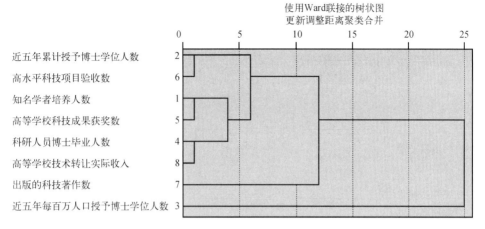

图 6.3 社会贡献指标聚类树状图

表 6.2 社会贡献指标相关系数矩阵

	知名博士培养人数	近五年累计授予博士学位人数	近五年每百万人口授予博士学位人数	科研人员博士毕业人数	高等学校科技成果获奖数	高水平科技项目验收数	出版的科技著作数	高等学校技术转让实际收入
知名博士培养人数	1	0.888**	0.790**	0.893**	0.929**	0.910**	0.692**	0.837**
近五年累计授予博士学位人数	0.888**	1	0.963**	0.917**	0.908**	0.965**	0.593**	0.898**
近五年每百万人口授予博士学位人数	0.790**	0.963**	1	0.811**	0.801**	0.914**	0.411*	0.838**
科研人员博士毕业人数	0.893**	0.917**	0.811**	1	0.876**	0.919**	0.720**	0.906**
高等学校科技成果获奖数	0.929**	0.908**	0.801**	0.876**	1	0.880**	0.703**	0.867**
高水平科技项目验收数	0.910**	0.965**	0.914**	0.919**	0.880**	1	0.621**	0.878**

续　表

	知名博士培养人数	近五年累计授予博士学位人数	近五年每百万人口授予博士学位人数	科研人员博士毕业人数	高等学校科技成果获奖数	高水平科技项目验收数	出版的科技著作数	高等学校技术转让实际收入
出版的科技著作数	0.692**	0.593**	0.411*	0.720**	0.703**	0.621**	1	0.653**
高等学校技术转让实际收入	0.837**	0.898**	0.838**	0.906**	0.867**	0.878**	0.653**	1

2. 相关分析

对保留的指标项进行投入(博士生规模、支撑条件)和产出(社会贡献)指标之间的相关分析,具体见表6.3。表6.3显示,在校博士生数、博士生导师数、科研经费投入强度及世界一流大学数与产出指标相关性较大,均予以保留。物质资本存量与近五年每百万人口授予博士学位人数呈负相关,将其去除;科研经费数、高等学校研究与发展机构数、出版的科技著作数与其他指标之间有一定相关性但相关系数较小,且可以由其他指标代替,因此,研究最终将科研经费数、高等学校研究与发展机构数、出版的科技著作数3项指标去除。

表6.3　投入、产出指标相关系数矩阵

	在校博士生数	博士生导师数	科研经费数	科研经费投入强度	物质资本存量	高等学校研究与发展机构数	世界一流大学数
知名博士培养人数	0.909**	0.891**	0.686**	0.867**	0.260	0.681**	0.948**
近五年每百万人口授予博士学位人数	0.950**	0.956**	0.392*	0.816**	−0.058	0.407*	0.775**
高等学校科技成果获奖数	0.922**	0.914**	0.659**	0.814**	0.248	0.620**	0.918**
高水平科技项目验收数	0.970**	0.966**	0.615**	0.896**	0.164	0.612**	0.920**

续 表

	在校博士生数	博士生导师数	科研经费数	科研经费投入强度	物质资本存量	高等学校研究与发展机构数	世界一流大学数
出版的科技著作数	0.626**	0.609**	0.714**	0.633**	0.694**	0.796**	0.701**
高等学校技术转让实际收入	0.905**	0.914**	0.674**	0.850**	0.265	0.638**	0.858**

经过上述研究过程,研究最终保留了 9 项指标,构成了省域博士生教育质量指数。具体见表 6.4。

表 6.4 省域博士生教育质量指数指标

维 度	指 标
博士生规模	1. 在校博士生数
支撑条件	2. 博士生导师数
	3. 科研经费投入强度
	4. 世界一流大学数
社会贡献	5. 知名博士培养人数
	6. 近五年每百万人口授予博士学位人数
	7. 高等学校科技成果获奖数
	8. 高水平科技项目验收数
	9. 高等学校技术转让实际收入

二、权重设置

1. 指标权重设置

利用主成分分析法,确定各主成分权重。具体流程如下:

第一,博士生规模指标权重设置。因为只有"在校博士生数"一个指标,因此权重设置为 100%。

第二，支撑条件指标权重设置。第 1 步，采用均值法对博士生导师数、科研经费投入强度及世界一流大学数三项指标无量纲化处理。第 2 步，以 31 个省域的相关指标为样本，用 SPSS 软件进行数据检验。经检验，指标 Bartlett 球体检验值 96.392，KMO 统计量为 0.779，卡方统计显著性水平为 0.000，小于 0.01，说明指标之间存在显著相关，数据适用于主成分分析。具体见表 6.5。

表 6.5　支撑条件指数指标 KMO 和 Bartlett 的检验

取样足够度的 Kaiser-Meyer-Olkin 度量		0.779
Bartlett 的球形度检验	近似卡方	96.392
	df	3.000
	Sig.	0.000

研究得出解释的总方差及主成分得分系数矩阵见表 6.6—表 6.8。

表 6.6　支撑条件指数指标解释的总方差

成分	初始特征值			提取平方和载入			旋转平方和载入		
	合计	方差的%	累积%	合计	方差的%	累积%	合计	方差的%	累积%
1	2.782	92.722	92.722	2.782	92.722	92.722	1.588	52.927	52.927
2	0.123	4.093	96.814	0.123	4.093	96.814	1.317	43.887	96.814
3	0.096	3.186	100.000						

提取方法：主成分分析。

表 6.7　支撑条件指数指标旋转成分矩阵[a]

	成　分	
	1	2
博士生导师数	0.851	0.495
科研经费投入强度	0.526	0.848
世界一流大学数	0.766	0.595

提取方法：主成分。旋转法：具有 Kaiser 标准化的正交旋转法。
a. 旋转在 3 次迭代后收敛。

表 6.8 支撑条件指数指标成分得分系数矩阵

	成　　分	
	1	2
博士生导师数	1.364	−0.994
科研经费投入强度	−1.253	1.902
世界一流大学数	0.652	−0.203

提取方法：主成分。旋转法：具有 Kaiser 标准化的正交旋转法。

根据公式(6-3)—(6-5)计算均值化后的原始支撑条件指数 R'：

$$RF_1 = 1.364 * R_1 - 1.253 * R_2 + 0.652 * R_3 \tag{6.3}$$

$$RF_2 = -0.994 * R_1 + 1.902 * R_2 - 0.203 * R_3 \tag{6.4}$$

$$R' = (52.93 * RF_1 + 43.89 * RF_2)/96.81 \tag{6.5}$$

其中，R_1 表示博士生导师数均值化后得分，R_2 表示科研经费投入强度均值化后得分，R_3 表示世界一流大学数均值化后得分。根据三个公式的逐步运算，得到均值化后的原始支撑条件指数 R'。

通过对公式(6-5)展开运算得到各项指标对支撑条件的相对权重，该权重是根据各项指标数据的离散程度计算出的客观权重。

第三，社会贡献指数指标权重设置。按照与支撑条件指数指标权重设置的方法，得到均值化后的原始支撑条件指数 C'，相关信息见表 6.9—表 6.12。

$$CF_1 = 0.815 * C_1 - 0.795 * C_2 + 0.778 * C_3 - 0.078 * C_4 + 0.029 * C_5 \tag{6.6}$$

$$CF_2 = -0.562 * C_1 + 1.153 * C_2 - 0.521 * C_3 + 0.403 * C_4 + 0.276 * C_5 \tag{6.7}$$

$$C' = (50.06 * F1 + 44.32 * F2)/94.38 \tag{6.8}$$

表 6.9　社会贡献指数指标 KMO 和 Bartlett 检验

取样足够度的 Kaiser-Meyer-Olkin 度量		0.831
Bartlett 的球形度检验	近似卡方	203.978
	df	10.000
	Sig.	0.000

表 6.10　社会贡献指数指标解释的总方差

成分	初始特征值			提取平方和载入			旋转平方和载入		
	合计	方差的%	累积%	合计	方差的%	累积%	合计	方差的%	累积%
1	4.458	89.170	89.170	4.458	89.170	89.170	2.503	50.061	50.061
2	0.260	5.209	94.379	0.260	5.209	94.379	2.216	44.318	94.379
3	0.159	3.186	97.565						
4	0.082	1.646	99.211						
5	0.039	0.789	100.000						

提取方法：主成分分析。

表 6.11　社会贡献指数指标旋转成分矩阵[a]

	成　分	
	1	2
知名学者培养人数	0.864	0.462
近五年每百万人口授予博士学位人数	0.426	0.891
高等学校科技成果获奖数	0.855	0.474
高水平科技项目验收数	0.648	0.729
高等学校技术转让实际收入	0.652	0.673

提取方法：主成分。旋转法：具有 Kaiser 标准化的正交旋转法。
a. 旋转在 3 次迭代后收敛。

表 6.12　社会贡献指数指标成分得分系数矩阵

	成　分	
	1	2
知名学者培养人数	0.815	−0.562
近五年每百万人口授予博士学位人数	−0.795	1.153
高等学校科技成果获奖数	0.778	−0.521
高水平科技项目验收数	−0.078	0.403
高等学校技术转让实际收入	0.029	0.276

提取方法：主成分。旋转法：具有 Kaiser 标准化的正交旋转法。

2. 各维度权重设置

通过变异系数法确定博士生规模、支撑条件和社会贡献三个维度的权重。首先计算博士生规模、支撑条件和社会贡献三个维度的均值和标准差，再根据变异系数法公式计算权重，得出博士生规模、支撑条件和社会贡献三个维度的权重分别是 0.334、0.315 和 0.351。

综合以上分析，研究采用聚类分析和相关分析方法，逐步确立了 3 个维度、9 个指标的省域博士生教育质量指数框架，同时利用主成分分析方法确定了主成分的权重，利用变异系数法确定了 3 个维度的权重，最终构建完整的省域博士生教育质量指数框架。

三、指数计算过程及结果

1. 分别计算博士生规模指数（S_i）、支撑条件指数（R_i）和社会贡献指数（C_i）

（1）在均值化数据指标基础上计算原始博士生规模指数（S_i'）、支撑条件指数（R_i'）和社会贡献指数（C_i'）：

$$S_i' = W_{s1} * SD_i \tag{6.9}$$

$$R_i' = W_{R1} * RF_{i1} + W_{R2} * RF_{i2} \tag{6.10}$$

$$C_i' = W_{C1} * CF_{i1} + W_{C2} * CF_{i2} \tag{6.11}$$

其中，W 为权重；S_i' 为 i 省博士生原始规模指数。SD_i 为 i 省在校博士生数得分；R_i'为 i 省原始支撑条件指数。RF_{i1} 为 i 省支撑条件主成分 1 得分；RF_{i2} 为 i 省支撑条件主成分 2 得分；C_i' 为 i 省原始社会贡献指数。CF_{i1} 为 i 省社会贡献主成分 1 得分；CF_{i2} 为 i 省社会贡献主成分 2 得分。

(2) 对原始博士生规模指数(S_i')、支撑条件指数(R_i')和社会贡献指数(C_i')进行线性规划获得博士生规模指数(S_i)、支撑条件指数(R_i)和社会贡献指数(C_i)

第一步，初次线性变换。研究将北京的原始博士生规模指数(S_i')、支撑条件指数(R_i')和社会贡献指数(C_i')分值设置为 10，并根据公式(6-12)对其他省份分值相应进行线性规划处理，得到初步指数值 Z_i'。

$$Z_i' = 10 * \frac{Z_i''}{(Z_i'')_{max}} \qquad (6.12)$$

其中，Z_i'' 为各省原始博士生规模、支撑条件和社会贡献指数分值。

第二步，二次线性变换。根据公式(6-13)进行[1,10]线性规划，最后结果 Z 即为所求的博士生规模指数(S_i)、支撑条件指数(R_i)和社会贡献指数(C_i)。

$$Z_i = 1 + 0.9 * Z_i' \qquad (6.13)$$

2. 根据公式(4-19)计算省域博士生教育质量指数($DEQI_i$)

$$DEQI_i = f(S_i, R_i, C_i) = W_1 * S_i + W_2 * R_i + W_3 * C_i \qquad (4.19)$$

其中，$DEQI_i$ 为 i 省博士生教育质量指数；根据变异系数法计算权重：博士生规模指数(S_i)的权重 W_1 为 0.352；支撑条件指数(R_i)的权重 W_2 为 0.298；社会贡献指数(C_i)的权重 W_3 为 0.350。结果见表 6.13。

表 6.13　省域博士生教育质量指数

序号	省　域	博士生规模	支撑条件	社会贡献	总得分	类　型
1	北　京	10.00	10.00	10.00	10.00	高
2	江　苏	3.66	5.21	5.04	4.60	中低
3	上　海	3.82	5.41	4.21	4.43	
4	湖　北	3.18	3.92	3.36	3.46	
5	广　东	2.42	4.02	2.75	3.01	

序号	省　域	博士生规模	支撑条件	社会贡献	总得分	类　型
6	陕　西	2.76	3.05	3.03	2.94	
7	浙　江	2.09	2.98	2.94	2.65	
8	四　川	2.39	2.98	2.42	2.58	
9	辽　宁	2.37	2.50	2.35	2.40	
10	天　津	1.85	2.95	1.95	2.21	
11	黑龙江	2.18	2.32	2.08	2.19	
12	安　徽	1.61	2.52	2.41	2.16	
13	湖　南	2.11	2.64	1.58	2.08	
14	山　东	1.88	2.59	1.72	2.04	
15	吉　林	1.96	1.85	1.95	1.92	
16	重　庆	1.57	2.13	1.81	1.82	低
17	福　建	1.54	2.34	1.65	1.82	
18	甘　肃	1.35	1.77	1.38	1.49	
19	河　南	1.19	1.65	1.33	1.37	
20	河　北	1.27	1.62	1.21	1.35	
21	江　西	1.12	1.68	1.27	1.34	
22	山　西	1.25	1.48	1.23	1.31	
23	云　南	1.23	1.48	1.07	1.25	
24	内蒙古	1.13	1.32	1.14	1.19	
25	广　西	1.11	1.38	1.04	1.17	
26	宁　夏	1.02	1.44	1.01	1.14	
27	新　疆	1.11	1.27	1.04	1.13	

续　表

序号	省　域	博士生规模	支撑条件	社会贡献	总得分	类　型
28	贵　州	1.06	1.31	1.03	1.13	
29	青　海	1.01	1.22	1.09	1.10	低
30	海　南	1.03	1.22	1.01	1.08	
31	西　藏	1.01	1.09	1.00	1.03	

第三节　中国省域博士生教育质量
指数结果讨论

参考博士生教育质量指数模型,我国省域博士生教育质量指数总得分在1.03～10.00 分之间,主要可被划分为"低"(1～2)"中低"(3～4)和"高"(9～10)三种类型,具体见表 6.13。

一、博士生规模指数结果讨论

利用 SPSS 软件,采用沃尔德聚类方法,根据省域博士生规模指数结果,将我国 31 个省域划分成 A、B、C、D 四类,具体见图 6.4。

第一类:规模 A 型,以北京为代表。2016 年,北京在校博士生数达 95 328 人,占全国在校博士生数的 27.89%,是在校博士生数排第二位——上海的 3.19 倍,北京是我国博士生教育的重镇。

第二类:规模 B 型,以上海、江苏、湖北和陕西等 4 个省域为代表。2016 年,4 省域在校博士生数总计约 10 万人,省域约值为 2.5 万人,是我国除北京以外的最大博士生教育基地。

第三类:规模 C 型,以广东、四川、辽宁、黑龙江、湖南、浙江、吉林、山东、天津等 9 个省域为代表。2016 年,这 9 个省域在校博士生规模最低的是天津,为9 052 人,最高的是广东,为 14 990 人。9 省域共计 10.85 万人,省域均值为 1.21万人,是我国在校博士生规模比较大的地区。

第四类:规模 D 型,以安徽、重庆、福建、甘肃、河北、山西、云南、河南、内

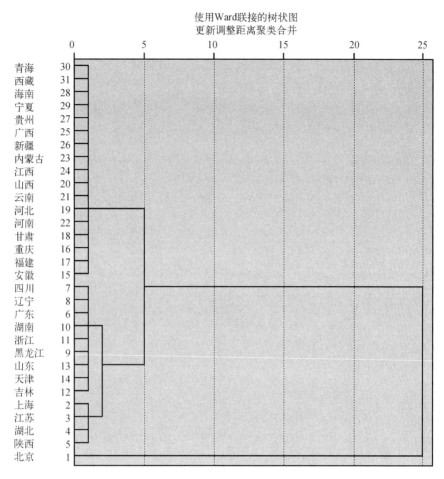

图6.4　31个省域博士生规模得分聚类

蒙古、江西、广西、新疆、贵州、海南、宁夏、青海、西藏等17个省域为代表。总
体上,17个省域在校博士生人数较少,可以分为四个层次。其中,安徽、重
庆和福建在校博士生人数较多,三省平均在校博士生人数为6 047人;甘肃、
河北、山西、云南、河南5个省域在校博士生数在2 000~4 000人之间,平均在
校博士生数为2 745人;内蒙古、江西、广西、新疆4个省域在校博士生数在
1 000~1 500人之间,平均在校博士生人数为1 269人;贵州、海南、宁夏、青
海、西藏5个省域在校博士生人数最少,都在1 000人以下,其中西藏地区最
少,仅为64人。这5个省域平均在校博士生数为249人,为我国在校博士生人
数最少的省域。

二、支撑条件指数结果讨论

利用 SPSS 软件，采用沃尔德聚类方法，根据支撑条件指数结果，将我国 31 个省域划分成 A、B、C、D 四类。具体见图 6.5。

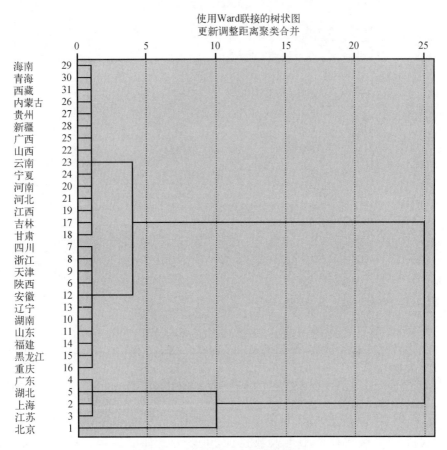

图 6.5　31 个省域支撑条件指数聚类

第一类：支撑条件 A 型，以北京为主要代表。北京在人、财、物各个方面的投入力度都处于国内省域的顶尖水平。2016 年，北京的博士生导师数为 25 751人，占全国博士生导师人数的 28.67%，是博士生导师数排在第二位的上海的 3.41 倍。2018 年，北京科研经费投入强度为 6.17，是排在第二位的上海的 1.48倍，是排在第三位的江苏省的 2.29 倍；在世界一流大学数上，2019 年，北京排在 ARWU 排名前 500 的大学共计 8 所，世界一流大学数量为全国之最。此外，北京拥有国内唯一一所跻身世界前 50 的大学,这些支撑条件都为确保并提升北京博士生教育质量奠定了坚实的基础。

第二类:支撑条件 B 型,以上海、江苏、广东和湖北 4 省域为代表。2016 年,上海、江苏、广东和湖北四个省域博士生导师人数总和与北京相当。其中,上海和江苏的博士生导师数相当,两省都约为 7 500 人。湖北和广东的博士生导师数相当,两省都约为 5 000 人。2018 年,全国科研经费共计 19 677.9 亿元,其中,广东、江苏、上海和湖北四省的科研经费分别为 2 704.70、2 504.40、1 359.20 和 822.10 亿元,位列全国各省域科研经费的第 1、2、6 和 7 位。与此同时,上海、广东、江苏和湖北四省域在博士生教育科研投入强度上分别位列全国第 2、3、4 和第 10 位,除湖北略低以外,其他三个省域的科研投入强度较大。在世界一流大学数上,上海、江苏、湖北、广东分别拥有 ARWU 排名前 500 的大学 4 所、5 所、4 所和 2 所,是除北京以外我国表现较为优异的省域。整体上来看,支撑条件 A 型省域的经济实力较强。2009—2018 年近十年来,广东、江苏、湖北和上海的年均 GDP 分别是 66 670.9、62 986.3、26 004.3 和 23 359.1 亿元,分别位列全国第 1、2、8 和 11 位,雄厚的经济实力为其博士生教育的发展提供了重要的保障,但这些省域的博士生教育发展在一定程度上受到了国家政策的影响。例如,我国各省域博士生指标由教育部统一分配,造成这些省域的博士生人数较少,博士生导师人数也相应较少,与博士生教育相关的博士生教育产出相应减少。研究建议,政府对这类地区的博士生教育可考虑适度放宽博士生指标限制,从而推动该类省域博士生教育的发展。

第三类:支撑条件 C 型,以陕西、四川、浙江、天津、湖南、山东、安徽、辽宁、福建、黑龙江、重庆等 11 个省域为代表。11 个省域的博士生导师数合计 29 471 人,占全国博士生导师总数的 32.81%,比北京市略高。科研投入强度方面,除天津、浙江、陕西、安徽、山东、重庆投入强度较大以外(科研投入强度在 2.0~3.0 之间),辽宁、四川、湖南、福建的科研投入强度在 1.80~1.82 之间,黑龙江的科研投入强度则低于 1.0。在世界一流大学数上,天津、湖南和四川有 2 所世界一流大学,陕西、浙江、山东、辽宁、安徽、福建、黑龙江等 7 省域各有 1 所世界一流大学,重庆则未有一所大学位列 ARWU 排名前 500 之内。研究分析支撑条件 B 型的省域发现,博士生教育质量受制于博士生导师规模及某些大学突出表现的影响,尚未形成博士生教育的群体优势,省域博士生教育的整体支撑条件一般。

第四类：支撑条件 D 型，以吉林、甘肃、江西、河南、河北、云南、山西、宁夏、广西、内蒙古、贵州、新疆、青海、海南、西藏等 15 个省域为代表。这 15 个省域主要分布在我国东北、西北、西南、南部等边疆地区或中部地区。受地理因素、气候条件、经济条件等因素影响，长期以来此类省域的支撑条件不足。吉林和甘肃是支撑条件 D 型省域中拥有博士生导师数最多的省域，2016 年吉林和甘肃的博士生导师分别是 1 754 和 978 人，人力支撑资源丰富。同时，吉林拥有吉林大学，甘肃拥有兰州大学这类历史悠久的名校，因此，相较于其他省域而言它们的支撑条件较好。但是，吉林的科研经费投入强度低于 1，排在全国倒数第 7 位，显示其科研经费投入强度低。剩余 13 个省域博士生导师总数为 6 638 人，仅占全国博士生导师数的 7.39%。2018 年 13 个省的 GDP 为 218 277 亿元，占全国 GDP 总量的 23.86%，此外，在世界一流大学方面，仅江西省拥有南昌大学这一排名在 401～500 的大学。鉴于 15 个省域支撑条件不足的实际情况，研究建议，如要提升这些省域的博士生教育质量，须首先改善支撑条件质量。

三、社会贡献指数结果讨论

利用 SPSS 软件，采用沃尔德聚类方法，根据社会贡献指数结果，将我国 31 个省域划分成 A、B、C、D 四类，具体见图 6.6。为表征原始指标数值的真实差异，将北京地区的相关指标单独划为一类，将聚类结果的第二和第三类划为一类讨论。

第一类：社会贡献 A 型，以北京为主要代表。人力资本贡献方面，2018 年，我国 31 个省域在博士层次培养的"中国高被引学者"共计 906 人，其中，北京共 171 人，占全国的 18.87%。在博士人才培养上，2012—2016 年，北京共授予博士学位 87 563 人。2016 年北京年末人口数为 2 173 万人，2012—2016 近五年每百万人口授予博士学位人数为 4 030 人，是排在第二位的上海的近 4 倍，北京为我国博士人才的培养作出了卓越贡献。在推动科技进步方面，2017 年，北京高等学校共获得国家自然科学奖二等奖 9 项、国家技术发明奖共 13 项（含一等奖 1 项，二等奖 12 项）和国家科技进步奖 42 项（含特等奖 2 项，一等奖 4 项和二等奖 36 项），北京高等学校获得的三大奖项总额分别占全国的 24.32%、19.12% 和 24.14%。在高水平科技项目验收方面，2017 年，北京获得验收的"973 计划""科技攻关计划""863 计划"和"自然基金项目"共计 652 项，占全国 27.95%，是我国

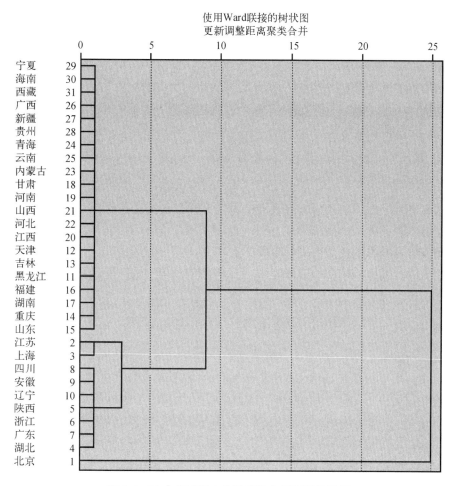

图 6.6　31 个省域博士生教育社会贡献指数聚类

高水平科技项目的主要承担者。在社会服务方面,北京高等学校技术转让实际收入 6.63 亿元,占全国高等学校技术转让实际收入的 24.83％,同时是排在第二位的江苏的 1.90 倍。综合来看,北京各项指标得分均遥遥领先于其他省域,北京博士生教育的社会贡献显著。

第二类:社会贡献 B 型,以江苏和上海 2 省域为代表。江苏和上海两省域的社会贡献分值接近,是我国除北京以外的博士生教育社会贡献最大的两大省域。江苏、上海在博士层次培养的"中国高被引学者"人数分别为 110 人和 94人,位居全国第 2 和第 3 位。近五年每百万人口授予博士学位人数方面,上海以1 032 人位居全国第二,江苏以 268 人位居全国第 7 位。在高等学校科技成果获奖数上，江苏、上海分列全国第 2 和第 6。2017 年，江苏、上海分别获得国家自然科学二等奖 6 项和 1 项，国家技术发明奖 7 项和 5 项，国家科技进步奖 20 项和 16 项，江苏省在各项奖项上表现突出，上海则在国家自然科学奖方面表现略显逊色。在高水平科技项目完成情况来看，2017 年，上海完成 305 项，江苏完成 212 项，分别位居全国第 2 和第 3 位。在社会服务方面，2017 年，江苏省高等学校技术转让实际收入为 3.49 亿元，上海 1.30 亿元，分别位居全国第 2 位和第 8 位，上海在此项指标上与江苏相比略显逊色。深入分析，江苏的著名高校主要集中在省会南京，而南京与上海相互毗邻，双方的合作与交流机会频繁，从战略上统筹江苏与上海的博士生教育发展或可有力推动我国长三角地区博士生教育质量的整体提升。

第三类：社会贡献 C 型，以湖北、陕西、浙江、广东、四川、安徽和辽宁 7 个省域为代表。社会贡献 B 型的 7 个省域是除北京、上海、江苏三个省域以外的我国博士人才培养的重要基地。7 个省域至少都拥有 1 所国内知名大学，因此，在我国博士生教育历史上拥有重要的地位。在知名博士培养人数上，7 个省域共培养"中国高被引学者"346 人，占全国的 38.19%，从一个侧面反映了这 7 个省域博士生教育的历史性贡献。近五年来每百万人口授予博士学位的人数上，湖北、陕西和辽宁较高，分别是 365、349 和 210 人，这与 3 个省域悠久的博士生教育历史密切相关；其次是浙江、广东、四川和安徽，这 4 个省域每百万人口授予博士学位人数在 85～152 人之间，主要是由于 4 省域人口众多，而授予的博士学位人数较少。在高等学校科技成果获奖及高水平科技项目验收数量方面，7 省域基本上是除北京、江苏、上海以外的省域中表现最好的。在社会服务方面，2017 年，广东、四川、陕西和浙江 4 省域的高等学校技术转让实际收入金额排在全国第 4～7 位，技术转让效益较好，而辽宁、安徽和湖北则分列第 11、14 和 15 位，科学技术研究成果的应用仍存在较大的发展空间。

第四类：社会贡献 D 型，以黑龙江、吉林、天津、重庆、山东、福建、湖南、甘肃、河南、江西、山西、河北、内蒙古、青海、云南、广西、新疆、贵州、海南、宁夏、西藏 21 个省市为代表。这 21 个省域在对我国人力资源的贡献、对科技进步的贡献以及社会服务方面，与其他三类省域都存在较大差距。具体而言，21 个省域在博士层次培养的"中国高被引学者"数共计 185 人，占全国的 20.42%。2012—2016 年每百万人口授予博士学位人数方面，天津、吉林、黑龙江、重庆、湖南、福建、甘肃、山东等省域表现较好,位居全国的第 3、6、8、10、12、15、16 和 17 位,在一定程度上体现了这些省域博士生教育存在较好的历史积淀,而山西、内蒙古、云南、新疆、河北、河南、江西、广西、海南、宁夏、贵州、青海和西藏等 13 个省域的每百万人口授予的博士学位人数都在 50 人以内,排在我国各省域的末端。在科技成果获奖或高水平科技项目验收方面,21 个省域表现一般。2017 年,21 个省域高等学校科技成果获奖共计 60 项,占全国的 21.51%,但不抵北京一个省域的获奖数量;高水平科技项目验收数为 410,仅相当于全国的 17.57%,北京的 62.88%。在社会服务方面,21 个省域高等学校技术转让实际收入总额为 7.51 亿元,仅占全国的 28.13%,其发展任重道远。

四、总指数结果讨论

根据博士生教育质量指数模型,将我国 31 个省域博士生教育质量指数划分成三类。同时采用 SPSS 系统聚类方法,对 31 个省域博士生教育质量指标数据进行聚类分析,结果见图 6.7。采用聚类方法得到的各省域排序与表 6.13 中指数方法得到的高校排序一致,只是湖北和广东地区在聚类中属于第三类型,在指数模型中被划分到第二类型。而在聚类中的第三和第四类型的省域在指数模型中被统一划分成博士生教育质量"低"型。这在一定程度上印证了本研究构建的博士生教育质量指数的可靠性。

第一类:博士生教育质量"高"型,以北京为主要代表。北京博士生教育质量总指数为 10 分,遥遥领先于全国其他省域。无论是博士生规模指数、支撑条件指数还是社会贡献指数,北京的得分都位列全国第 1,而且是排在第 2 位省域的 3.19、2.28 及 2.58 倍,北京的博士生教育质量具有绝对优势。从百分位置来看,北京博士生规模、支撑条件和社会贡献和总指数均排在前 5%,遥遥领先于其他省域。

第二类:博士生教育质量"中低"型,以江苏、上海、湖北、广东 4 省为代表。江苏和上海的博士生教育质量接近,总指数得分分别为 4.60 和 4.43,湖北和广东接近,总指数得分分别是 3.46 和 3.01。在博士生规模指数与支撑条件指数得分上,上海比江苏分值略高,而在社会贡献指数分值上略低于江苏,具体体现在高等学校科技成果获奖数量及高等学校技术转让实际收入两个方面。从未来发展来看,这两个省域毗邻,尤其是两省域的高校聚集在邻近的南京、上海两个城

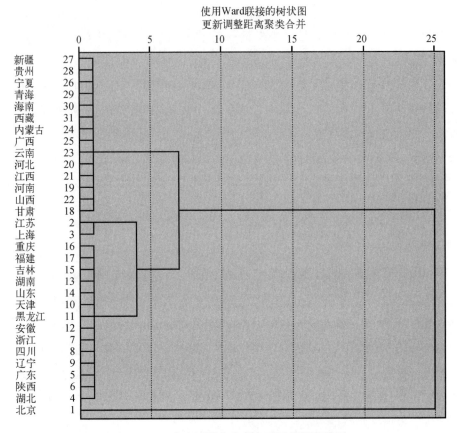

图 6.7　31 个省域博士生教育质量指数聚类图

市,博士生教育集群优势有待进一步发挥。湖北的博士生规模指数、支撑条件指数和社会贡献指数均在北京、上海和江苏之后,位列全国第 4～5 位。此外,湖北高等学校数量众多且武汉大学、华中科技大学等国内知名高校均聚集在湖北省省会城市武汉市,为博士生教育质量提升提供了良好的学术环境基础。广东经济实力雄厚,支撑条件较好,但在博士生规模和社会贡献方面略显逊色。从百分位置来看,第二类的 4 个省域在博士生规模上位居 5%～20%,支撑条件位居 5%～15%,社会贡献位居 5%～30%,总指数则位居 5%～15%。数据显示,我国省域博士生教育质量存在"断层"现象,即处于"高"水平的北京与其他省域之间存在巨大差异,导致中间层次的"中高"水平和"中"水平省域缺失。这在一定程度上导致了省域博士生规模、支撑条件和社会贡献等分指数结果百分位置上的变化:即便是百分位置靠前的高校,其得分却很低。出现这一结果主要是因为北京与其他省域的质量"鸿沟"。如若将北京这一"极端值"去除,不同省域之间的百分位置比例则更加接近于本研究设置的博士生教育质量指数模型中的指数特征。

第三类:博士生教育质量"低"型,以剩余 26 个省域为代表。除排名前 5 位的省域以外,其他 26 个省域都属于博士生教育质量"低"型,细分可以分为两个类型:一是以陕西、浙江、四川、辽宁、天津、黑龙江、安徽、湖南、山东、吉林、重庆、福建等 12 个省域为代表。12 个省域的博士生教育质量总体得分在 1.82~2.94 分之间,最高的是陕西,最低的是福建。这类省域包括博士生教育发展历史悠久的陕西、黑龙江、吉林和辽宁等地,也包括经济实力雄厚的浙江等地。二是以甘肃、河南、河北、江西、山西、云南、内蒙古、广西、宁夏、新疆、贵州、青海、海南、西藏 14 省域为代表。这类省域地处我国边疆地区或中部地区,经济发展较为缓慢,博士生规模小,支撑条件不足,社会贡献相对较小。从百分位置来看,这类省域指数得分区分度不大,存在"扎堆"现象。虽然所处百分位置跨度很大,如博士生规模位于 20%~100%,支撑条件位于 15%~100%,社会贡献位于 30%~100%,总指数位于 15%~100%,但各省域相关指数分值区分度不高,体现了我国省域博士生教育质量特点:个别省域博士生教育质量突出,其他省域博士生教育质量趋于平庸。

通过以上分析,研究提出三点思考:

一是我国省域博士生教育质量与省域经济发展状况密切相关。我国博士生教育质量总体得分与省域的经济实力基本一一对应,其呼应关系体现最为明显的是博士生教育质量指数得分排在前列及末端的省域。雄厚的经济基础能为博士生教育提供源源不断的条件支撑,同时,经济发达的省域也因为能为毕业博士人才提供更多的就业岗位和机会而吸纳了更多的博士毕业人才,进而进一步促进了当地经济发展和科技实力的提升。但也有个别省域与其经济实力出现偏差。例如,浙江省的经济实力强,但其博士生教育质量指数排在湖北、陕西、广东等省域之后,主要原因在于浙江只有一所研究型大学——浙江大学。这也至少说明了一点,即除经济因素以外,省域博士生教育质量也同时受到其域内高校整体实力的影响。

二是我国省域博士生教育质量呈现一定的区域共性特征。分析发现,整体上,我国省域博士生教育质量呈"东高西低"之势,邻近省域的博士生教育质量相近。最为典型的是博士生教育质量指数较高的上海、江苏、浙江等为代表的长三角地区，北京、天津为主的京津地区，黑龙江、吉林和辽宁等为代表的东北地区，四川、湖北等为代表的长江沿线地区，以陕西为核心的黄河沿线地区，以及以广东、福建为主的东南沿海地区等。其次，邻近省域博士生教育质量较低。最为典型的是我国北部、西北、西南、南部等边疆地区，以河北、山西、河南等为代表的中部地区等。造成这一结果的原因纷繁复杂，既与这些省域的经济发展水平有关，也与其政治地位、博士生教育发展历史、所处的地理位置以及周边其他省域博士生教育发展状态密切相关。

三是省域博士生教育质量在一定程度上受到国家宏观政策的影响。从博士生规模、支撑条件和社会贡献三个维度来看，三者相辅相成，互相影响。但不可否认，博士生规模和支撑条件是博士生教育发展的前提和基础。我国实行自上而下的博士生教育管理体制，各省域的博士生招生指标由教育部统一规划和分配，而高校也只是在各省域既有名额指标的基础上做加法和减法。当各省域博士生招生人数确定后，博士生教育相应的其他指标也随之确定，例如博士生导师数等。而博士生和博士生导师人数的确定又在一定程度上决定了博士生教育的产出。因此，研究建议，政府在"博士生规模"这一"源头性"指标设计上，应适当对那些经济发展迅速且有能力支撑博士生教育发展的省域提供更多的发展空间，可考虑从专业学位博士生招生和培养改革方面予以突破。另外，对于经济发展较为缓慢的省域，例如东北三省、西北地区等，应从政策制定等方面留住人才，改善博士生教育发展环境，从而最终提高博士生教育质量。

在以上研究基础上，研究提出两点建议：

一是加强相邻省域之间的博士生教育战略合作，形成区域博士生教育发展的整体性优势。建议发挥北京知识溢出效应，构建京津冀地区博士生教育战略合作联盟，推动天津、河北等地博士生教育发展；建议联合上海、南京、杭州，围绕厦门、广州等博士生教育重要基地，分别构建长三角地区、东南沿海地区博士生教育改革和试点基地，推动我国博士生培养模式创新；聚焦西安、兰州、哈尔滨、长春、沈阳、大连，成都、重庆等地，分别构建陕甘宁地区、东三省地区以及成渝地区的博士生教育交流与合作机制，形成不同省域片区的博士生教育协同发展格局。通过构建不同省域博士生教育合作与交流机制，实现优质资源共享，增进师生交流互访合作，从而推动我国相邻省域之间博士生教育的高质量发展。

　　二是制定灵活多样的博士生教育管理政策或方案,鼓励博士生教育管理变革与创新。在自上而下的博士生教育管理体制的影响下,建议采用动态的博士生规模指标分配方案,即在确保各省域博士生原有规模的基础之上,允许那些经济发展迅速、发展条件优越的省域在更大的时间跨度范围内动态调整其博士生规模,并开展博士生教育尤其是专业学位博士生教育的试点改革,探索适合我国国情且符合我国市场需求的博士生教育发展道路。与此同时,对于当前经济发展相对缓慢的省域,政府应予以适当的政策倾斜,鼓励其发挥博士生教育悠久历史的优势,营造创新创造的良好学术氛围,形成科学研究与经济社会的良性互动循环。

第七章
国际博士生教育质量指数构建

本章选取世界上博士生规模最大且影响力最大的 15 个国家,以注册博士生数、每百万人口注册博士生数、高校教师数、科研经费数、世界一流大学数、世界顶尖博士培养人数、近五年累计授予博士学位人数以及近五年每百万人口授予博士学位人数 8 个指标编制了国际博士生教育质量指数。结果表明,研究选取的 15 个国家的博士生教育代表了世界博士生教育发展方向。中国要在世界博士生教育发展格局中取得更大成就需要坚持"两条腿走路"方略,即既要扩大博士生规模,又要提升博士生教育的社会贡献能力和水平。国际博士生教育质量指数的建立对呈现并监测全球博士生教育质量状态,推动中国博士生教育的高质量发展具有重要意义。

第一节 国际博士生教育质量指数 研究对象及数据来源

20 世纪 90 年代末,人类社会进入知识经济社会,世界各国政府对高素质创新型人才的需求越来越强烈。不仅如此,21 世纪初"世界一流大学"排名活动的兴起直接推动了世界各国对博士生教育发展的高涨热情[①]。在过去的十五年里,世界主要国家的博士生注册生数增长迅速。联合国教科文组织(United Nations Educational, Scientific and Cultural Organization,简称 UNESCO)数据库统计数字显示,英国的博士生注册生数增长了 150% 以上,而加拿大、澳大

---

① Jung Cheol Shin, Barbara M. Kehm. Institutionalization of world-class university in global competition [M]. Dordrecht: Springer, 2013.

利亚、韩国则增长了 180％以上①。除此之外,博士生规模的增长在很大程度上得益于世界各国政府的大力支持和推动,例如研究经费的增长,学生资助支持力度的加大以及博士生与劳动力市场对接的加强等。

20 世纪 90 年代以来,中国政府陆续开启"211 工程"和"985 工程",为加快和推动中国高等教育的发展和进步作出了不懈的努力,中国高校在校生规模迅速扩大,高校教育条件改善幅度较大,本科生及研究生等人才培养质量逐步提升。2015 年,中国政府审时度势,明确提出并开展"一流大学和一流学科建设",这既是对过去政府推动的重大工程和项目成绩的肯定,又是对中国大学未来发展的希望;既是对过去一段时间及当前中国大学建设状态的准确认知,也是对中国大学未来发展方向的前瞻和预判。而在这一过程当中,博士生教育质量提升是中国未来高等教育发展中的重中之重。2017 年,中国的高等教育在学总规模达 3 699 万人,占世界高等教育总规模的 20％,规模位居世界第一②。在高等教育规模目标已基本达成之际,提升高等教育质量尤其是博士生教育质量应尽快提上日程。博士人才是高端拔尖创新人才的主要代表,是决定中国未来科技发展水平的关键因素,中国的博士生教育质量提升刻不容缓。但我们也需要清醒地认识到,博士生教育质量提升非一日之功,世界各国的博士生教育基本都是其特定历史、文化和传统共同作用的结果。随着世界一流大学的兴起,以及各国政府对建设世界一流大学抱有持续而高涨的热情,发展博士生教育成为世界各国政府的必然选择。

在这样的社会背景下,本书构建了国际博士生教育质量指数,以明晰中国博士生教育质量状态,发掘并洞察中国博士生教育发展的优势与不足,动态监测并科学预测未来中国博士生教育发展图景,加快建设研究生教育强国。

一、研究对象:博士生教育规模和影响力最大的 15 个国家

综合考虑各国在全球的政治、经济、军事等方面的影响力以及人口规模等因素,研究最终选取近五年来注册博士生数最多的 15 个国家作为研究对

---

① UNESCO. Distribution of enrollment by level of tertiary education[EB/OL]. (2017 - 12 - 31)[2020 - 05 - 10]. http://data.uis.unesco.org/.

② 教育部.我国高等教育在学总规模居世界第一[EB/OL]. (2017 - 09 - 28)[2020 - 05 - 10]. http://www.moe.gov.cn/jyb_xwfb/xw_fbh/moe_2069/xwfbh_2017n/xwfb_20170928/mtbd/201709/t20170929_315704.html.

象①，具体见表 7.1。这样做的主要考虑是博士生教育质量与博士生规模密切相关。第一，博士生规模在一定程度上体现了一国的博士生培养能力。事实上，世界博士生教育质量最高的国家基本上都是博士生规模较大的国家。研究这些国家的博士生教育质量能够宏观把握世界博士生教育质量现状，并能为提升中国博士生教育质量提供有益参考。第二，规模是质量的前提和基础。马克思主义理论认为，事物先有量变，再有质变。当量的积累达到一定程度，质变才能实现。因此，拥有较大规模博士生人数的国家在博士生教育质量上更具有代表性或典型性。第三，在世界博士生规模最大的若干个国家的基础上制定博士生教育质量指数，不仅能反映世界主要国家的博士生教育质量现状，也能代表世界博士生教育发展方向。

表 7.1　注册博士生数排名前 15 位的国家（单位：人）

国 家 名 称	2013	2014	2015	2016	2017
美　国	391 601	391 915	394 964	398 814	351 076
中　国	298 283	312 676	326 687	342 027	361 997
印　度	107 890	117 301	126 451	141 037	161 412
德　国	213 200	214 700	196 200	197 000	198 300
英　国	109 058	111 395	112 800	113 003	112 289
俄罗斯	151 308	136 574	123 072	111 943	99 273
巴　西	87 164	94 850	102 368	107 640	112 123
西班牙	23 650	24 317	32 062	55 628	71 548
日　本	74 480	74 093	73 895	74 090	80 910
韩　国	65 938	69 975	72 558	74 215	74 342
法　国	69 535	68 938	68 607	67 679	66 855

① 根据 OECD 数据库，按各国 2013—2017 年注册博士生数（enrollment at the doctoral or equivalent level）的平均数排序，选取排名前 13 位国家；除此之外还有中国和印度。中国"注册博士生数"用中国教育部"教育统计数据"中的"在校博士生数"代替，网址：http://www.moe.gov.cn/；印度"注册博士生数"来源于印度人力资源开发部（Ministry of Human Resource Development，Government of India），网址：https://mhrd.gov.in/。

续 表

国 家 名 称	2013	2014	2015	2016	2017
澳大利亚	55 086	56 360	57 492	58 027	55 669
加拿大	50 772	51 546	52 557	52 385	52 917
土耳其	80 494	67 157	78 223	86 094	91 267
波 兰	42 295	42 602	43 399	43 177	43 181

注：中国、印度以外的 13 个国家的数据来源 OECD 数据库，网址：http://stats.oecd.org/。中国数据来源于中国教育部官网，网址：http://www.moe.gov.cn/。印度数据来源于印度人力资源开发部（Ministry of Human Resource Development，Government of India）官网，网址：https://mhrd.gov.in/。

15 国选取步骤如下：

第一，对 OECD 国家 2013—2017 年注册博士生数进行排序。一是因为 OECD 数据库是世界权威数据库，数据来源可靠；二是 OECD 数据库中包含世界主要发达国家的注册博士生数数据，数据较为全面，便于国际对比；三是一国博士生规模一般与该国的经济发展水平密切相关，而 OECD 国家代表了世界上最主要的经济发达国家，因此，对 OECD 国家的注册博士生数等相关数据进行搜索会事半功倍。对 OECD 数据库数据进行统计，发现美国、德国、英国、俄罗斯、巴西、西班牙、日本、韩国、法国、澳大利亚、加拿大、土耳其、波兰、墨西哥、意大利等 15 个国家排在最前列。

第二，对全球人口数和 GDP 总量排名前列的国家或地区进行统计，发现中国、印度排在前列，且并未包含在 OECD 数据库中。因此，分别搜索中国、印度政府官网获得两国注册博士生数。

通过综合比较获得注册博士生数排在前列的前 15 位国家名单。这 15 个国家分别是美国、中国、印度、德国、英国、俄罗斯、巴西、西班牙、日本、韩国、法国、澳大利亚、加拿大、土耳其和波兰。根据联合国《人类发展报告 2010》公布的发达国家和发展中国家名单[①]，15 个案例国家中的美国、英国、德国、法国、日本、加

---

① 世界上关于"发达国家"与"发展中国家"的划分不尽相同，研究采用联合国开发计划署（The United Nations Development Programme，简称 UNDP）的划分方法。网址为：https://hdr.undp.org/content/human-development-report-2010.

拿大、澳大利亚、韩国、西班牙、波兰等十个国家属于发达国家，而中国、俄罗斯、印度、巴西、土耳其等五个国家属于发展中国家。

研究发现，一国的博士生规模与其在国际政治、经济、军事等方面的影响力高度相关。本研究选取的案例国家在全球政治、经济、社会等领域都具有举足轻重的作用：案例国家包含了全部的联合国安全理事会常任理事国（Permanent Members of the United Nations Security Council），近1/3的OECD国家。2018年，案例国家国内生产总值（GDP）占世界GDP总额的72.74%，人口占世界总人口的53.33%。与之相适应，案例国家不仅在博士生规模上占据领先优势，其国际博士生教育影响力也最为显著。这15个国家的博士生教育质量水平能够直观反映全球博士生教育质量状态。因此研究、发布15国博士生教育质量指数对于监测全球博士生教育质量状态，制定中国博士生教育发展战略具有重要意义。

二、指标内涵及数据来源

根据博士生教育质量的核心要素，同时考虑到数据的可得性，本研究确定八个核心指标：在博士生规模方面，选取注册博士生数、每百万人口注册博士生数两个指标；在支撑条件方面，选取高校教师数、科研经费数以及世界一流大学数三个指标；在社会贡献方面，选取顶尖博士培养人数、近五年累计授予博士学位人数及近五年每百万人口授予博士学位人数三个指标。

第一，注册博士生数。注册博士生数为各国2017年注册博士生总数。一般来讲，一个国家注册博士生数越多代表其博士生培养能力越强。

第二，每百万人口注册博士生数。每百万人口注册博士生数是各国最近一年注册博士生数与该国当年总人口数的比值再乘以一百万。

第三，高校教师数[①]。博士生导师数是确保博士生教育顺利开展至关重要的"人力"保障。就笔者目前掌握的数据资料来看，国际上并没有哪个数据库对各国博士生导师数予以统计，因此，研究以各国2017年的高校教师数作为替代指标。

---

① "高校教师数"取自UNESCO数据库中的"Teachers in tertiary education programmes"，网址 http://data.uis.unesco.org/。其中，加拿大2017年数据缺失，用2016年数据代替；法国数据缺失，用2013年数据代替；波兰数据来源于OECD数据库；中国数据来源于中国教育部"教育统计数据"中的"高等教育学校（机构）教职工情况（总计）中专任教师数"，网址：http://www.moe.gov.cn/；澳大利亚数据取自澳大利亚教育、技能和就业部（The Australian Government Department of Education, Skills and Employment）中的"Actual staff FTE"，网址：https://docs.education.gov.au/node/51716。

第四,科研经费数[①]。在确保博士生教育顺利开展的条件中,经费是最重要的支撑条件和资本要素,其中,科研经费数通常被用于衡量一国研究经费的充足程度。本研究的科研经费数指各国2017年科研经费总额。

第五,世界一流大学数[②]。研究中的世界一流大学数为各国在2019年ARWU排名前500的大学数。

第六,顶尖博士培养人数。知识主要由知识精英创造。世界各国培养的顶尖博士是推动人类知识发展的重要力量。众所周知,诺贝尔奖和菲尔兹奖是举世公认的国际大奖,是对在世界知识生产和人类发展进步中作出卓越贡献的人才的表彰。研究追溯历年来诺贝尔奖获得者[③]和菲尔兹奖获得者[④]的博士学位来源国家信息,将一国为这两项国际大奖获得者提供博士学位的人数作为该国对世界知识生产贡献的表征指标。

首先,诺贝尔奖(Nobel Prize)。诺贝尔科学奖(物理、化学、生理学或医学、经济学)是一个机构知识创新水平的重要标志[⑤]。1895年11月27日,阿尔弗雷德·诺贝尔(Alfred Nobel)签署了他的遗嘱,将他的大部分财产都奉献出来,用于奖励在物理、化学、生理学或医学、文学、人类和平等领域作出卓越贡献的科学家和社会活动家。本书主要探讨的是博士生教育质量,因此,最终选择其中偏重研究的四类,即诺贝尔物理、化学、生理学或医学以及经济学四类。经统计,1901—2019年,四个领域诺贝尔奖共授予385项,具体见表7.2。

表7.2 1901—2019年四类诺贝尔奖获奖人数表

领 域	奖项数	获奖人次	授予一位获奖人	授予两位获奖人	授予三位获奖人
物 理	113	213	47	32	34
化 学	111	184	63	23	25

① "科研经费数"取自《中国科技统计年鉴2019》。
② "世界一流大学数"取自软科世界大学学术排名(ARWU)。需特别说明的是,文中涉及的中国数据都特指中国大陆的统计数据,不包含中国港澳台地区。
③ 本书对历年诺贝尔奖获得者博士学位来源国家进行统计,统计时间为1901—2019年,统计对象为诺贝尔物理学奖、诺贝尔化学奖、诺贝尔生理学或医学奖、诺贝尔经济学奖四类。
④ 本书对历年菲尔兹奖获得者博士学位来源国家进行统计,统计时间为1936—2018年。
⑤ 刘念才,刘莉,程莹,赵文华.名牌大学应是国家知识创新体系的核心[J].高等教育研究,2002(3):10-15.

续　表

领　　域	奖项数	获奖人次	授予一位获奖人	授予两位获奖人	授予三位获奖人
生理学或医学	110	219	39	33	38
经济学	51	84	25	19	7
合　　计	385	700	174	107	104

　　笔者通过诺贝尔奖官网发布的诺奖获得者自述资料、诺贝尔奖获得者传记等书籍资料、中国知网等数据库收录的诺贝尔奖获得者相关文献资料、百度等搜索引擎等，获得诺贝尔奖获得者博士学位来源大学信息。经整理发现，诺贝尔奖获得者博士学位分三种情况：一是获得一个博士学位，二是获得两个博士学位，三是没有博士学位。在700个获奖者[①]中，笔者明确查到有博士学位的663人，占获奖总人数的94.7%，未查到博士学位的共37人，具体名单见表7.3。

表7.3　37位无博士学位的诺贝尔奖获得者名单

领　域	年份	姓　　　名
物理	2000	杰克·基尔比(Jack S. Kilby)
	1977	内维尔·弗朗西斯·莫特爵士(Sir Nevill Francis Mott)
	1974	马丁·赖尔爵士(Sir Martin Ryle)
	1951	约翰·道格拉斯·科克罗夫特爵士(Sir John Douglas Cockcroft)
	1948	帕特里克·梅纳德·斯图尔特·布莱克特(Patrick Maynard Stuart Blackett)
	1947	爱德华·维克多·阿普尔顿爵士(Sir Edward Victor Appleton)
	1937	乔治·佩吉特·汤姆森(George Paget Thomson)
	1935	詹姆斯·查德威克(James Chadwick)

---

① 700个获奖者是按人次统计，例如，居里夫人曾先后2次获得诺贝尔奖，按2个获奖者计算。

续　表

领　域	年份	姓　　名
物理	1930	钱德拉塞卡拉·文卡塔·拉曼爵士(Sir Chandrasekhara Venkata Raman)
	1926	让·巴蒂斯特·佩林(Jean Baptiste Perrin)
	1917	查尔斯·格洛弗·巴克拉(Charles Glover Barkla)
	1915	威廉·亨利·布拉格爵士(Sir William Henry Bragg)
	1915	威廉·劳伦斯·布拉格(William Lawrence Bragg)
	1912	尼尔斯·古斯塔夫·达伦(Nils GustafDalén)
	1909	古列尔莫·马可尼(Guglielmo Marconi)
	1908	加布里埃尔·利普曼(Gabriel Lippmann)
	1907	阿尔伯特·亚伯拉罕·米歇尔森(Albert Abraham Michelson)
	1904	雷利勋爵(约翰·威廉·斯特鲁特)[Lord Rayleigh (John William Strutt)]
化学	2005	伊夫·肖万(Yves Chauvin)
	2002	田中浩一(Koichi Tanaka)
	1987	查尔斯·J.佩德森(Charles J. Pedersen)
	1956	尼古拉·尼古拉耶维奇·谢梅诺夫(Nikolay Nikolaevich Semenov)
	1922	弗朗西斯·威廉·阿斯顿(Francis William Aston)
	1921	弗雷德里克·索迪(Frederick Soddy)
	1908	欧内斯特·卢瑟福(Ernest Rutherford)
生理学或医学	2015	屠呦呦(Tu Youyou)
	2005	巴里·J.马歇尔(Barry J. Marshall)
	2005	J.罗宾·沃伦(J. Robin Warren)
	1979	艾伦·M.柯马克(Allan M. Cormack)

续 表

领　域	年份	姓　　　名
生理学 或医学	1979	格弗雷·N.亨斯菲尔德(Godfrey N. Hounsfield)
	1963	艾伦·劳埃德·霍奇金爵士(Alan Lloyd Hodgkin)
	1963	安德鲁·菲尔丁·赫胥黎(Andrew Fielding Huxley)
	1945	亚历山大·弗莱明爵士(Sir Alexander Fleming)
	1945	恩斯特·伯利斯·柴恩(Ernst Boris Chain)
	1939	格哈德·多马克(Gerhard Domagk)
	1922	阿奇博尔德·维维安·希尔(Archibald Vivian Hill)
经济学	1977	詹姆斯·E.米德(James E. Meade)

对有博士学位的 663 人进一步分析，统计诺贝尔奖获得者博士学位获得学校频次，统计规则是每一个博士学位获得大学计 1 分。有以下三种情况。

情况 1：学者 A 只有 1 个博士学位，是从 B 国获得的，则 B 国计 1 分。例如，2019 年诺贝尔经济学奖获得者迈克尔·克雷默(Michael Kremer)从美国哈佛大学(Harvard University)获得博士，则美国在该指标上得 1 分。

情况 2：学者 A 有两个博士学位，且分别来自 B 国和 C 国，则 B 国和 C 国各得 1 分。例如，2000 年诺贝尔化学奖获得者艾伦·G.马克迪尔米德(Alan G. MacDiarmid)1953 年在美国威斯康星大学麦迪逊分校获得博士学位，而后于 1955 年在英国剑桥大学获得博士学位，那么，美国和英国各得 1 分。

情况 3：学者 A 有两个博士学位，且都来自 B 国，则 B 国获得 2 分。例如，1972 年诺贝尔生理学、医学奖获得者杰拉尔德·埃德尔曼(Gerald M. Edelman)分别从美国宾夕法尼亚大学(University of Pennsylvania)(1954)和洛克菲勒大学(Rockefeller University)(1960)获得博士学位，则美国在该指标上得 2 分。

需要注意的是，荣誉博士学位不属于本书的计数范围。经统计，共有 60 位诺贝尔奖得主先后获得 2 个博士学位，因此，博士学位共计 723 个。

其次，菲尔兹奖(Fields Medal)。菲尔兹奖是国际数学领域最高奖项，由加拿大数学家约翰·查尔斯·菲尔兹(John Charles Fields)要求设立并于 1936 年首次颁发。因诺贝尔奖未设置数学奖,菲尔兹奖常被视为数学界的诺贝尔奖[1]。菲尔兹奖每四年颁一次奖,截至 2018 年,共有 60 位数学家获得此奖。本书对 1936—2018 年菲尔兹奖获得者博士学位来源地进行统计分析后发现,美国、法国、英国和俄罗斯最多,分别是 20、12、7 和 6 人,其次是德国 3 人,瑞士、日本和比利时各 2 人,意大利、以色列、瑞典、挪威、芬兰和巴西等各 1 人。

在数据处理上,对各国培养的两大奖项获得者指标原始数据分别取对数和线性变换处理,并等权重求和获得各国顶尖博士培养人数得分(CT_i)。

第七,近五年累计授予博士学位人数[2]。对博士学位提出"创新性"的具体要求是国际通行做法。从这个角度来看,授予博士学位人数即代表了各国博士生教育为社会人力资本作出的贡献程度。研究选取 2013—2017 年各国累计授予博士学位人数作为表征指标。

第八,近五年每百万人口授予博士学位人数。每百万人口授予博士学位人数衡量的是一定时间内博士人才在社会人力资本中的占比。将 2013—2017 年各国累计授予博士学位人数除以 2017 年各国人口数再乘以一百万,得到近五年每百万人口授予博士学位的人数。

实证研究所使用的数据主要来源于联合国教科文组织(UNESCO)数据库、世界银行(World Bank)数据库、OECD 数据库、软科世界大学学术排名(ARWU)、《中国科技统计年鉴 2019》以及中国、印度、澳大利亚等国家教育部门官网等。

需要说明的是,即便我们的数据来源于 OECD 数据库,但有的数据也只是一个粗略的数据。例如,学者芭芭拉·凯姆(Barbara M. Kehm)在研究中指出,"德国实行的是'学徒制',即博士生导师决定是否招收博士生,因此,我们很难明确回答德国现在到底有多少个博士生这样的问题。"[3]

---

① Fields Medal[EB/OL].(2018 – 08 – 01)[2020 – 05 – 20].https://www.heidelberg-laureate-forum.org/laur eates/awards/fields-medal.html.

② 除中国和印度外,各国博士学位授予人数数据取自 OECD 数据库中的"graduates at doctoral or equivalent level"。对 OECD 数据库中的缺失数据处理如下:巴西、波兰 2013 年数据缺失,分别按其 2014—2017 年年均增长率估算;日本 2014 年数据缺失,故用日本 2013 和 2015 年授予博士学位人数的平均值代替。

③ Jung Cheol Shin, Barbara M. Kehm, Glen A. Jones. Doctoral Education for the Knowledge Society [M]. Switzerland:Springer,2018.

第二节 国际博士生教育质量指数
计算方法及计算过程

一、计算方法

第一步，对各指标原始数据进行预处理。为解决各指标数据间量纲不同，数量级不同的矛盾，本书首先对各指标原始数据取对数，并在此基础上采用线性规划法对数据进行处理，具体见公式(7-1)：

$$Y_{ij} = 10 * \frac{\ln(y_{ij})}{(\ln y_i)_{\max}} \tag{7.1}$$

其中，Y_{ij} 为 i 国家第 j 项指标的标准得分；y_{ij} 为 i 国家第 j 项指标的得分；$(\ln y_i)_{\max} = \max\{\ln(y_{ij}), i=1, \cdots 15\}$。

第二步，分别计算博士生规模指数(S_i)、支撑条件指数(R_i)和社会贡献指数(C_i)。

$$S_i = W_{s1} * SD_i + W_{s2} * SDP_i \tag{7.2}$$

$$R_i = W_{R1} * RT_i + W_{R2} * RR_i + W_{R3} * RU_i \tag{7.3}$$

$$C_i = W_{C1} * CT_i + W_{C2} * CG_i + W_{C3} * CGP_i \tag{7.4}$$

其中，W 为权重；S_i 为 i 国博士生规模指数。SD_i 为 i 国注册博士生数得分；SDP_i 为 i 国每百万人口注册博士生数得分；R_i 为 i 国支撑条件指数。RT_i 为 i 国高校教师数得分；RR_i 为 i 国科研经费数得分；RU_i 为 i 国世界一流大学数得分；C_i 为 i 国社会贡献指数。CT_i 为 i 国顶尖博士培养人数得分；CG_i 为 i 国近五年累计授予博士学位人数得分；CGP_i 为 i 国近五年每百万人口授予博士学位人数得分。

第三步，根据公式(4-19)计算博士生教育质量指数($DEQI_i$)。

$$DEQI_i = f(S_i, R_i, C_i) = W_1 * S_i + W_2 * R_i + W_3 * C_i \tag{4.19}$$

其中，$DEQI_i$ 为 i 国博士生教育质量指数；W_1 为博士生规模指数(S_i)的权重；W_2 为支撑条件指数(R_i)的权重；W_3 为社会贡献指数(C_i)的权重。

二、计算过程

(1) 博士生规模指数(S_i)。对注册博士生数、每百万人口注册博士生数两个指标的原始数据分别取对数,并进行线性变换,分别得到各国注册博士生人数得分(SD_i)和每百万人口注册博士生人数得分(SDP_i)。根据公式(7-2)等权重计算得出博士生规模指数(S_i)。

(2)支撑条件指数(R_i)。在支撑条件中,人、财、物是最基本的表现形式。选取高校教师数、科研经费数以及世界一流大学数作为人、财、物的表征指标。分别对高校教师数、科研经费数及世界一流大学数取对数,再利用线性规划法进行相应的数据处理,得到各国高校教师数得分(RT_i)、科研经费得分(RR_i)以及世界一流大学数得分(RU_i)。根据公式(7-3)等权重计算得出支撑条件指数(R_i)。

(3)社会贡献指数(C_i)。社会贡献主要体现在知识生产贡献和人力资本贡献两个方面。研究主要选取顶尖博士培养人数、近五年累计授予博士学位人数、近五年每百万人口授予博士学位人数作为表征指标。分别对顶尖博士培养人数、近五年累计授予博士学位人数及近五年每百万人口授予博士学位人数取对数,再利用线性规划法进行处理,得到各国顶尖博士培养人数得分(CT_i)、近五年累计授予博士学位人数得分(CG_i)以及近五年每百万人口授予博士学位人数得分(CGP_i)。根据公式(7-4)等权重计算得出社会贡献指数(R_i)。

(4)博士生教育质量指数($DEQI_i$)。在博士生规模指数(S_i)、支撑条件指数(R_i)及社会贡献指数(C_i)的基础上,根据公式(4-19)计算博士生教育质量指数 $DEQI_i$。研究采取等权重,即 W_1、W_2、W_3 均取值 1/3。

第三节 国际博士生教育质量指数结果讨论

经计算得出世界主要国家博士生教育质量指数,具体见表 7.4。

表 7.4 世界主要国家博士生教育质量指数

序号	国家名称	博士生规模	支撑条件	社会贡献	总指数	质量类型
1	美 国	9.48	9.99	9.72	9.73	高
2	德 国	9.77	7.79	8.51	8.69	中高
3	英 国	9.32	7.22	8.90	8.48	

序号	国家名称	博士生规模	支撑条件	社会贡献	总指数	质量类型
4	法　国	8.78	6.88	8.33	8.00	
5	日　本	8.56	7.55	7.19	7.77	中高
6	俄罗斯	8.69	5.50	7.83	7.34	
7	加拿大	8.93	6.48	5.44	6.95	
8	西班牙	9.08	5.98	5.22	6.76	
9	中　国	8.58	9.01	2.26	6.61	
10	澳大利亚	9.23	5.56	4.92	6.57	中
11	韩　国	9.06	6.71	2.71	6.16	
12	巴　西	8.58	5.82	3.48	5.96	
13	土耳其	8.98	4.62	4.15	5.92	
14	波　兰	8.69	4.78	4.10	5.86	
15	印　度	7.76	4.76	1.77	4.76	中低

一、博士生规模指数结果讨论

根据前文分析，博士生规模指数主要由绝对规模和相对规模两个指标组成，即既包括注册博士生数这一总量型指标，又包括每百万人口注册博士生数这一相对规模指标，如此来综合评价世界主要国家的博士生规模指数。对15国博士生规模指数进行统计后发现，在博士生绝对规模方面，近年来发展中国家博士生规模发展迅速，尤其以中国、印度、巴西等为典型代表。在博士生相对规模方面，人口数较少的国家在博士生相对规模方面占据绝对优势，以德国、澳大利亚、英国等发达国家为主要代表，而全国人口数较多的国家在博士生相对规模方面具有劣势，尤其以世界人口最多的中国、印度为主要代表，发达国家以日本为代表。具体见图7.1。

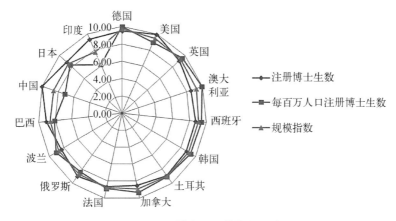

图 7.1 15 国博士生规模指数雷达图

二、支撑条件指数结果讨论

支撑条件指数主要由高校教师数、科研经费数以及世界一流大学数三个指标组成。综合分析发现美国的支撑条件最佳，其次是中国，两者的支撑条件指数在 9.00 以上。而德国、日本和英国的支撑条件指数在 7.00～8.00 分之间，法国、韩国和加拿大在 6.00～7.00 之间，西班牙、巴西、澳大利亚和俄罗斯在 5.00～6.00 之间，波兰、印度和土耳其在 4.00～5.00 之间，体现出比较明显的阶梯特性。具体分析如下。

在高校教师人数上，中国、美国和印度是世界上高校教师人数最多的国家。2017 年中国的高校教师人数达 165.72 万人，排世界第 1 位，其次是美国和印度，分别为 158.14 万人和 136.58 万人。这三个国家的高校教师人数都超过了 100万，体现了这些国家强大的师资力量。除这三个国家以外，其余国家高校教师人数少得多。俄罗斯高校教师有 59.71 万人，排在世界第 4 位，与排在其前 1 位的印度相比相差了 76.87 万人。日本、巴西和德国 3 国的高校教师人数在 40.00万～57.00 万人之间，在高校教师数上属于中间梯队。最后，韩国、加拿大、西班牙、英国、土耳其、法国、澳大利亚和波兰等 8 国的高校教师人数在基本在 10.00万～20.00 万人之间。

世界主要国家的科研经费数量差距明显。2017 年，美国以科研经费 543 亿美元位居世界第 1 位，其次是中国，其科研经费为 251 亿美元。日本和德国分列世界第 3 和第 4 位，其科研经费在 100 亿～160 亿美元之间。排在后面的分别是韩国、法国、英国、土耳其、加拿大、波兰、巴西、印度、俄罗斯、西班牙和澳大利亚。其中,韩国的科研经费为 66 亿美元,相比其规模较小的注册博士生数以及高校教师数而言,其科研经费投入力度大。因此,可以预测按照现行发展速度,未来韩国的博士生教育质量可能会有比较大的改进。

　　世界主要国家的世界一流大学数量差距明显。2019 年,ARWU 世界排名前 500 的高校中,美国高校 137 所,占总数的 27.4%,反映出美国高校整体实力雄厚。中国大陆高校拥有世界 500 强大学共计 58 所,占总数的 11.6%,相比2010 年而言发展迅速。2010 年,中国大陆高校在世界 500 强大学中只有 22 所,且排在最前面的北京大学和清华大学仅排在世界 500 强大学中的 151～200 位。中国高校在原“211 工程”“985 工程”及当今正在开展的“双一流建设”等政府主导性工程指引下取得了显著的成就。除美国和中国以外,英国、德国、澳大利亚、法国、加拿大、日本等 6 个国家的世界一流大学数量较多并享有广泛的社会声誉。最后是西班牙、韩国、巴西、俄罗斯、波兰、土耳其和印度。这些国家的世界一流大学数量较少,且在世界 500 强大学中排名较靠后。15 国支撑条件指数见图 7.2。

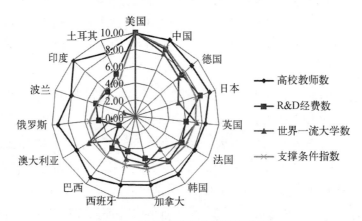

图 7.2　15 国支撑条件指数雷达图

三、社会贡献指数结果讨论

　　社会贡献指数主要由顶尖博士培养人数、近五年累计授予博士学位人数、近五年每百万人口授予博士学位人数等 3 个指标组成。整体而言,美国社会贡献指数最高,为 9.72 分。英国、德国、法国等 3 国次之,超过 8 分,分别为 8.90、8.50

和 8.33 分,社会贡献大。俄罗斯、日本超过 7 分,加拿大、西班牙、澳大利亚、土耳其和波兰在 4～6 分之间,社会贡献较大。最后是巴西、韩国、中国和印度,其社会贡献指数在 1～4 分之间。这些国家的博士生教育更多地体现出对本国博士人才培养的贡献,而对世界顶尖博士人才培养的贡献低。具体分析如下。

　　诺贝尔奖表彰了研究型大学对探索人类未知领域作出的重大贡献。1901—2019 年,15 个国家在博士层次培养的诺贝尔物理学奖、化学奖、生理学或医学奖及经济学奖获得者共计 570 人,其中,美国在博士层次培养的诺贝尔奖获得者 303 人,占总人数的 53.16%,美国是诺贝尔奖获得者获得博士学位的主要国家。其次是英国和德国,它们各自在博士层次培养诺贝尔奖获得者 92 人和 88 人,是诺贝尔奖获得者获得博士学位的第 2 和第 3 大主要国家。除美国、英国和德国以外,法国、日本、俄罗斯、加拿大等国在诺贝尔奖获得者的培养上作出了较为重要的贡献,尤其是进入 21 世纪以来,日本在诺贝尔奖获得者培养方面作出了卓越贡献,引起世界关注。而西班牙培养了 2 人,澳大利亚、土耳其、波兰等国家各自培养了 1 人,巴西、韩国、中国和印度等 4 个国家则未能为任何一位诺贝尔奖获得者提供过博士阶段的培养,体现出为世界顶尖博士人才培养上的欠缺。除诺贝尔奖获得者以外,1936—2018 年,世界共遴选出菲尔兹奖获得者 60 位。对其博士学位来源国家进行统计,15 个国家在博士层次培养菲尔兹奖获得者共计 51 人,从美国获得博士学位的 20 人,法国 12 人,英国、俄罗斯、德国、日本和巴西各 7、6、3、2 和 1 人,其他国家则为 0。数据显示,美国、英国等发达国家是世界杰出人才攻读博士学位的理想圣地,很大程度上体现了这些国家的博士生教育水平之高。

　　在近五年的博士学位授予人数上,美国授予的博士学位最多。2013—2017 年,美国共授予博士学位 34.19 万人,位居世界第一。中国授予博士学位 27.36 万人,位居世界第 2 位。而俄罗斯、德国、英国和印度授予博士学位在 13 万～17 万人之间,分列世界第 3～6 位。除这 6 个国家以外,其余国家包括巴西、日本、法国、西班牙、韩国、澳大利亚、加拿大、土耳其和波兰授予的博士学位低于 10 万人,其中最高的是巴西,为 9.30 万人,最低的是波兰,为 1.76 万人。

　　在近五年每百万人口授予博士学位人数上,英国以 2014 人位居世界第 1 位,其次是澳大利亚、德国、西班牙、韩国、俄罗斯、美国、加拿大和法国等 8 个国家,它们近五年每百万人口授予博士学位人数都在 1 000～2 000 人之间。最后是日本、波兰、巴西、土耳其、中国和印度，人数在 100～700 人之间。这些国家的特点是博士学位授予人数多，但人口基数大，尤其是中国和印度，近五年每百万人口授予博士学位人数远远低于主要发达国家，排在世界倒数第 2 位和第 1 位。15 国社会贡献指数见图 7.3。

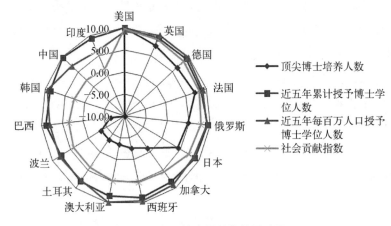

图 7.3　15 国社会贡献指数雷达图

四、总指数结果讨论

根据博士生教育总指数，本研究将 15 国划分为四类，分别是博士生教育质量"高""中高""中"和"中低"四个类型。为验证指数模型的适用性，研究借助 SPSS 工具，对博士生教育质量数据结果进行系统聚类，聚类方法选择沃尔德法，度量标准选择平方 Euclidean 距离。具体见图 7.4。

经过对比发现，系统聚类的结果与指数模型设置的分类结果基本一致。差异之处仅在于，系统聚类结果是在指数模型结果基础上的细化分类，即系统聚类结果是将指数模型中"中高"和"中"类型分别细化成了两类。这一结果并不影响博士生教育质量指数结果。但这一结果提示，在博士生教育质量模型中，可适当在"五类十级"的总体框架下增加一些"亚级"，如中高 I 型、中高 II 型等。下文就博士生教育质量指数计算结果作以下讨论。

第一类，博士生教育质量"高"，以美国为杰出代表。结果显示，美国的博士生教育质量指数得分最高，代表了世界博士生教育质量的最高水平。综合分析发现，美国的博士生教育在博士生规模、支撑条件和社会贡献三个方面全面发

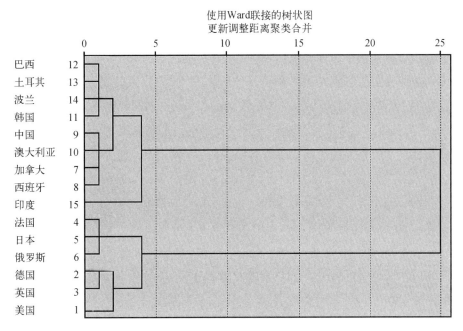

图 7.4 博士生教育质量聚类图

展,实现了三者之间的良性互动。具体表现为美国的博士生规模指数分值略低于德国,位居世界第二,排在世界主要国家得分的前 10％；美国的支撑条件和社会贡献指数得分位居世界第一,排在世界主要国家的前 5％。深入分析发现,除注册博士生数、高校教师数指标得分略低于中国以外,美国在科研经费数、世界一流大学数、顶尖博士培养人数、近五年累计授予博士学位人数四个指标上占据绝对优势,分别是排在第二位的国家的 2.16 倍、2.36 倍、3.26 倍和 1.25 倍。例如,2019 年,在 ARWU 排名前 500 的世界一流大学中,美国的大学占近 1/3；在世界各国博士层次培养的诺贝尔奖获得者中,美国的大学或机构占 4/9；在各国博士层次培养的菲尔兹奖获得者中,美国的大学或机构占 1/3。美国在世界博士生教育发展中发挥着引领示范作用。

第二类,博士生教育质量"中高",以德国、英国、法国、日本、俄罗斯等 5 个国家为代表。这一类型国家至少有 3 个特点。一是博士生规模较大。综合了总量型指标和相对值型规模指标后,这 5 个国家的博士生规模指数分值较高,尤其是德国和英国,分别排在世界第 1 位和第 3 位,体现出欧洲博士生教育的悠久历史为欧洲主要国家带来的深远影响。二是支撑条件较好。在这 5 个国家中,德国、日本、英国和法国的支撑条件好，分别位居世界第 3～6 位，而俄罗斯则略显逊色，位居世界第 12 位。三是社会贡献大。在社会贡献分值上，英国、德国、法国、俄罗斯和日本分别位居世界第 2～6 位，与这些国家在国际政治、经济等方面表现出来的综合实力紧密相关。从百分位置来看，这类国家的社会贡献指数得分排在世界主要国家的前 10%～40%，而注册博士生数排名主要横跨 20%～80%，主要是因为案例国家数量较少。一旦案例国家数量增加，其百分位置排名将更趋近于本研究设置的博士生教育质量模型指数特征。

第三类，博士生教育质量"中"，以加拿大、西班牙、中国、澳大利亚、韩国、巴西、土耳其、波兰等 8 个国家为代表。这 8 个国家在规模指数上与第一和第二类国家差距最小，在支撑条件指数上的差距次之，而在社会贡献指数上的差距最大。这 8 个国家中，加拿大、巴西、波兰等 3 个国家在博士生规模指数、支撑条件指数和社会贡献指数 3 个指数上的排名较为均衡，而其余 5 个国家则在不同指标上表现出较大的差异。例如，澳大利亚、西班牙和土耳其在博士生规模指数上分值较高，分别位列世界 15 国的第 4、5 和第 7 位，而在支撑条件和社会贡献指数上分值较低，分别位列第 8～15 位；中国在支撑条件指数上排名世界第 2 位，而在规模指数和社会贡献指数上则排名世界第 13 和 14 位；韩国在博士生规模指数和支撑条件指数上排名世界第 6 位和第 7 位，在社会贡献指数上则排名世界第 13 位。从百分位置来看，这类国家的社会贡献指数得分排在世界主要国家的 50%～80%，而注册博士生数排名主要在 40%～70%，其中最为特殊的是中国。中国的注册博士生数排名世界前 5%，但由于社会贡献指数分值太低，其博士生教育质量指数得分限制在"中"这一类型。

第四类，博士生教育质量"中低"，以印度为代表。印度的博士生教育质量指数分值最低，属于案例国家中唯一的博士生教育质量"中低"型国家。综合分析，印度在注册博士生数、高校教师数及近五年累计授予博士学位人数指标上得分较高，分别位居 15 个国家中的第 4 位、第 3 位和第 6 位，但在每百万人口注册博士生数、科研经费数、世界一流大学数、顶尖博士培养人数及近五年每百万人口授予博士学位人数等指标上表现较差，分别位居 15 个国家的倒数第 1，倒数第 4，倒数第 1 和倒数第 1。但是，印度博士生教育有良好的发展趋势。2013—2017 年，印度的注册博士生数增长了 49.61%，其增长率是中国的 2 倍；2013—2017 年，印度的科研经费数增长了 45.00%，其增长率接近中国。本研究预测，未来博士生教育发展中,印度将是一个不可小觑的力量,近期会有一个快速发展。15
国社会贡献指数见图 7.5。

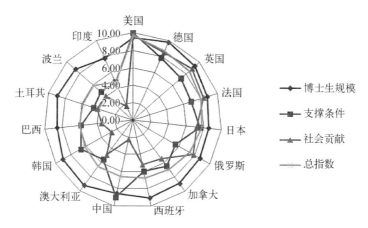

图 7.5　15 国博士生教育质量指数雷达图

在以上研究分析的基础上,本研究对国际博士生教育质量总指数结果进行
进一步讨论。

1. 15 个国家博士生教育代表了世界博士生教育发展格局

15 个国家是世界博士生教育的重镇,引领了世界博士生教育的发展。2017
年,15 个国家的注册博士生数共计 193.32 万人,是 OECD 国家注册博士生人数
的 1.25 倍;2017 年,15 个国家的高校教师数共计 779.45 万人,占世界高校教师
总数的 59.20%;2019 年,ARWU 排名前 500 的世界一流大学中,15 个国家有
375 所,占 500 强大学中的 75.00%;1901—2019 年,15 个国家在博士层次培
养诺贝尔物理学奖、化学奖、生理学或医学奖及经济学奖获得者共计 570 人,
占世界各国培养总数的 83.00%;1936—2018 年,15 个国家在博士层次培养
菲尔兹奖获得者共计 51 人,占世界各国培养总数的 85%。由此可见,15 个国
家的博士生教育发展在很大程度上代表了世界博士生教育发展的格局,深入分
析 15 个国家的博士生教育质量状态对于监测国际博士生教育发展态势具有重
要意义。

2. 发达国家与发展中国家的博士生教育质量差异显著

对照博士生教育质量指数模型,15 个国家的博士生教育发展分属于"高"
"中高""中"和"中低"四个类型。研究结果显示发达国家与发展中国家之间存在

较大差异。首先，发达国家位居世界博士生教育发展的顶端。美国、德国、英国、法国和日本五个国家的博士生教育质量指数位居世界前五，尤其是美国，指数分值遥遥领先于世界各国。其次，发展中国家的博士生教育质量较低。一是在发展中国家中，只有俄罗斯跻身博士生教育质量"中高"型国家，发展中国家的指数排名整体靠后。二是在 15 个国家中，印度博士生教育质量指数分值最低，是 15 个国家中唯一属于"中低"型的国家。发展中国家与发达国家之间的差距突出表现在社会贡献分值上，这主要是因为发达国家的博士生教育发展历史比发展中国家更加久远，而博士生教育的社会贡献更多的是历史积累的结果。

3. 中国博士生教育表现出一定的优势与明显的不足

分析中国博士生教育质量指数数据并与联合国其他四个常任理事国进行比较（具体见图 7.6），总结出一个优势两点不足。优势方面，中国博士生教育的绝对规模和支撑条件分值较高：中国的注册博士生数以及高校教师数指标得分已超过美国，居世界第一①；中国的科研经费数、近五年累计授予博士学位人数、世界一流大学数等指标得分低于美国，居世界第二。不足之一，中国博士生教育的相对博士生规模较小，支撑条件较差。中国在每百万人口注册博士生数、近五年每百万人口授予博士学位人数等指标上与联合国其他四个常任理事国相比差距明显。例如，2017 年，中国每百万人口注册博士生 261 人，俄罗斯、法国、美国、英国分别为 687 人、1 000 人、1 080 人和 1 700 人，中国仅占英国的 15.35%；再比如，中国近五年每百万人口授予博士学位 197 人，法国、美国、俄罗斯、英国分别为 1 010 人、1 052 人、1 141 人和 2 014 人，中国仅占英国的 9.78%。不足之二，中国的质量型指标——顶尖博士培养人数得分最低，与其他四个国家相比差距显著。诺贝尔奖和菲尔兹奖获得者博士学位来源为中国、俄罗斯、法国、英国和美国的分别是 0 人、17 人、55 人、99 人和 323 人，中国尚未实现零的突破。这虽然是历史性因素导致的结果，但也为中国未来博士生教育的发展指明了方向。综合以上分析，研究建议中国未来博士生教育发展要实行"两条腿走路"方略，即既要扩大博士生规模，改善支撑条件，又要提升博士生教育的社会贡献能力和水平。中国博士生教育发展的不足多是历史原因造成，未来中国的博士生教育发展将有很大的发展空间。

---

① 截至当前，世界上没有完整的注册博士生数数据库。本书中中国注册博士生数指中国教育部公布的"在校博士生数"，美国注册博士生数来源于 OECD 数据库，数据统计口径有一定差别，特此申明。

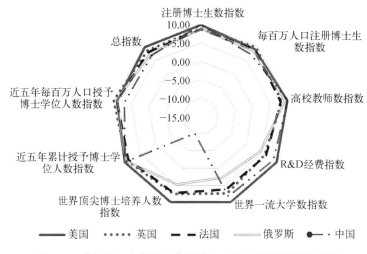

图 7.6　联合国五个常任理事国博士生教育质量指数雷达图

　　博士生教育质量指数模型的建立,为动态监测和分析不同地域和时间范围内的博士生教育发展程度和趋势状态提供手段和依据。本书在"五类十级"的博士生教育质量指数模型基础上对世界上博士生规模最大且影响力最大的 15 个国家进行实证分析。研究结果显示:一是 15 个国家博士生教育发展奠定了世界博士生教育发展格局,它们是世界博士生教育发展的重镇,是引领世界博士生教育发展的主要力量;二是各国的博士生教育发展水平同其经济发展水平相匹配,发达国家与发展中国家的博士生教育发展差异显著;三是美国代表了世界博士生教育发展的最高水平,印度的博士生教育质量指数分值最低,但其具有良好的发展势头;四是中国的博士生教育发展具有一定的优势与明显的不足。

　　国际博士生教育质量指数的实证研究充分验证了博士生教育质量指数模型的合理性、可行性,同时展示出博士生教育质量指数广阔的发展空间。随着经济、政治、社会等各项事业的高速发展,中国的博士生教育也经历了跨越式的发展。站在新的历史起点,我们应抓紧总结国外博士生教育发展经验,明晰中国博士生教育发展中的"卡脖子"问题,同时科学预测未来中国博士生教育发展图景,加快建设研究生教育强国。

第八章
总结与展望

本章总结了本书的基本内容、研究的特色与创新点、主要结论及研究的局限性,并提出研究展望。

第一节　研　究　总　结

一、研究的基本内容

本书按照"理论研究—方法研究—实证研究"的逻辑思路逐步开展研究。

1. 博士生教育质量指数的理论研究

第一,界定博士生教育质量内涵。博士生教育质量内涵是博士生教育质量指数最核心、最重要的问题之一。博士生教育质量内涵的界定是开展博士生教育质量指数研究的基本前提,是开展博士生教育质量指数实践活动的起点。本书主要从教育学视角出发,依托系统理论并结合质量的定义对博士生教育质量内涵进行新的界定,提出博士生教育质量为"博士生教育系统满足个体、社会需要的能力与水平"。

第二,提取博士生教育质量的核心要素。研究依据马克思主义哲学中的矛盾论思想以及管理学中的"限制理论",认为系统虽然由多要素组成,但至少包含极少数的核心要素,而这些核心要素决定或控制着系统的表现水平。研究从系统论视角出发,在博士生教育质量模型基础上,提取博士生教育质量三大核心要素:博士生规模、支撑条件和社会贡献。博士生规模指在一定区域和时间范围内博士生的人数,博士生规模既包含绝对规模又包含相对规模;支撑条件是促进博士生教育发展的内、外部因素，主要包括人财物三方面的投入；社会贡献是博士生教育内外部系统互动关系的质量。社会贡献越大，博士生教育质量越高。

第三，梳理博士生教育质量指数内涵、特征、功能等。在内涵方面，本书借鉴指数及博士生教育质量内涵，提出博士生教育质量指数内涵为"在一定区域和时间范围内博士生教育质量的状态"。在特征方面，本书在总结指数具有相对性、直观性、综合性、平均性、代表性和持续性等基本特征的基础上，提出博士生教育质量指数的典型特征在于科学性、价值性、简单性和可持续性。在功能方面，研究总结指数具有反馈、分析、监测、预测预警和改进等功能，提出博士生教育质量指数的本质特征是监测评估，反映的是从经验到数据的认知模式转变，以及从博士生教育管理到博士生教育治理的管理模式转变。

2. 博士生教育质量指数方法研究

博士生教育质量指数模型构建是本书的重要内容，也是开展博士生教育质量指数实证研究的基础。研究根据博士生教育质量的核心要素，同时考虑到数据的可得性，构建了"五类十级"的博士生教育质量指数模型。五型分别指"低""中低""中""中高"和"高"，对应的博士生教育质量指数分值分别是 $1\sim2,3\sim4,5\sim6,7\sim8,9\sim10$。数值越高，表明博士生教育质量越高。

3. 博士生教育质量指数的实证研究

在构建形成的博士生教育质量指数框架的基础上，本书从高校、省域、国际三个层面开展博士生教育质量指数实证研究。

第一，构建中国高校博士生教育质量指数。研究选取 32 所"双一流"建设高校为实证研究对象，利用聚类分析、相关分析和指标的时序稳定性分析等方法构建初步的博士生教育质量指数指标，并在此基础上整合并加工构建了涵盖 14 项指标——在校博士生数、来华留学博士生数、博士生导师数、师生人均科研经费、师生人均教学科研仪器设备金额、师生人均课题数、国家重点学科占比、A$^+$学科占比、知名博士培养占比、博士学位授予人数占比、国家级科技成果占比、国家哲学社会科学成果占比、师生人均著作数及大学排名得分的高校博士生教育质量指数框架。在此基础上，综合利用主成分分析和德尔菲法确定权重。最后，研究利用该体系综合评判了我国"双一流"建设高校的博士生教育质量状态，为推动我国"双一流"建设进程作出一定的努力。

第二，构建中国省域博士生教育质量指数。选取我国 31 个省域为实证对象，通过聚类、相关分析等方法确定在校博士生数、博士生导师数、科研经费投入强度、世界一流大学数、知名博士培养人数、近五年每百万人口授予博士学位人数、高等学校科技成果获奖数、高水平科技项目验收数及高等学校技术转让实际收入等 9 项核心指标。再利用主成分分析法、变异系数法分别确定指标或维度的权重，最后开展对比分析，为全面勾勒我国 31 个省域的博士生教育质量状态提供借鉴参考。

第三，构建国际博士生教育质量指数。在博士生教育质量指数基本框架的基础上，选取世界上博士生规模最大且影响力最大的十五个国家，以注册博士生数、每百万人口注册博士生数、高校教师数、科研经费数、世界一流大学数、世界顶尖博士培养人数、近五年累计授予博士学位人数以及近五年每百万人口授予博士学位人数 8 个指标构建了国际博士生教育质量指数。国际博士生教育质量指数的建立对呈现并监测全球博士生教育质量状态和推动我国博士生教育的高质量发展具有重要意义。

二、研究的特色与创新点

本书的特色与创新点包括以下四个方面：

（1）提出新的"博士生教育质量"内涵，丰富博士生教育质量理论，对新时代我国博士生教育质量提升起到理念引领的作用。本书在全面梳理系统理论及质量理论等的基础之上，将博士生教育质量内涵定义为"博士生教育系统满足个体、社会需要的能力与水平"。博士生教育质量新的内涵不仅丰富了博士生教育质量理论研究内容，丰富了学界对博士生教育质量甚至是质量的理解和认识，而且为引领我国博士生教育质量提升提供新的改革思路和理念进路，为引领未来我国博士生教育改革，推进我国"双一流"建设战略和加快实现"创新型国家"目标起到重要作用。

（2）提取表征博士生教育质量的核心要素，推动博士生教育质量评估的理论与实践。研究在明确界定博士生教育质量内涵的基础上，在马克思主义哲学和管理学限制理论的指导下，基于博士生教育质量模型提取博士生教育质量三个核心要素：博士生规模、支撑条件和社会贡献。博士生是博士生教育系统中最重要的主体，博士生规模的科学性和合理性是决定博士生教育质量的重要因素。支撑条件包含人财物的投入三个主要方面,博士生规模的增加与博士生教育资源供给的协同共进有助于博士生教育质量提升。社会贡献是博士生教育的目的和成果表现形式,突出博士生教育的社会贡献对于破"五唯",提升博士生教育主动适应和对接个体、社会需要能力与水平,推动博士生教育质量评估等具有十分重要的启示与借鉴作用。

(3) 构建"博士生教育质量指数"模型,丰富高等教育监测评估理论。研究首先明确界定了博士生教育质量指数内涵,揭示了博士生教育质量指数的空间属性、时间属性和状态属性,博士生教育质量指数简单、明了,易于理解和把握博士生教育发展状态。在此基础上,本书构建了博士生教育质量指数模型,这是在高等教育监测理论基础之上对博士生教育质量进行动态监测和评估的有益探索,也是对高等教育监测理论的深化、推进和拓展。研究构建的指数模型不仅适用于博士生教育领域,也可推广至整个高等教育甚至是教育领域,不仅为深入开展相关研究提供参考借鉴,也为相关政府部门宏观动态把握博士生教育质量状态提供很好的工具手段。

(4) 构建三维三层博士生教育质量指数框架并开展实证研究,推动博士生教育质量指数理论研究与博士生教育质量指数实践研究相结合。从博士生规模、支撑条件和社会贡献三个维度,以及高校、省域、国际三个层面构建了博士生教育质量指数框架并对博士生教育质量指数进行了实证分析。实证研究的结果在验证博士生教育质量理论的思路方法及模型工具的同时,形成了具有重要价值的实证结论,为博士生教育行政管理人员、博士生教育研究人员以及任何一个对博士生教育质量感兴趣的个体提供参考和借鉴。

三、研究的主要结论

博士生教育质量指数是理论与实践并重的研究。在研究结果的基础上,本书的主要结论总结如下:

1. 博士生教育质量内涵伴随时代的发展而不断拓展和延伸

长期以来,质量研究,尤其是博士生教育质量的相关理论研究进展缓慢。"质量"一词因其多维难测而让众多研究者敬而远之,社会科学领域尤其如此。研究在已有管理学等领域的"质量"研究成果的基础之上,从需求视角重新审视博士生教育质量,认识到博士生教育系统与社会系统之间的联系越来越紧密,博士生教育系统从社会系统中获取资源条件等支撑以外，为社会系统提供的服务与贡献越来越大，博士生教育质量内涵也在这样的社会大背景下不断拓展和延伸。本书将博士生教育质量定义为"博士生教育系统满足个体、社会需要的能力与水平"。该内涵适应社会发展形势和博士生教育发展趋势，对引导博士生教育相关利益主体树立正确的博士生教育质量观，加快破除"五唯"，引导博士生教育质量评价方向具有重要的意义。

2. 将指数方法应用于博士生教育质量监测具有可行性

指数方法过去主要应用在统计学和经济学领域，但近年来越来越多地被应用到社会生活的各个领域。研究认为，指数方法应用于博士生教育质量监测既具有合理性，也具有可操作性，同时还具有与其他评估方法相比的优越性。

第一，指数方法应用于博士生教育质量监测具有合理性。指数方法以数据为基础，强调客观性。此做法可以最大程度避免人为因素的干扰，克服传统评估受主观影响过大的缺陷。本书的博士生教育质量指标选取、权重设置、指数结果的呈现等环节，都尽量先从理论出发，并尽量采用客观的数据形式和方法。通过构建指数，本书分析高校、省域、国际博士生教育质量状态，分析结果合理，证明博士生教育质量指数不失为很好的管理工具，它可以帮助不同利益主体作出更加科学合理的价值判断。

第二，指数方法应用于博士生教育质量监测具有可操作性。尽管博士生教育系统非常复杂，但通过努力能够对其整体状态予以判断和监测。本书基于系统理论选取了博士生教育质量的核心要素，再通过总结国内外博士生教育质量评估实践，结合数据的可得性等综合因素确定博士生教育质量指数框架。研究结果显示，指数研究可接近人们心目中模糊的"质量"概念，基本实现了客观数据与人的主观观念的耦合与匹配。本书数据来源可靠，公开透明，且数据介绍详细，任何一位对此项研究感兴趣的研究者均可模仿、重复相应研究。

第三，博士生教育质量指数应用于博士生教育质量监测具有独特的优势。"博士生教育质量"是一个主观性的概念，往往是实实在在地存在于人们的脑海中，但又很难捉摸。本书利用指数方法，将人们脑海中的博士生教育质量数据化，通过简单明了的数据化形式展现博士生教育质量的状态及发展变化。这样做，不仅能够帮助相关利益主体形成基于时间、空间和价值的三维博士生教育质量图景，同时，能够深入挖掘对博士生教育质量产生作用的影响因素以及不同影响因素对博士生教育质量结果的影响程度,对于不同利益主体追溯博士生教育质量的历史状态,了解博士生教育的现实发展并预测博士生教育未来发展趋势都具有重要的指导意义。

3. 我国高校博士生教育质量建立在一定的博士生规模基础之上,且文理综合性大学的博士生教育质量整体较高

研究选取 32 所"双一流"建设高校作为实证研究对象,并根据指数结果划分成 5 类,即博士生教育质量"高"型,以北京大学、清华大学为代表;博士生教育质量"中高"型,以浙江大学为代表;博士生教育质量"中"型,以复旦大学、上海交通大学、华中科技大学、中国人民大学和武汉大学等 5 所高校为代表;博士生教育质量"中低"型,以南京大学、吉林大学、北京师范大学、中山大学、四川大学、山东大学、南开大学、西安交通大学、东南大学、中国农业大学、中南大学、华东师范大学、厦门大学及同济大学等 14 所高校为代表;博士生教育质量"低"型,以大连理工大学、华南理工大学、天津大学、湖南大学、东北大学、兰州大学、重庆大学、电子科技大学、中国海洋大学和西北农林科技大学等 10 所高校为代表。通过分析博士生教育质量指数后发现两点结论:一是博士生教育质量通常建立在一定的博士生规模基础之上。我国博士生教育质量"中"型(5～6)以上的大学中,除中国人民大学外,其余 7 所高校的博士生规模都处于"无警"状态,从一定程度上说明了我国高校博士生教育质量建立在一定的博士生规模基础之上的研究结论。二是案例高校中,规模较大的文理综合性大学整体上博士生教育质量较高。由博士生教育质量总指数"较高"的高校相关数据看出,此类高校基本都属于规模较大的文理综合性大学,出现这一结果的主要原因是我国的文理综合性高校的社会知名度较高,且这类高校的博士生教育历史悠久且优质师资和博士生源集中。

4. 我国省域博士生教育质量不均衡,省域博士生教育质量与其经济实力基本一一对应,同时临近省域博士生教育质量指数相近

研究将我国 31 个省域划分成了三类,分别是博士生教育质量"高"型,以北京为代表;博士生教育质量"中低"型,以江苏、上海、湖北、广东 4 省为代表;博士生教育质量"低"型,以陕西、浙江、四川、辽宁、天津、黑龙江、安徽、湖南、山东、吉林、重庆、福建、甘肃、河南、河北、江西、山西、云南、内蒙古、广西、宁夏、新疆、贵州、青海、海南、西藏 26 个省域为代表。对省域博士生教育质量指数结果分析后总结三点发现。一是省域博士生教育质量与省域经济发展密切相关。我国博士

生教育质量总体得分与省域的经济实力基本对应，最为典型的是博士生教育质量总体得分排在前列及末端的省域。博士生教育质量总体得分排在中间位序的省域则与其经济实力略显偏差。二是省域博士生教育质量在一定程度上受到国家宏观政策的影响。从博士生规模、支撑条件和社会贡献三个维度来看，三者相辅相成，互相影响。但现行的博士生规模主要受传统博士生规模政策的影响，省域之间的博士生教育质量呈"基本固定"态势。三是省域博士生教育质量呈现出一定的区域共性特征，即临近省域的博士生教育质量相近。最为典型的是上海、江苏、浙江等地组成的长三角地带，北京和天津组成的京津地区，黑龙江、吉林和辽宁等地组成的东北地区，四川、湖北等地组成的长江沿线地带，以陕西为主的黄河沿线地带，以及以福建、广东为主的东南沿海地带等。

5. 我国博士生教育质量有了显著的提升，但与世界发达国家相比差距明显

研究将世界影响力最大，注册博士生数最多的 15 个国家划分成了 4 类，分别是博士生教育质量"高"型，以美国为代表；博士生教育质量"中高"型，以德国、英国、法国、日本、俄罗斯等 5 个国家为代表；博士生教育质量"中"型，以加拿大、西班牙、中国、澳大利亚、韩国、巴西、土耳其、波兰等 8 个国家为代表；博士生教育质量"中低"型，以印度为代表。与发达国家相比，我国的博士生教育呈现出"一高两低"的特点。"一高"指我国博士生绝对规模和支撑条件分值较高。中国的注册博士生数以及高校教师数指标得分已超过美国，居世界第一。中国的科研经费数、近五年累计授予博士学位人数、世界一流大学数等指标得分低于美国，居世界第二。但我国的博士生教育还存在"两低"。其中，"一低"是我国的博士生教育相对值指标低。我国博士生相对规模小，支撑条件差。中国在每百万人口注册博士生数，近五年每百万人口授予博士学位人数等指标上与联合国其他四个常任理事国相比差距明显。"一低"是我国的质量型指标——顶尖博士培养人数得分最低，与其他四个国家相比差距极其显著。诺贝尔奖和菲尔兹奖获得者博士学位来源为中国的均是 0 人，这虽然是历史性因素导致的结果，但也预示了我国博士生教育质量提升任务艰巨。

通过对高校、省域、国际不同层面的博士生教育质量指数研究，本书认为博士生教育质量指数可以成为提升我国博士生教育质量的管理工具。博士生教育质量提升是一项需要政府与高校、企业与高校以及高校内部管理部门和广大师生紧密配合、团结协作的系统性工程，任何一项指数指标体现出来的缺陷都会影

响我国博士生教育整体质量。不同系统层面博士生教育质量指数的研究能进一步帮助我国博士生教育相关利益主体洞察我国博士生教育自身优势与不足、明确高校未来的发展和改进方向,从而推动各方联动,共同为提升博士生教育质量作出各自应有的贡献。

四、研究的局限性

博士生教育质量内涵界定和博士生教育质量指数框架构建都是非常复杂的问题。作为探索性的研究,本书还存在如下局限。

(1) 理论研究的局限性。由于博士生教育活动是关于人的活动,其本质和内涵相当复杂。虽然本书从教育学视角对博士生教育质量内涵进行剖析并提出了博士生教育质量新的内涵,但由于本人认知的局限性,博士生教育质量内涵需要进　步深化研究。

(2) 研究对象的局限性。国际层面,本书只选取了近年来注册博士生数最多的 15 个国家的博士生教育质量进行分析,侧重的是对博士生规模较大的博士生教育质量探究,并未能对那些博士生在校生规模较小,但博士生教育质量较高的国家或地区进行研究;高校层面,囿于数据的可得性,本书未能对 42 所世界一流大学建设高校进行全样本分析,而只选取了 42 所世界一流大学建设高校中的 32 所进行分析。此外,本书侧重的是博士生教育质量,侧重中宏观系统质量,对微观的博士生质量包括博士生导师质量、博士生与导师之间的关系质量等并未涉及。

(3) 博士生教育质量指标的局限性。博士生教育质量指数结果在很大程度上依赖于博士生教育质量指标。博士生教育质量指标应全面、客观反映博士生教育质量。但囿于数据的可得性,本书的某些数据只能用相关数据予以替代。例如,"发表学术论文数量"指标最佳指标应该是博士生教育主体发表的学术论文数量,即由博士生、博士生导师抑或博士生教育管理人员发表的有关学术论文数量,但此类数据无从获得,因此以高校、省域、国际某年度发表学术论文数等予以替代,这从指标上无疑是夸大了博士生教育的贡献。

(4) 构建的指数模型的局限性。"质量"是个多维概念,众说纷纭,莫衷一是。本书构建的博士生教育质量指数在博士生教育质量的内涵和核心要素的基础上建立,具有比较合理的理论依据。但社会系统的复杂性决定了博士生教育质量指数模型不可能完美，最多只是最大限度地靠近人们心目中的质量内涵。在指数指标的设计上，可能会存在一定的争议。在指数的权重设计上，可能在集成指数反映共性的同时，抹杀了个性差异。

（5）实证数据的局限性。由于博士生教育质量相关数据零散，且缺乏连续性的数据，因此，主要从社会认可度较高的国内外相关政府机构网站、第三方评价机构网站获得实证数据，但存在一定的问题。一是数据存在较强的时间滞后性，与当前的博士生教育质量存在一定的偏差；二是某些数据年度波动性太大，导致数据的真实性或可利用性低；三是有些数据属于高校自行上报数据，真实性和可靠性无从检验。

第二节　研究展望

本书以博士生教育质量为研究对象，通过指数方法呈现博士生教育质量。在未来的研究和实践中，还可考虑从以下三个方面进行拓展。

第一，构建博士生教育质量监测数据库。博士生教育质量信息量大，但数据零散，不成体系。构建博士生教育质量监测数据库，需持续关注并多方获取博士生教育质量相关信息，全面、持续地反映博士生教育质量。博士生教育质量信息不仅应包含当前的质量信息，也应反映博士生教育质量的历史信息。将博士生教育放在历史长河中加以考量，价值更大，意义更加深远。针对博士生教育质量，构建涵盖多层面相关信息的状态数据库，全面、持续监测博士生教育质量状态，并利用其他学科包括统计学、经济学等数学方法，简要、直观、明了地将博士生教育质量概况呈现给公众。

第二，构建常态化的博士生教育质量指数呈现机制。在建立博士生教育质量监测数据库的基础上，构建开放的、自动化的数据结果呈现方式。由于"质量"内涵本身所具有的"模糊性""个性化"的特质，不同个体对质量的理解和评判是不同的。这一点在很大程度上体现为质量指标和指标权重的不同。设置开放多元的系统结构，允许访问者增加或减少质量指标，并提供个性化的指标权重设置机制，允许访问者自行设置权重，并自动利用计算机设置的算法完成数据分析处理、监测结果呈现等功能，让多元主体参与构建博士生教育质量指数，同时供多元主体参考借鉴。

第三,加强博士生教育质量指数的管理应用和政策保障研究。博士生教育质量指数既是一种管理工具,也是一种政策决策工具。随着我国高等教育普及化时代的到来,我国博士生教育也将迎来更大、更广泛的发展。因此,未来加强博士生教育质量的动态监测已成为时代发展的必然趋势。如何发挥博士生教育质量指数这一管理工具,更好地加强对博士生教育质量的持续性的监测,辅助政府制定博士生教育的各项管理决策,协助高校查漏补缺,扬长避短,帮助博士生选择更切近自身需求的博士生教育场所,从而最终保障博士生教育质量的持续改进和提升。

参考文献

［1］ National Science Foundation. Building the future investing in discovery and innovation. NSF Strategic Plan for Fiscal Years (FY) 2018 - 2022［EB/OL］. (2018 - 02 - 01)［2020 - 01 - 03］. http://www.research.pku.edu.cn/docs/2019 - 02/20190222152449137143.pdf.

［2］ UNESCO. UNESCO Science Report 2010［EB/OL］.(2010 - 11 - 09)［2020 - 01 - 03］. https://unesdoc.unesco.org/ark:/48223/pf0000189958.

［3］ UNESCO. UNESCO Science Report 2015［EB/OL］.(2015 - 11 - 04)［2021 - 01 - 03］. https://unesdoc.unesco.org/ark:/48223/pf0000235406.

［4］ UNESCO. UNESCO Science Report 2021［EB/OL］.(2021 - 06 - 11)［2023 - 03 - 03］. https://unesdoc.unesco.org/ark:/48223/pf0000377433.

［5］ OECD. Education at a Glance 2019：OECD Indicators［EB/OL］. (2019 - 09 - 10)［2020 - 05 - 01］. https://www.oecd-ilibrary.org/docserver/f8d7880d-en.pdf?expires= 1584090307&id = id&accname = guest&checksum = A9318BC58326E1D55A737EA0 D2A6B788.

［6］ 王传毅,赵世奎. 21 世纪全球博士教育改革的八大趋势［J］.教育研究,2017,38(2): 142 - 151.

［7］ National Science Foundation. The National Science Foundation Strategic Framework for Investments in Graduate Education FY 2016 - FY 2020 ［EB/OL］. (2016 - 06 - 15) ［2020 - 02 - 01］. https://files.eric.ed.gov/fulltext/ED571829.pdf.

［8］ 国家统计局社会科技和文化产业统计司和科学技术部战略规划司. 中国科技统计年鉴 (2019). 北京：中国统计出版社,2019.

［9］ Ministry of Human Resource Development，Government of India. All India Survey on Higher Education 2018 - 19 ［EB/OL］. (2019 - 12 - 11)［2021 - 03 - 10］. https:// mhrd.gov.in/.

［10］ Maresi Nerad，Barbara Evans. Globalization and Its Impacts on the Quality of PhD Education：Forces and Forms in Doctoral Education Worldwide［M］.Rotterdam，Boston， Taipei：Sense Publishers，2014.

［11］ 中共中央 国务院印发《国家创新驱动发展战略纲要》［EB/OL］.(2016 - 05 - 19)［2019 -

01 - 11]. http://www.gov.cn/zhengce/2016 - 05/19/content_5074812.htm.

[12] 新华网.办好中国特色世界一流大学,习近平提出这样干[EB/OL].(2018 - 05 - 03)[2020 - 03 - 29]. http://www.xinhuanet.com/politics/2018 - 05/03/c_1122779763.htm.

[13] 高举中国特色社会主义伟大旗帜 为全面建设社会主义现代化国家而团结奋斗——在中国共产党第二十次全国代表大会上的报告[EB/OL].(2022 - 10 - 25)[2022 - 10 - 30]. http://www.gov.cn/xinwen/2022 - 10/25/content_5721685.htm.

[14] 邵宏润.基于学生感知的博士生教育服务质量研究[D].大连:大连理工大学,2018.

[15] 新中国峥嵘岁月,科教兴国战略[EB/OL].(2019 - 10 - 30)[2020 - 03 - 29]. http://www.xinhuanet.com/2019 - 10/30/c_1125172778.htm.

[16] 吴镇柔,陆叔云,汪太辅.中华人民共和国研究生教育和学位制度史[M].北京:北京理工大学出版社,2001.

[17] 中华人民共和国教育部.教育统计数据[EB/OL].(2015 - 01 - 08)[2022 - 09 - 30]. http://www.moe.gov.cn/jyb_sjzl/moe_560/2021/.

[18] 习近平.决胜全面建成小康社会 夺取新时代中国特色社会主义伟大胜利——在中国共产党第十九次全国代表大会上的报告[EB/OL].(2017 - 10 - 27)[2023 - 10 - 13]. https://www.gov.cn/zhuanti/2017 - 10/27/content_5234876.htm.

[19] 2019 年政府工作报告[EB/OL].(2019 - 03 - 16)[2022 - 12 - 02]. http://www.gov.cn/premier/2019 - 03/16/content_5374314.htm.

[20] Joseph A. De Feo. Juran's Quality Handbook:The Complete Guide to Performance Excellence, Seventh Edition[M]. New York:McGraw-Hill Education, 2016.

[21] 陈学飞,等.西方怎样培养博士——法、英、德、美的模式与经验[M].北京:教育科学出版社,2002.

[22] William Clark.Academic charisma and the origins of the research university[M]. Chicago:University of Chicago Press, 2006.

[23] Online Etymology Dictionary[EB/OL].(1995 - 01 - 01)[2019 - 12 - 02]. https://www.etymonline.com.

[24] 克里斯·戈尔德,乔治·沃克.重塑博士生教育的未来[M].刘俭,译.上海:上海交通大学出版社,2015.

[25] 秦惠民.学位与研究生教育大辞典[M].北京:北京理工大学出版社,1994.

[26] Trafford V,Leshem S. Doctorateness as a threshold concept[J]. Innovations in education and teaching international, 2009(3):305 - 316.

[27] 中华人民共和国学位条例[EB/OL].(2005 - 06 - 22)[2019 - 04 - 06]. http://www.gov.cn/flfg/2005 - 06/22/content_8526.htm.

[28] 郭秋梅,刘子建.美国研究型大学理工科博士研究生的培养特点及质量保障[J].学位与研究生教育,2013(11):76.

[29] 李永刚.成为研究者:理科博士生素养与能力的形成[D].上海:华东师范大学,2018.

[30] Kehm,B.M. Doctoral education in Europe and North America:A comparative analysis [J].Wenner Gren International, 2006(7):67 - 78.

［31］ Teichler, Ulrich. The formative years of scholars［M］. London：Portland Press，2006.

［32］ 陈学飞.传统与创新：法,英,德,美博士生培养模式演变趋势的探讨［J］.清华大学教育研究,2000(4)：19－20.

［33］ Teichler, Ulrich. The formative years of scholars［M］. London：Portland Press，2006.

［34］ Merriam Webster［EB/OL］.（1996－01－01）［2020－04－02］. http://www.merriam-webster.com/dictonary/training.

［35］ Joseph A. De Feo. Juran's Quality Handbook：The Complete Guide to Performance Excellence，Seventh Edition［M］. New York. McGraw-Hill Education，2016.

［36］ 龚益鸣.现代质量管理学［M］.北京：清华大学出版社,2007.

［37］ 教育大辞典编纂委员会.教育大辞典(第一卷)［M］.上海：上海教育出版社,1990.

［38］ Ivancic L, Diewert W E, Fox K J. Scanner Data, Time Aggregation and the Construction of Price Indexes［J］. Journal of Econometrics，2011(161)：24－35.

［39］ De Haan J, Krsinich F. Scanner Data and the Treatment of Quality Change in Nonrevisable Price Indexes［J］. Journal of Business & Economic Statistics，2014(3)：341－358.

［40］ 辞海编辑委员会.辞海(1999年版)［M］.上海：上海辞书出版社,1999.

［41］ 徐国祥.统计指数理论及应用［M］.北京：中国统计出版社,2004.

［42］ 程虹,李清泉.我国区域总体质量指数模型体系与测评研究［J］.管理世界,2009(1)：2－9.

［43］ 雷家.质量竞争力指数及其意义［J］.中国质量认证,2006(1)：26－27.

［44］ 夏文俊.质量竞争力指数全面解读［J］.中国品牌,2006(10)：17－19.

［45］ James W. The Ph D octopus［J］. Harvard monthly，1993，36(1)：7.

［46］ Nettles, M.，& Millett, C. Three magic letters：Getting to PhD［M］. Baltimore：The Johns Hopkins University Press，2006.

［47］ Yeates, M. Graduate student conundrum［J］. University Affairs，2003：38－39.

［48］ National Center for Science and Engineering Statistics. Survey of Doctorate Recipients，2021［M］. NSF，2023.

［49］ Jürgen Enders, Lutz Bommann. Karriere mit Doktortitel? Ausbildung, Berufsverlauf und Berufserfolg von Promovierten［M］. Frankfurt/Main：Campus Verlag，2001.

［50］ Golde, C. M.，& Dore, T. M. At cross purposes：What the experiences of doctoral students reveal about doctoral education. Philadelphia, PA：Pew Charitable Trusts ［EB/OL］.（2001－01－30）［2019－10－12］. www.phd-survey.org.

［51］ Mason, M. A., Goulden, M.，& Frasch, K. Why graduate students reject the fast track：A study of thousands of doctoral students shows that they want balanced lives ［EB/OL］.（2009－02－01）［2020－12－10］. www.aaup.org/AAUP/pubsres/academe/2009/JF/Feat/maso.htm.

［52］ 赵立莹.美国博士生教育质量评估体系发展研究［D］.武汉：华中科技大学,2009.

［53］ 华东师范大学研究生院.与时俱进 建立符合国际规范的中国博士质量标准［C］.成都：中国研究生院院长联席会2007年会,2007.

[54]　沈文钦,赵世奎.博士质量观及其差异性的实证分析——基于全国所有博士培养单位的调查[J].教育学术月刊,2010(1)：21 - 24.

[55]　王战军,林梦泉,李恒金.评选全国优秀博士学位论文是提高博士生培养质量的有效措施[J].中国高教研究,2002(4)：33 - 34.

[56]　谢安邦,潘武玲.提高博士生培养质量的重大举措——全国优秀博士学位论文评选的回顾与思考[J].中国高教研究,2003(7)：37 - 40.

[57]　李志坚.博士论文是博士生培养质量的重要标志[J].学位与研究生教育,2001(Z2)：10 - 11.

[58]　顾秉林.弘扬创新精神 提高博士生培养质量[J].学位与研究生教育,2001(Z1)：2 - 5.

[59]　思华,李石纯.强调创新意识 创造良好环境 提高博士生培养质量——访中国科学院院士、北京大学计算机研究所所长王选教授[J].中国高等教育,1996(6)：16 - 17.

[60]　郭日修.提高博士生培养质量之我见[J].学位与研究生教育,2008(7)：7 - 9.

[61]　王孙禺,袁本涛,赵伟.我国研究生教育质量状况综合调研报告[J].中国高等教育,2007(9)：32 - 35.

[62]　谢作栩,工蔚虹.我国研究型大学师生对博士质量现状的评价　基于五所高校的调查[J].高教探索,2009(1)：80 - 84.

[63]　赵锋.以创新能力培养为核心提高博士生教育质量[J].中国高等教育,2011(Z1)：77 - 78.

[64]　Nerad M. Confronting common assumptions：Designing future-oriented doctoral education. In R. Ehrenberg and Ch. Kuh（Eds.），Doctoral Education and the Faculty of the Future [M]. NY：Cornell University Press，2009.

[65]　Council of Graduate Schools & Educational Testing Service. Pathways through Graduate School and into Careers[EB/OL].（2012 - 04 - 19）[2023 - 08 - 20]. https://eduwx.nju. edu. cn/_upload/article/files/4a/3a/71ae8ab042649cdceb42373af7a9/fcfe6e7b-c0be-4d47-9401-62321995e238.pdf.

[66]　张美云.博士的职业发展与社会贡献[M].上海：上海交通大学出版社,2013.

[67]　罗英姿,张佳乐,顾剑秀.毕业博士调查：博士生教育质量评价的新工具[J].学位与研究生教育,2016(11)：22 - 27.

[68]　Haworth Jennifer Grant，Conrad Clifton F. Emblems of Quality in Higher Education. Developing and Sustaining High-Quality Programs[M]. Allyn and Boston，1997.

[69]　吴婷,陈谦明,魏欢.博士生教育质量及增量问题研究[J].学位与研究生教育,2010(5)：20 - 23.

[70]　汤钊猷.谈提高博士生培养质量的关键[J].学位与研究生教育,1997(2)：14.

[71]　张淑林,裴旭,陈伟.营造创新学术生态环境 构筑博士生培养质量保证体系[J].学位与研究生教育,2008(05)：13 - 16.

[72]　王蔚虹.我国博士质量影响因素的认识研究——基于五所研究型大学的调查[J].学位与研究生教育,2008(9)：16 - 21.

[73]　Council of Graduate Schools. PhD Completion and Attrition：Analysis of Baseline Program

Data from the Ph.D. Completion Project[M]. Washington D.C., 2008.

[74] 李艳,马陆亭.博士生培养质量与导师相关性的实证研究[J].国家教育行政学院学报,
　　　2015(4)：78-84.

[75] 肖化移,罗尧成.从主体投入角度看博士教育质量及评价[J].教师教育研究,2008(5)：
　　　49-53+37.

[76] 谷志远.美国博士生培养质量影响因素的实证研究——基于美国ARDP调查数据的分
　　　析[J].教育科学,2011,27(3)：80-86.

[77] 李小青.博士生培养质量影响因素剖析[J].学位与研究生教育,2007(S1)：27-30.

[78] Jeremiah P. Ostriker, Charlotte V. Kuh & James A. Voytuk. A data-based Assessment
　　　of Research-Doctorate Programs in the United States[M]. Washington, D.C.：The
　　　National Academies Press, 2000.

[79] 彭安臣,沈红.博士生资助与博士生培养质量——基于12所大学问卷调查数据的实证
　　　分析[J].学位与研究生教育, 2012(7)：53-60.

[80] 戚兴华等.博士生资助与博士质量保障的体系互动[J].学位与研究生教育,2012(2)：
　　　20-24.

[81] 石磊.研究生教育质量评价与质量保障体系研究[D].合肥:中国科学技术大学,2010
　　　(4)：23.

[82] 罗英姿,程俊."以学生为中心"的博士生教育质量评价[J].学位与研究生教育,2014
　　　(6)：60-65.

[83] 顾剑秀,罗英姿.家庭资本对博士生教育质量获得及在校学业表现的影响——基于江
　　　苏省的经验研究[J].教育科学,2016(6)：63-71.

[84] 范皑皑,沈文钦.什么是好的博士生学术指导模式?——基于中国博士质量调查数据
　　　的实证分析[J].学位与研究生教育,2013(3)：45-51.

[85] 陈珊,王建梁.导师指导频率对博士生培养质量的影响——基于博士生视角的分析和
　　　探讨[J].清华大学教育研究,2006(3)：61-64.

[86] 李丽,王前.基于实证的博士生教育质量影响因素分析[J].学位与研究生教育,2012
　　　(9)：14-18.

[87] 王则温,郝丽萍,张君.提高博士生培养质量的关键是建设高水平学科[J].学位与研究
　　　生教育,2002(11)：8-11.

[88] 殷晓丽等.影响我国临床医学专业博士培养质量的制度因素分析[J].复旦教育论坛,
　　　2011(3)：88-92.

[89] 袁本涛,王传毅,赵琳.解码研究生科研体验调查:基于澳、英的比较分析[J].现代大学
　　　教育,2015(3)：70-77.

[90] 郭月兰,汪霞."英国研究生科研体验调查"述评[J].高教探索,2018(5)：56-61.

[91] 杨佳乐等.国外博士生调查主要调查什么?——基于美、英、澳、日四国问卷的比较分
　　　析[J].研究生教育研究,2017(6)：90-95.

[92] 周文辉,王战军,刘俊起等.我国研究生教育满意度调查——基于在读研究生的视角
　　　[J].学位与研究生教育,2012(12)：34-40.

［93］　袁本涛,李莞荷.博士生培养与世界一流学科建设——基于博士生科研体验调查的实证分析［J］.江苏高教,2017(2):1-6.

［94］　中国博士质量分析课题组.《中国博士质量报告》[J].北京大学教育评论,2011(1):2.

［95］　陈洪捷,赵世奎,沈文钦,蔡磊珂等.中国博士培养质量:成就、问题与对策[J].学位与研究生教育,2011(6):40-45.

［96］　罗英姿,张佳乐,顾剑秀.毕业博士调查:博士生教育质量评价的新工具[J].学位与研究生教育,2016(11):22-27.

［97］　佩吉·梅基,内希·科斯基.博士生教育评估——改善结果导向的新标准与新模式[M].张金萍,娄枝,译.上海:上海交通大学出版社,2011.

［98］　张国栋等.博士生培养质量的自我评估指标体系研究[J].学位与研究生教育,2010(6):4-7.

［99］　孟成民,刘零,陈然.博士生培养质量评价:标准、视角与发展对策——以华南农业大学为例[J].高等农业教育,2012(1):65-68.

［100］　罗英姿,刘泽文,张佳乐.博士生教育质量评价的三大转变[J].研究生教育研究,2017(3):59-64.

［101］　王东芳.博士生教育质量评价:新情境下的挑战与启示[J].学位与研究生教育,2012(2):14-19.

［102］　黄海刚.美国博士生教育质量评估的价值转向——基于历史主义的视角[J].学位与研究生教育,2011(9):65-70.

［103］　范晓婷.中美学科评估下博士生培养质量指标的差异探析[J].当代教育科学,2015(15):46-50.

［104］　国务院学位委员会教育部关于印发《学位授权点合格评估办法》的通知[EB/OL].(2014-02-12)[2019-05-05].http://www.moe.gov.cn/srcsite/A22/s7065/201402/t20140212_165555.html.

［105］　中华人民共和国教育部.关于开展学位授权点合格评估工作的通知[EB/OL].(2014-07-07)[2019-05-05].http://www.moe.gov.cn/srcsite/A22/moe_818/moe_819/201407/t20140707_173900.html.

［106］　中国学位与研究生教育信息网.全国第四轮学科评估工作概览[EB/OL].(2017-12-28)[2019-12-11].http://www.chinadegrees.cn/xwyyjsjyxx/xkpgjg/283494.shtml♯2.

［107］　张会敏.基于指数的高等教育质量管理方法研究[D].上海:华东师范大学,2012.

［108］　王德发.关于指数概念的科学定义[J].统计研究,1986(6):50-51+21.

［109］　亚瑟·哈蒙德·霍尔.统计学入门[M].北京:知识出版社,1983.

［110］　刘轶芳等.GDP两种测算结果差异原因的实证分析[J].经济研究,2007(7):51-63.

［111］　任栋,王琦,周丽晖.六种统计指数体系的对比分析[J].统计与信息论坛,2016(1):3-10.

［112］　朱丹.指数编制法的选择和应用[J].当代财经,2005(12):125-126.

［113］　United nations development programs. Human Development Report 1990[EB/OL].(1990-01-01)[2019-10-15].http://hdr.undp.org/en/reports/global/hdr1990.

[114] United nations development programs. Human Development Index 2021 – 2022[EB/OL].(2022 – 09 – 08) [2023 – 03 – 10].https://hdr.undp.org/system/files/documents/global-report-document/hdr2021 – 22pdf_1.pdf.

[115] Stiglitz, Joseph, Sen, Amartya, Fitoussi Jean-Paul. Mismeasuring Our Lives: Why GDP Doesn't Add Up[M]. New York: The New Press, 2009.

[116] OECD. Your Better Life Index[EB/OL]. (2020 – 03 – 09)[2023 – 02 – 13].http://oecdbetterlifeindex.org.

[117] 杨京英等. OECD 生活质量指数统计方法与评价研究[J].统计研究,2012(12)：18 – 23.

[118] OECD. How is life 2017[EB/OL].(2017 – 11 – 15)[2020 – 03 – 14].https://read.oecd-ilibrary.org/economics/how-s-life-2017_how_life-2017-en♯page5.

[119] 2016 年全球创新指数 全球创新 致胜之道[EB/OL].(2016 – 08 – 16)[2023 – 09 – 14].http://big5.www.gov.cn/gate/big5/www.gov.cn/xinwen/2016 – 08/16/5099839/files/c4db7c55f48e4eaeb1d330cf9a9e9915.pdf.

[120] Global innovation index 2022[EB/OL]. (2022 – 09 – 29)[2023 – 03 – 10].https://www.globalinnovationindex.org/Home.

[121] NEDA. Global Competitiveness Index 2019[EB/OL]. (2019 – 10 – 09)[2023 – 03 – 10].https://gov ernance.neda.gov.ph.

[122] World Intellectual Property Indicators[EB/OL]. (2021 – 11 – 21)[2023 – 03 – 10].http://www.unism.org.cn/uploads/20220128/5b657dcb1195ca1aed3a726107efcf76.pdf.

[123] 翟博,孙百才.中国基础教育均衡发展实证研究报告[J].教育研究,2012,33(5)：22 – 30.

[124] 周苑.中国教育发展指数重构与分析——基于第六次全国人口普查数据[J].人口与社会,2014(2)：16 – 19.

[125] 徐光木.中国 31 个省份教育发展指数及其初步测定[J].教育与考试,2014(3)：62 – 69＋73.

[126] 刘晓艳.安徽省各市教育发展指数的设计研究[D].天津：天津财经大学,2015.

[127] 陈斌.中国高等教育发展水平省际差异透视——基于高等教育发展指数的证据[J].复旦教育论坛,2016(4)：76 – 82＋88.

[128] 刘惠琴.研究生教育发展指数之构建研究[J].清华大学教育研究,2020(6)：112 – 121.

[129] 李锋亮.省域硕士研究生教育发展指数分析[J].清华大学教育研究,2020(6)：122 – 129.

[130] 王传毅.省域硕士研究生教育发展指数分析[J].清华大学教育研究,2020(6)：130 – 135.

[131] 詹正茂.我国高等教育发展水平的综合评价指数研究[J].科学学与科学技术管理,2004(9)：128 – 132.

[132] Murias, P., de Miguel, J.C. & Rodríguez, D. A Composite Indicator for University Quality Assesment: The Case of Spanish Higher Education System[J]. Soc Indic

Res，2008(89)：129.

[133]　Andrzej Szuwarzyński，Bartosz Julkowski. Application of composite indicators and nonparametric methods to evaluate and improve the efficiency of the technical universities [J]. Edukacja，2014(113)：97 - 136.

[134]　Michela Gnaldi · M. Giovanna Ranalli. Measuring University Performance by Means of Composite Indicators：A Robustness Analysis of the Composite Measure Used for the Benchmark of Italian Universities[J]. Soc Indic Res，2016(129)：659 - 675.

[135]　Samira El Gibaria，Trinidad Gómezb，Francisco Ruizb. Evaluating university performance using reference point based composite indicators[J]. Journal of Informetrics，2018 (12)：1235 - 1250.

[136]　杨雪,刘武.中国高等教育顾客满意度指数模型及其应用[J].辽宁教育研究,2006 (10)：7 - 10.

[137]　陈涛,李宇瑾.高校教育管理工作者幸福指数浅探[J].江苏高教,2013(6)：47 - 48.

[138]　赵伶俐.基于云计算与大数据的高等教育质量指数建构——技术、理论、机制[J].复旦教育论坛,2013(6)：52 - 57.

[139]　闫慧.教育信息化测度指标体系的设计[J].情报杂志,2004(7)：70 - 71＋74.

[140]　王战军.中国研究生教育质量年度报告(2016)[M].北京：中国科学技术出版社,2016.

[141]　王战军.中国研究生教育质量年度报告(2017)[M].北京：中国科学技术出版社,2017.

[142]　王战军,唐广军.研究生教育质量指数构建研究[J].学位与研究生教育,2017(12)：44 - 49.

[143]　王传毅,徐冶琼,程哲.研究生教育质量指数：构建与应用[J].学位与研究生教育,2018(12)：56 - 62.

[144]　陈洪捷等.研究生如何评价其导师和院校？——2017 年全国毕业研究生调查结果分析[J].研究生教育研究,2019(2)：35 - 42.

[145]　王传毅,乔刚.省域研究生教育质量评价指标体系构建研究[J].研究生教育研究,2017 (2)：58 - 65.

[146]　翟亚军,王战军,彭方雁.研究生教育质量的指数测度方法——对"985 工程"一期教育部直属高校的实证分析[J].教育研究,2012(2)：79 - 83.

[147]　张小波.基于综合评价的研究生教育质量效率指数研究——对"985 工程"一期 34 所高校的实证分析[J].中国高教研究,2013(9)：68 - 75.

[148]　罗英姿等.博士生教育质量 IPOD 评价模型构建与实证分析——基于六所高校 1107 名毕业博士的数据[J].教育科学,2018(3)：67 - 74.

[149]　L.V.贝塔朗菲.普通系统论的历史和现状(科学译文文集)[M].北京：科学出版社,1981.

[150]　薛天祥.研究生教育管理学[M].桂林：广西师范大学出版社,2004.

[151]　菲利浦·克劳士比.质量免费[M].杨纲,林海,译.太原：山西教育出版社,2011.

[152]　约瑟夫·朱兰,A.布兰顿·戈弗雷.朱兰质量手册[M].焦叔斌,译.北京：中国人民大学出版社,2003.

[153] 陈小明.ISO9000 知识问答[M].广州：广东经济出版社,1999.

[154] 雅斯贝尔斯.什么是教育[M].邹进,译.北京：生活·读书·新知三联书店,1991.

[155] 翟亚军.大学学科建设模式研究[D].合肥：中国科学技术大学,2007.

[156] 江积海,于耀淇.基于知识增长的知识网络中知识生产函数研究[J].情报杂志,2011
       (5)：114-118+139.

[157] 刘仲林.现代交叉科学[M].杭州：浙江教育出版社,1998.

[158] 中共中央文献研究室.习近平关于科技创新论述摘编[M].北京：中央文献出版
       社,2016.

[159] Perla R J, Provost L P, Parry G J. Seven Propositions of the Science of Improvement：
       Exploring Foundations[J]. Quality Management in Healthcare, 2013(3)：170-186.

[160] 赵文华.高等教育系统分析[M].上海：复旦大学出版社,2000.

[161] 柏拉图.柏拉图全集[M].王晓朝,译.北京：人民出版社,2018.

[162] 曹国正.博弈圣经[M].新加坡：新加坡希望出版社,2007.

[163] 尼科·斯特尔.知识社会[M].殷晓蓉,译.上海：上海译文出版社,1998.

[164] 张永宁,陈磊.知识特性与知识转移研究综述[J].中国石油大学学报(社会科学版),
       2007(1)：62-67.

[165] Peter F. Drucker. The new realities：in government and politics, in economics and
       business, in society and world view[M]. Harper Trade, 1992.

[166] 阿尔文·托夫勒.力量转移：临近 21 世纪时的知识、财富和暴力[M].北京：新华出版
       社,1996.

[167] 刘珺珺,赵万里.知识与社会行动的结构[M].天津：天津人民出版社,2005.

[168] 福柯.知识考古学[M].谢强,马月,译.北京：生活·读书·新知三联书店,2003.

[169] 福柯.权力的眼睛——福柯访谈录[M].严锋,译.上海：上海人民出版社,1997.

[170] 华勒斯坦.学科·知识·权力[M].刘健芝等,编译.北京：生活·读书·新知三联书
       店,1999.

[171] US National Science Board.Science and engineering indicators 2016[EB/OL].(2016-
       01-19)[2020-03-10].https://www.nsf.gov/statistics/2016/nsb20161/uploads/1/
       nsb20161.pdf.

[172] Fahyan, Seftya Eka. Doctoral Education：Research-Based Strategies for Doctoral Students,
       Supervisors and Administrators[M]. Springer Netherlands, 2014.

[173] OECD. The knowledge-based economy[M].Paris：OECD,1996.

[174] 高清海.文史哲百科辞典[M].长春：吉林大学出版社,1988.

[175] 王战军.高等教育监测评估理论与方法[M].北京：科学出版社,2017.

[176] 俞可平.治理与善治[M].北京：社会科学文献出版社,2000.

[177] 冯契.哲学大辞典[M].上海：上海辞书出版社,2007.

[178] 潘懋元.可持续发展的高等教育改革[J].辽宁教育研究,1997(4)：10-13.

[179] 国家中长期教育改革和发展规划纲要(2010—2020 年)[M].北京：人民出版社,2010.

[180] 王战军,乔伟峰,李江波.数据密集型评估：高等教育监测评估的内涵、方法与展望

[J].教育研究,2015(6):29-37.

[181] 辞海大全[EB/OL].(2021-05-27)[2020-12-02]. https://www.cihaidaquan.com/hanyu/detail?id=192730.

[182] 徐莺.扩招背景下的高等教育风险研究[M].北京:中国社会科学出版社,2012.

[183] 教育部 科技部印发《关于规范高等学校 SCI 论文相关指标使用 树立正确评价导向的若干意见》的通知[EB/OL].(2020-02-18)[2020-05-19]. https://www.gov.cn/zhengce/zhengceku/2020-03/03/content_5486229.htm.

[184] 余寿文等.关于提高博士生培养质量的若干关系[J].学位与研究生教育,1997(4):21-23.

[185] 国家知识产权局.中华人民共和国专利法(2008 修正)[EB/OL].(2015-09-02)[2020-05-01]. http://www.sipo.gov.cn/zhfwpt/zlsqzn_pt/zlfssxzjsczn/1063062.htm.

[186] 关于提升高等学校专利质量 促进转化运用的若干意见[EB/OL].(2020-02-19)[2023-05-19]. http://www.moe.gov.cn/srcsite/A16/s7062/202002/t20200221_422861.html.

[187] Jung Cheol Shin, Barbara M. Kehm, Glen A. Jones. Doctoral Education for the Knowledge Society[M]. Switzerland:Springer,2018.

[188] 苏为华.多指标综合评价理论与方法问题研究[D].厦门:厦门大学,2000.

[189] Alder M,Ziglio E. Gazing into the Oracle:The Delphi Method and Its Application to Social Policy and Public Health[M]. London:Jessica Kingsley publishers,1996.

[190] 徐国祥.统计预测和决策[M].上海:上海财经大学出版社,2005.

[191] 李孔珍,张力.专家视野中的区域教育发展战略与西部教育政策——运用德尔菲咨询法进行的调查分析[J].教育研究,2006(4):11-18.

[192] 教育部 财政部 国家发展改革委关于公布世界一流大学和一流学科建设高校及建设学科名单的通知[EB/OL].(2017-09-21)[2020-01-13].http://www.moe.gov.cn/srcsite/A22/moe_843/201709/t20170921_314942.html.

[193] 教育部.教育部直属高校统计资料汇编[C].北京,教育部直属高校工作办公室:2008—2017 年.

[194] 爱思唯尔.2018 年中国高被引学者(按学科分类)[EB/OL].(2019-01-17)[2020-04-10]. https://www.elsevier.com/zh-cn/solutions/scopus/most-cited/2018.

[195] 中华人民共和国民政部.中华人民共和国二〇一七年行政区划统计表[EB/OL].(2017-12-31)[2021-09-29]. http://xzqh.mca.gov.cn/statistics/2017.html.

[196] 李立国,杜帆.中国研究生教育对经济增长的贡献率分析——基于 1996—2016 年省际面板数据的实证研究[J].清华大学教育研究,2019(2):56-65.

[197] 单豪杰.中国资本存量 K 的再估算:1952—2006 年[J].数量经济技术经济研究,2008(10):17-31.

[198] 张军,吴桂英,张吉鹏.中国省际物质资本存量估算:1952—2000[J].经济研究,2004(10):35-44.

［199］ Young，Alwyn. Gold into Base Metals：Productivity Growth in the People's Republic of China during the Reform Period［EB/OL］.（2000－08－31）［2019－12－10］. https：// www.nber.org/papers/w7856.pdf.

［200］ 中国学位与研究生教育信息网.博士、硕士学位授权审核办法改革方案［EB/OL］. （2008－01－14）［2020－04－10］. http://www.cdgdc.edu.cn/xwyyjsjyxx/zlpj/pgpsdtxx/ 266262.shtml.

［201］ 软科.软科世界大学学术排名［EB/OL］.（2019－08－15）［2020－04－11］.http:// www.Shanghairanking.com.

［202］ Jung Cheol Shin，Barbara M. Kehm. Institutionalization of world-class university in global competition［M］. Dordrecht：Springer，2013.

［203］ UNESCO. Distribution of enrollment by level of tertiary education［EB/OL］.（2017－ 12－31）［2020－05－10］. http://data.uis.unesco.org/.

［204］ 教育部.我国高等教育在学总规模居世界第一［EB/OL］.（2017－09－28）［2020－05－ 10］. http://www.moe.gov.cn/jyb_xwfb/xw_fbh/moe_2069/xwfbh_2017n/xwfb_ 20170928/mtbd/201709/t20170929_315704.html.

［205］ 刘念才，刘莉，程莹，赵文华.名牌大学应是国家知识创新体系的核心［J］.高等教育研 究，2002（3）：10－15.

［206］ Fields Medal［EB/OL］.（2018－08－01）［2020－05－20］. https://www.heidelberg- laureate-forum.org/laureates/awards/fields-medal.html.

后　记

　　本书是在我博士学位论文的基础上修改而成的。长期以来，"质量"一词因其多维难测而让众多研究者敬而远之。质量研究，尤其是博士生教育质量的相关理论研究进展缓慢。"什么是博士生教育质量""如何反映博士生教育质量"之类的问题在我 2009 年参加工作时就常萦绕耳畔，却始终不得解。幸运的是，我在 34 岁时有机会到清华大学攻读博士学位，其间全心全意地投入到研究之中，以寻求困扰我多年学术问题的答案。

　　回顾过往，本书之所以能够出版，得到了很多人的指导、关心和帮助。从研究选题、框架到行文，都是在导师王战军教授的亲自指导下完成的。王老师平日里工作繁忙，但对我的学业进行了悉心指导与帮助，谨此表示最诚挚的感谢。作为一名安庆师范大学的教师，特别感谢清华大学教育研究院、教育部学位中心、上海交通大学教育学院、中国民航大学、安庆师范大学等单位的老师们给予我的帮助、鼓励与支持，感谢所有教导、帮助过我的老师、朋友和亲人。

　　路漫漫其修远兮，吾将上下而求索。由于个人能力有限，不妥之处敬请读者批评指正。

娄　枝

于北京

2024 年 7 月 6 日